原爆体験

六七四四人・死と生の証言

原爆体験

六七四四人・死と生の証言

濱谷正晴

岩波書店

本書を
広島
長崎の
原爆被害者に
　そして
石田忠先生
栗原淑江さん
奥田妙子さん
沼﨑保宏さん
有冨由紀さんに
捧げる

はじめに

この本を手に取り、表紙をめくってくださった方へ。あなたは、〈原爆体験〉という言葉を聞かれたことがあるだろうか?

広島・長崎のことといえばむしろ、「被爆体験」という呼び方のほうが、よく知られているかもしれない。だが、被爆体験という四文字にはそもそも、人びとが何に被爆したのかを指し示す言葉が欠けている。また、〈原爆体験〉とは、被爆当時の「あの日」の体験のみによって形づくられているわけではない。一九四五年八月六日の広島と九日の長崎は起点だったのであり、原爆は、「それから」のときを人びとの心身の奥深く刻印しながら、徐々にその本性を顕わにしていった。〈原爆〉は人間になにをしたか、何をなしつづけてきたか。原爆に遭遇したことによる苦しみは、戦後過程においてむしろ積み重なっていったのである。それゆえ、〈原爆体験〉には、あの日から現在まで、原爆に被爆した人びとの身に起こったすべてのことが包み込まれていなくてはならない。さらに、体験とは決して受動的なものではない。被爆者たちがたどらされた惨苦の生は、原爆に押しつぶされまいとするたたかいの日々にほかならなかった。〈原爆〉は人間としてとうてい受忍できるものではない。この地球にくらす何者にも、二度と再び受忍させるようなことがあってはならない。被爆者における〈反原爆〉の思想は、おのれを苦しめてやまない〈原爆〉と対峙することによって形成されてきたのである。
これらすべての意味と課題意識とをこめて、わたしたちは、〈原爆体験〉と呼ぶ。

未完の課題

広島・長崎でなにが起こったのか？　生存者たち――かろうじて死を免れた人びと――が、その重い口を開いて語り綴った証言。それこそが「核戦争に対する抑止力」となって、その後半世紀以上にわたり、ともかくも三度目の核兵器の使用を、誰にも、させないできた。広島・長崎で起こったのは、まさしく「人類史上はじめての核戦争」である。だが、戦後六〇年の歳月が流れ世代交替がすすみ、また冷戦構造の崩壊ののち「新しい戦争」なるものが喧伝される現在、広島・長崎は「歴史上の事件(二〇世紀最大の出来事のひとつ)」と化しつつあるように思われる。

翻ってかえりみるに、〈原爆〉がもたらした被害の全体像は、もう解明済みのものとしてよいであろうか。はたまた〈原爆〉は、その全貌をすでに顕わにした、と言い切ってしまってよいであろうか。そのことをしかと確かめないまま、私たちは、なすべき探究を怠っているのではないだろうか。広島・長崎についてこれまで多くのことが語られ、記されてきた。だが、それらの多くは、決して分析されることがない。どこかにただ積んで置かれたままであれば、風化の荒波にさらされ呑み込まれてしまうであろう。

立ち止まって状況の外に出る、あるいは表層の下を潜っていくと、私たちがそれとして気付かなかったところで、無名の人びとによる数限りないとりくみが繰り広げられていることがわかる。たぐり寄せてみると、「自分史」運動をはじめ、広島・長崎を記録し伝えていく営みは、けっして衰えてはいない。〈心の傷〉(トラウマ)としての原爆の姿は、近年ようやく専門家たちの目に映るようになった。〈原爆体験〉にひたと立ち向かい、その〈全体像〉の再構成を可能にする方法=枠組みを模索し、探究し、獲得していくことは、いまなお私たちの目の前にある未完の課題である。

被爆者調査四〇年

〈原爆体験の全体像〉を探究しようとする私たち一橋大学社会調査室のとりくみは、一九六五年に始まった。厚生省(当時)による「昭和四〇年度原子爆弾被爆者実態調査」の実施に、石田忠教授(当時)が参画したことがきっかけである。長崎における「生活調査・特別調査」を担当してみて、石田は、貧困調査等それまでの経験にもとづいて作成した調査票の枠組みでは、原爆が人間にもたらしたものが何であるかはつきとめられないことを思い知らされた。そこから、石田の社会調査家としての模索と苦闘がはじまった。何が本当の問題か。それは誰の問題か。どこで探究されねばならないか。被爆者をして人間的な結びつきをみずから拒絶するような「精神的荒廃」におしやるもの。ここに着目した石田は、原爆被害がいかなる要因連関の下に被爆者の精神的荒廃につながっていくか、その「人間破壊の過程」(〈漂流〉の必然性)をとらえると同時に、この精神的荒廃のなかから被爆者が立ち上がる可能性とその契機となるべきもの(〈抵抗〉の可能性)を追求することにおのれの研究課題をさだめた。

《原爆は人間になにをしたのか。人間は原爆に対してなにをなすべきか》(石田忠『原爆体験の思想

化』未来社、一九八六年）

「絶え間なき問題追求の過程であり、壮烈なる検証の歴史である」被爆者の生活史・精神史のなかにその解を見出そうと、石田は、長崎で福田須磨子と出会う。彼女は、手記『生きる』を経て『われなお生きてあり』にみずからの戦後史を結晶化させた原爆詩人であった。社会科学者たちが生活史調査という手法を用いて、被爆者の惨苦の生を原爆との関連においてとらえようと企てたころ、被爆者たちによる原爆手記もまた、それまでの「あの日、あの時」の体験記から、被爆後の人生（戦後史）のなかで〈原爆〉をみつめる作品へと脱皮しようとしていた。被爆から二〇年という歳月には、そのような意味がひとつ潜んでいたのである。わたしたちによる調査の最初の成果は、『反原爆——長崎被爆者の生活史』（正・続、未来社、一九七三・七四年）となって結実する。その過程に、筆者は一九六七年から、その一年後には栗原淑江さんが石田ゼミナールの一員として加わった。

※「昭和四〇年調査」は、日本の政府が被爆二〇年目にしてはじめて行った生存被爆者の全国実態調査である。この調査の実施には石田氏のほか、故隅谷三喜男氏（当時・東京大学教授）、中鉢正美氏（当時・慶応義塾大学教授）が参画された。

生活史分析にもとづいて、石田は一九七五年、「『典型』における原爆体験の全体像」と題する要因連関図を定式化する。この図式は、一九七五年の厚生省「昭和五〇年度原子爆弾被爆者実態調査」の事例調査（長崎市の部）において仮説として試され、やがて、一九七七年のNGO主催「被爆問題国際シンポジウム」に向けて実施された生活史調査の調査票『生活史調査・面接要領』となる。日本準備委員会の事務局（社会科学委員会）には私も加わり、「被爆者・一般調査」を担当した。このときの「生活史調査」では、ソーシャル・ワーカーをはじめ九八人の調査員によって一〇〇例の事例（一六都府県）が、また、「一般調査」ではおよそ四〇〇〇人のボランティアによって七七四一人（三五都道府県）の調査票が集められた。これらの調査について当時、「調査のなかで、調査する方も変わったが、される方も変わった」という評価がなされた。とりわけ、被爆生存者たちが、〈生き残ったことに対する罪の意識〉について語り始めるきっかけとなった。一九七七年といえば被爆後三二年目、つまりあの地獄の中で死んでいった人びとの三十三回忌に当たる。このことの当否はともかく、「誰かあなたに声をかけた人がありましたか。その人は助けを求めましたか。何か頼まれましたか。水をくれと頼んだ人がありましたか。その時助けてあげることができましたか」という調査員の問いかけ（Q四六）に対し、「あの日」の自分の行動を語ろうとする心の構えが、生存者のなかにできていたことは疑いえないであろう。

原爆がもたらした心理的影響について、シンポジウムの国際調査団は、この分野における研究を全体として「悲しむべき状況」※にあると指摘した。石田は、〈原爆体験の思想化〉という観点から被爆者にのこるこの〈罪意識〉の問題性にせまった。〈原爆と人間〉という言い方――〈原爆〉に〈人間〉を対置する――が、原爆体験の全体像にせまるテーマ・視点として多くの人びとの口の端にのぼるようになったのも、この被爆問題国際シンポジウムがきっかけであった。

※国際準備委員会議長アーサー・ブース氏の「まえがき」より（日本準備委員会編『被爆の実相と被爆者の実情：一九七七NGO被爆問題シンポジウム報告書』朝日イブニングニュース社、一九七八年、一三頁）。〈心の傷〉に関する研究は古くは、故中野清一氏が昭和二〇年代半ば頃、広島で行った「原

爆影響の社会学的調査」等に遡る。だが、一九七一年にロバート・J・リフトン博士による『DEATH IN LIFE』(桝井迪夫訳『死の内の生命』、朝日新聞社)が刊行されるまで、学問的にも行政的にもあまり注目されることはなかった。

もとより、社会科学者として原爆被害もしくは被爆者問題にとりくんだのはわたしたちだけではない。その歩みをたどっていくと、まずは原爆被害の「社会的」な特質にせまろうとした社会科学者たちの営みは、被爆者との出会いを通して「問題像」があらためられ、「課題設定」が深まっていく様子をみてとることができる。そうした取り組みと交流のなかからも、〈原爆被害〉もしくは〈原爆体験〉の全体像を解明する(再構成する)という課題が立ち現れてきていたのである。

※〈原爆被害の全体像〉を図式化する試みは、「原爆被害の諸要因の構造的関連」(山手茂、一九六六年)が最初であろう。これ以降、「原爆被災研究のための分析枠組と作業仮説」(川合隆男・原田勝弘他、一九六九年)や、「原爆被害の全体像」(故伊東壮、一九七七年)、「原爆被害の全体的関連」(故湯崎稔、一九七九年)などが描かれている。詳しくは、拙稿「原爆被害者問題の社会調査史」(石川淳志・橋本和孝・浜谷正晴編『社会調査―歴史と視点』ミネルヴァ書房、一九九四年)を参照されたい。

そうして、被爆四〇年が訪れる。この一九八五年には、二つの大きな調査が実施された。ひとつは厚生省の「昭和六〇年度原子爆弾被爆者実態調査」であり、もうひとつは、日本原水爆被害者団体協議会(以下、日本被団協と略称)による「原爆被害者調査」である。この二つの調査はその目的と内容において、どのように原爆被害・原爆体験をとらえるべきかをめぐって、〈国家の立場〉と〈人間(被爆者)の立場〉がはげしくぶつかりあうものであった。その渦中にあって、私は、一時期

(一九八五年三月〜一〇月)、厚生省被爆者実態調査委員会の専門委員として「六〇年調査」の調査票の作成にかかわり、また、日本被団協の原爆被害調査特別委員会委員として、対抗調査の企画に当たった。「原爆被害者調査票」の礎には、石田の〈全体像〉図式はもとより、被団協が実施した「被爆者要求調査」や「原爆死没者・遺族調査」が明らかにした成果、ならびに前述の「一般調査」における自由記述回答の整理分類結果等が、仮説群となって組み込まれた。

本書のデータである、この調査の物語については、以下、項を改めて記すことにしよう。

《被爆者の苦しみは「被爆者であること」それ自体です》

『原爆被害者の基本要求』(日本被団協、一九八四年)のなかにあるこの言葉ほど、被爆者として生きることのつらさを直截に語りかけてくる表現は、ほかにない。痛苦とともに、そこには、憤りがこもっている。

《原爆は人間として死ぬことも、人間として生きることも許さなかった。》(同)※

※『原爆被害者の基本要求』の原文は、「人間として死ぬことも、人間らしく生きることも」となっている。ここではあえて〈生〉も〈死〉もともに、「として」で受けるように変えてある。

いまからもう二〇年も前のことになるが、日本被団協は、〝被爆四〇年〟を節目に『原爆被害者調査』という名の全国調査を行った。この調査の内容には、被爆者からさまざまなリアクションがあった。

A 「調査票をいただきました。読んだだけで眠れない夜が続いています。どうかこの調査だけはお許しください。自分の精神状況がどうなるかわかりませんので。わずかな寄付ですが振り込みました。」

B「思い出したくないこと、隠していたいことを記入する調査で苦しいが、ここまでしなければ原爆の被害がはっきりしないのですね。」

ここに引用した二人のことばは、『原爆被害者調査』の調査票について、被爆者のなかに相異なる対照的な反応(態度・身構え)があったことを示している。Aは調査票への回答を断った被爆者のものであり、Bは回答に応じた被爆者のそれである。けれども、この二人の反応から共通に読みとれるのは、その調査票が、被爆者にとって「思い出したくないこと、隠していたいこと」に触れるものであり、「読んだだけで眠れない、精神状況がどうなるかわからなくさせる」ものであった、ということである。調査票がどういうことを尋ねようとしているかについて両者は同じ認識に立っており、被爆者の仲間からのよびかけに対して誠実であろうとする姿勢も同じである。

だが、〈原爆〉は、Aさんの前に大きく立ちはだかって、回答(証言)しようとする意思をおさえこんでしまう。それゆえ私たちは、「ここまでしなければ」というBさんのような〈原爆〉とのたたかいがあって初めて、Bさんのみならず、Aさんを苦しめているものが何であるのかも知ることができるのである。

原爆とのつばぜり合い

《被爆者を理解しようと思うならば、常に人間を否定する力としてのみ働く原爆と、それに抗って生きていこうとする人間と、その二つの力のつばぜり合いとして被爆者というものをとらえなければなりません。》(石田忠『原爆被害者援護法』未来社、一九八六年)

ときに私たちは、苦しみや悩みを語る当のその人から、人間というものの優しさや明るさが、ひしひしと伝わってくるのを覚えることがある。〈原爆〉におしつぶされ、うちひしがれながら、生き抜いてきた。そのなかにあっても、いや、そうであるからこそ摑みとってきた人間としてのなにかが、私たちの心を揺り動かすからに違いない。

『原爆被害者調査票』の設問群は、〈原爆と人間〉とのこのようなつばぜり合いに着眼することにより、その骨格が組み立てられた。一般に調査票は、相互に関連しあう複数の設問からなっている。ここで、設問間の配列順序を固めた調査票の要の部分について言及しておこう。

※調査票の設計は、日本被団協「原爆被害調査特別委員会」企画部会(部会長・岩佐幹三氏)が担当し、そこに専門委員として石田忠(一橋大学名誉教授)と私が加わった。なお、この調査票作成過程の詳細は、拙稿『『原爆被害者調査』の立場と構想」(一橋大学研究年報『社会学研究』二七、一九八九年)を参照されたい。

図A「原爆被害者調査」の分析の枠組みが示すように、「被爆したためにつらかったこと」(問一八)─〈生きる意欲の喪失〉(問一九)─〈生きる支え〉(問二〇)の間には、解明すべき二つの関連(課題)がある。ひとつは、①「被爆したためにつらかったこと」が、ついには人びとから〈生きる意欲〉をうばっていく──「こんな苦しみをうけるくらいなら、死んだ方がましだ」、「いっそあの時、死んでいた方がよかった」と思う状況へ人を追い込んでいく──過程を解明することである。いま

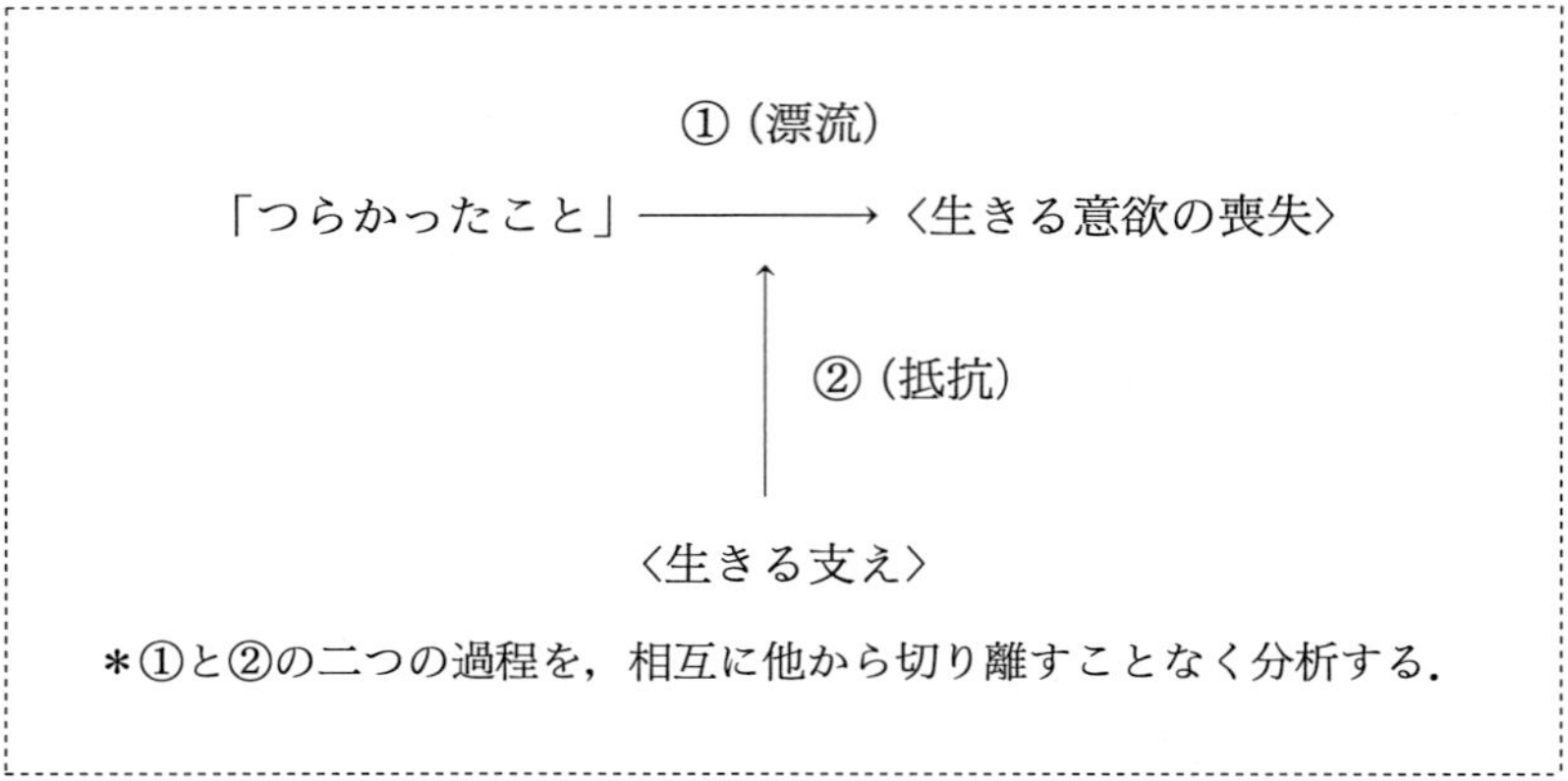

図 A　「原爆被害者調査」の分析の枠組み（作成：石田忠）

ひとつは、②そのような原爆に対する人間のたたかいの過程をとらえることである。図において、〈生きる支え〉から伸びる矢印が、「つらかったこと」と〈生きる意欲の喪失〉とを結ぶ矢印にむかって伸びているように、この二つの過程はひとりの人間の生きる営みのなかで密接に結びついており、互いに切り離すことのできない関係にある。

　この調査の名称が原爆被害調査でなく、原爆被害者調査となった意味もそこにあった。

原爆被害を受忍させる国

『原爆被害者調査』の目的は、つぎのように定められた。

《①四〇年後のいまなおつづく、被爆者・遺族の苦しみや不安を、原爆被爆との関連で明らかにすること。②それらの被害がどれほど人間性に反するものであるかを明らかにすること。》

　調査の目的は、そのときどきにおける調査の争点のありかによって規定される。この調査の背景には、「原爆被害者援護法の制定」をめぐる政策上・運動上の争点があった。そのひとつは、日本政府の原爆被害者対策をつらぬく「原爆犠牲受忍」論であり、いまひとつは、被爆者対策の焦点を「高齢化問題」にしぼりこんでいこうとする方向づけである。後者は、厚生省(当時)による「昭和六〇年度原子爆弾被爆者実態調査」(被団協調査に先行して実施)の調査事項にあらわれていた。

前者の「受忍」論とは、広島・長崎の原爆被害者対策のみならず、広くわが国の戦争犠牲者対策全般をつらぬいている政策思想である。すなわち、

《およそ戦争という国の存亡をかけての非常事態のもとにおいては、国民がその生命・身体・財産等について、その戦争により何らかの犠牲を余儀なくされたとしても、それは、国をあげての戦争による「一般犠牲」として受忍しなければならない……》(原爆被爆者対策基本問題懇談会『原爆被爆者対策の基本理念及び基本的在り方について』、一九八〇年)

このような「受忍」思想に立つならば、人類最初の核戦争で「生命」を失った何十万もの人びとの犠牲さえ、「受忍」すべきところとなる。〈原爆〉が人間にもたらした〈死〉が果たして人間として「受忍」しうるものであるかどうか、事実にもとづく検証が一切なされないままに、である。かくして、原爆とは、人間にとって「受忍」しうるものであるかどうかを調査によって確かめることが求められた。とらえるべき実態は、「要救済状態(ニーズ)」などではなく、原爆被害でなくてはならなかった。

忘れたい、隠していたい、〈苦悩としての原爆体験〉のなかにあえてふみこみ、分け入っていく。

そのような調査が構想されるに至ったのは、以上の背景があったからである。

比類なき「証言」資料

できあがった調査票は、全二七問からなり（本問数のみ、補問等を除く）、B５判二八頁にわたる大部のものとなった。質量とも重い内容であるにもかかわらず、一九八五年一一月一日から翌八六年三月末までの間に、全国四七すべての都道府県に居住する一万三一六八人の原爆生存者と、二二〇人余りの非被爆遺族のご協力が得られた（人数はいずれも回収有効票数である）。ページ数に換算しておおよそ三七万ページに達する調査原票には、選択された回答はもとよりのこと、それぞれの設問に関連するできごとや思いが、具体的な「ことば」で記述されていた。

『原爆被害者調査』のデータは、一万三一六八人に及ぶ原爆生存者の〈生〉の記録であると同時に、その身内の、一万二〇〇〇人を超える原爆死没者の〈死〉の記録でもあり、〈原爆体験〉を綴ったドキュメントとして他に比類なき「証言」資料となった。実施後二〇年の歳月が過ぎた今もなお、この記録は資料的価値をまったく失っていない。おそらくこのような調査はもう二度とないであろう。

※この調査の報告書・資料集には、つぎのものがある。いずれも、日本原水爆被害者団体協議会編である。

『「原爆被害者調査」第一次報告』、一九八六年。

『「原爆被害者調査」第二次報告——原爆死没者に関する中間報告』、一九八八年。

『原爆被害者調査・資料集』：『Ⅰ 「あの日」の証言（その一）』、『Ⅱ 「あの日」の証言（その二）』、

『Ⅲ　被爆者の死（その一）』、『Ⅳ　被爆者の死（その二）』、一九八八～八九年。
『原爆被害者調査　ヒロシマ・ナガサキ　死と生の証言』新日本出版社、一九九四年。
『あの日…　「ヒロシマ・ナガサキ　死と生の証言」より』新日本出版社、一九九五年。

原爆体験の重さと深さを測定する

さて、本資料の分析にあたって、私たちは、『原爆被害者調査』が解明をめざした最も本質的な課題（前掲「原爆被害者調査の分析の枠組み」図における二つの関連）に考察の焦点をしぼりこむことにした。すなわち、原爆が人間にもたらした被害を〈生きる意欲の喪失〉過程として再構成し、それに抗って生き抜く〈反原爆〉思想（〈生きる支え〉）の人間的必然性を明らかにすることである。

そのためには、私たちがめざす分析を十全にかなえてくれる調査票を選び出す必要があった。なぜなら、分析上必要不可欠な問いに有効な回答が得られていない（無回答の）調査票を含んだままでは、課題の考察が厳密になしえないおそれがあるからである。そこで私たちは、①〈原爆体験〉の重さ・深さを測定し被爆者を層化するために必要な設問のすべてに有効な回答が得られているもの、②〈原爆体験の思想化〉の営み（型）を測るうえで必要な設問のすべてに有効な回答が得られているもの、これら二つを基準に調査票の選定（抜き取り）作業を行うこととした。指標として用いた設問は、つぎの七つである。

【問四】「あの日のできごと」（いまでも忘れられないこと、恐ろしく思っていること、心のこりなこと）

【問六―〔四〕】「死の恐怖を感じるとき」
【問一七】「被爆者であるために不安なこと」
【問一八】「被爆したためにつらかったこと」
【問一九】〈生きる意欲の喪失〉経験の有無とその事由
【問二〇】〈生きる支えやはりあい〉
【問二七】〈つぐない〉(原爆被害者援護法にもとめるもの)

その結果、総数一万三一六八票のうち、上記の問いのすべてに有効な回答があったのは、六七四四票であった。したがって本書は、回収された調査票の全数ではなく、上記の条件を満たした六七四四人の原爆生存者と、その身内の原爆死没者七二五一人に限定して詳細な考察を行ったものである。

分析対象としての六七四四人

ところで、本書における「分析対象六七四四人の被爆者」(以下、「六七四四集団」と呼ぶ)の基本属性について、同じく被爆四〇年に厚生省が実施した被爆者健康手帳所持者(回答総数三一万三四九九人)の実態調査結果と対照しておくと(以下、〔 〕内は厚生省調べによる)、(1)性別は、男五三対四七〔男四三対女五七〕で、本稿における分析対象集団は男性の被爆者が多い。また(2)年齢別にみると、年齢構成は被爆時九歳以下が一〇%〔二一%〕、被爆時一〇歳代が三六%〔三三%〕、同じく二〇歳代が三三%〔二四%〕、三〇歳代が一七%〔一六%〕、四〇歳以上が四%〔七%〕であった。「六七四四集団」は、一〇歳代で被爆した者と三〇歳代で被爆した者の割合は全国のそれに近い構成であるが、九歳以下の若年層被爆者と四〇歳以上の高齢被爆者の割合が低く、二〇歳代被爆者の比率が高い。さらに(3)被爆区分では、「六七四四集団」は直接被爆者が七四%〔六三%〕を占め、その五二%〔三八%〕は爆心地から二km以内で被爆した者である。

性別・年齢構成のちがいは被団協調査の地域的な偏り——被爆後、被爆地から移動した被爆者の割合が高い——を反映したものと思われる。総じて、この「六七四四集団」には、〔全国の被爆者手帳所持者と対比して〕①近距離の直接被爆者の割合が高く、②被爆当時のできごとを自らの体験として語りうる一〇歳代から三〇歳代で被爆した者が大部分(八五%)を占めている。このことは、この集団が分析対象として、《原爆被害が人間にとってどれほど重いものであるか》を捉えようとするこの調査の目的によりかなっているということができる。

※本論の第二章で述べるように、原爆による死者は、爆心地点から同心円を描くように外延へと広がっていった。したがって、被爆から四〇年を経過した時点における生存者集団というのは、近距離で直接被爆した人の割合が低下し、遠距離で被爆した人や入市被爆等による間接被爆者の比重が高くなることになる。その意味では、この六七四四人の集団は、全国の被爆手帳所持者の集団と比較すれば、相対的に、被爆当時の集団のほうに構成上はより近い位置にあるとみなすことができる。

〈心の傷〉と〈体の傷〉、そして〈不安〉

本書において、私たちは、〈あの日〉、および〈それから〉の日々、被爆した人びとの心身に生起した苦しみを、〈心の傷〉、〈体の傷〉、〈不安〉という三つの被害領域(要因群)からとらえている。第一章～第三章の章立ては、それに沿って構成された。どうして、私たちは、そのように考えるに至ったのか。あらかじめそのことを簡潔に説明しておくことにしよう。

日本被団協の『原爆被害者調査』がとらえたことのなかで、着目すべき原爆被害は何であろうか？　まずは、図Bに着目していただきたい。この図は、【問一八・あなたにとって、被爆したために、つらかったことはどんなことですか】という設問に対する回答の結果を示したものである。そのうち、生存者たちの多く(四人に一人以上)が挙げたものを取り出してみると、つぎのようになる。

第一位　「自分の健康にいつも不安を抱くようになったこと」　三八六二人
第二位　「病気がちになったこと」　二六二五人
第三位　「あの日の出来事が、深く心の傷あとになって残ったこと」　二〇三八人
第四位　「子供を産むことや、生まれた子供の健康・将来のことに不安を抱いてきたこと」　一九六〇人
第五位　「家族を失ったこと」　一七〇一人

これらのあとに、「家や蓄えなど、生活の基盤を失ったこと」(一五二三人)、「仕事が思うようにできなくなったこと」(一二三二人)が続いている。読者のなかには、「家族を失ったこと」や「家や蓄えなど、……を失ったこと」が、「つらかったこと」の五番目・六番目になっているのを見て、いささか奇異の念を抱かれた方があるかもしれない。原爆は、〈無差別大量殺戮兵器〉ではなかった

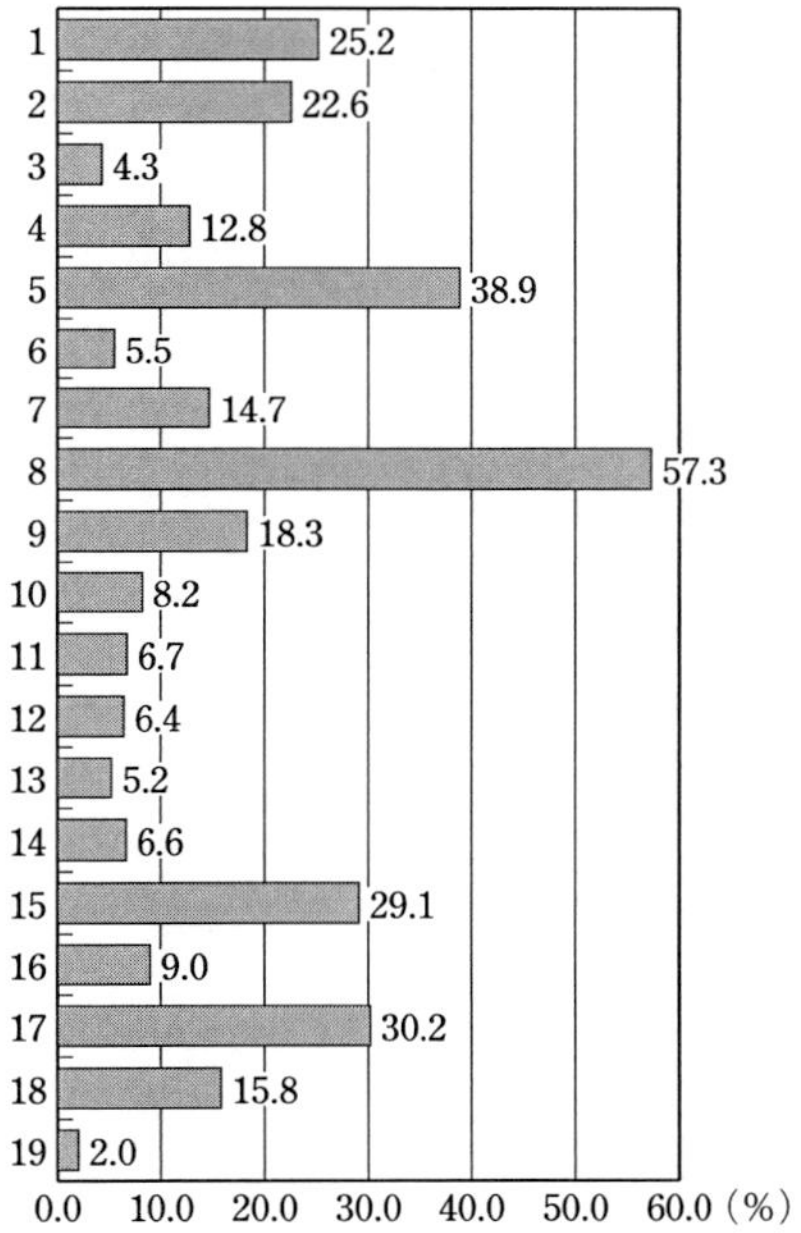

1. 家族を失ったこと　2. 家や蓄えなど，生活の基盤を失ったこと　3. 家族がちりぢりになってしまったこと　4. 支えになる人や相談する人がいなくなったこと　5. 病気がちになったこと　6. ケロイドを負わされたこと　7. 元に戻らない，体の障害を負わされたこと　8. 自分の健康にいつも不安を抱くようになったこと　9. 仕事が思うようにできなくなったこと　10. 家事や身の回りのことが思うようにできなくなったこと　11. 学業を思うようにうけられなかったこと　12. 就職が思うようにいかなかったこと　13. 結婚が思うようにならなかったこと　14. 家庭生活が思うようにならなかったこと　15. 子供を産むことや，生まれた子供の健康・将来のことに不安を抱いてきたこと　16. 被爆したことを隠して生きてきたこと　17. あの日の出来事が，深く心の傷あとになって残ったこと　18. 被爆したために，とくにつらいことはなかった　19. その他

図 B　被爆したためにつらかったこと（複数選択可）
（＊数字は総数 6744 人に対する比率）

のかと。

この謎は、人びとがどのような状況において広島・長崎で被爆することになったのか、を垣間見ると、意外に簡単に解くことができる。というのは、広島・長崎で被爆したのは、当時、広島・長崎に住み家族とともに暮らしていた人たちだけではなかったからである。戦時体制の下、兵隊で広島・長崎の市内や近郊に行っていた人、軍需工場や疎開作業に動員されていた人、連合軍の捕虜や強制的に連行されてきた外国人、勉学のため二つの都市に来ていた人、家族がみんな疎開して自分一人居残っていた人、仕事や旅行等でたまたま通りがかった人、等々。このように、単身で被爆した人は、「被団協調査」の場合、実にその三分の一近く(三二%)に上っている。

※その中でも、「召集や徴用、挺身隊、学徒動員などで、家族と離れていて」被爆した人が総数六七四四人の二四%を占めている。この比率は、広島市・長崎市に居住する被爆者に限ってみれば、もっと低くなろう。

そうしてみると、〈家族の喪失〉という苦しみは、被爆者であれば誰もが味わわされた「つらかったこと」であるとは必ずしも言い難い面がある。一人ひとりの人間という目でみて、被爆すれば誰にでも起こりうる事柄に絞っていくと、「つらかったこと」のなかでも、上位の四つが残る。

「健康への不安」および「子供を産むことに対する不安」は、〈不安〉というカテゴリー(概念・範疇)で括ることができる。「病気がちになった」は、原爆が人びとの健康状態にもたらした〈体の傷〉のこととして、また、「あの日の出来事が、深く心の傷あとになって残った」は、〈心の傷〉の問題として、とらえることができる。〈原爆で失った家族〉の〈死にざま〉や〈受苦〉も、見ず知らずの無数の死者たちを襲った〈地獄のなかでの死〉の一部を構成しているのであり、その意味において、〈心の傷〉や〈不安〉というカテゴリーにかかわらせてとらえていくことができよう。

〈反原爆〉思想の人間的必然性

本書の後半(第四章と第五章)では、こうした諸々の被害が「つらかったこと」となって〈生きる意欲〉を喪失させていくプロセスを総括するとともに、まさに〈原爆体験〉の重さ・深さと〈生きる支え〉とが切り結ぶ、そのありようを把握することを通して、〈原爆〉に抗いながら生き抜いてきた被爆者たちの思想的営みにせまってみたい。

かつて石田忠は、『反原爆――長崎被爆者の生活史』序文の冒頭にこう書き記した。

《〈原爆〉のもった最大の意味は、それが原爆否定の思想を生み出したというところに在る。この思想形成の必然は被爆者の〈生〉そのものの中に在る。》

本書は、事例分析(生活史調査)を通じて獲得されたこの命題を、『原爆被害者調査』という大量観察データにもとづいて検証しようとした試みである。

この間、石田忠は、『「あの日」の証言』(Ⅰ・Ⅱ)に掲載された一〇〇〇事例に関する分析を皮切りに、最終的にこの「六七四四集団」へとたどり着くまで、幾千枚にもなろうとする膨大な統計表をつくりあげてきた。それらは、昨年九月、一橋大学〈原爆と人間〉研究会の手で、『石田忠・統計集〈原爆体験の思想化〉』(全七巻+別巻)となって結実した(但し、この資料は一〇〇〇頁余り、一五〇〇表を数える大冊であるため、ごく少部数の限定版であるが)。

『原爆被害者調査』の調査票に記された膨大な証言は、あれから二〇年を過ぎてなお、汲めども尽きぬ源泉である。本書のなかには、この間に整理・分析してきたもののエッセンスが、たくさんの引用事例(「ことば」)や統計データになって、盛り込まれている。記述にあたっては、『石田忠統計集』に収録された統計表に依拠しつつも、私なりの着眼点にもとづき別個に構築してきたデータをできるだけ使うよう心がけた。その意味において、本書は、石田忠による先駆的研究「原爆体験の思想化――「被団協調査」・分析」(濱谷正晴編『原爆がもたらした〈地獄〉と〈惨苦〉に関する実証的研究』科学研究費補助金研究成果報告書、一九九六年)に対する、私なりの応答=対話のかたちで成立したものである。

※調査票に記された自由記述回答については、原則として、なるべく原文のまま引用するよう心がけた。ただし、表記の誤りや旧字体・仮名遣いについては改めたところもある。また、脱字や、原文のままでは文意が明確でない場合等は、[　]を付けて補った。人名等、プライバシーに触れる箇所や、項目との関係で不必要な部分は削除した。

原爆体験 ◈ 目次

はじめに

第一部「あの日」――― 1

第一章〈心の傷〉……… 3

1「これが人間か?!」 4
2「あの日」の証言 13
3〈子ども・女・年寄り〉――絶滅の対象 20
4 極限状況下の〈母と子〉 32
5〈無感動〉 53
6〈心の傷〉 80

第二部「それから」――― 85

第二章〈体の傷〉……… 87

1〈持続する死〉――原爆死没者の推移 87
2〈直後の死〉 90
3〈その後の死〉 95

目　次

4　原爆の傷害作用――外傷・熱傷および急性放射線傷害　102
5　その後の健康状態　110
6　複合する健康被害　116
7　〈体の傷〉がもたらした苦しみ　121
8　〈体の傷〉――「病気がちになったこと」　129

第三章　〈不安〉　135
1　被爆者であるために〈不安〉なこと　135
2　被爆者はなぜ、〈不安〉を抱くのか？――〈体の傷〉との関係を中心に　138
3　〈心の傷〉が〈不安〉をつのらせる　148
4　〈生きる苦しみと不安に満ちた生〉　152

第三部　生きる　165

第四章　〈原爆〉にあらがう　167
1　〈生きる意欲〉・〈生きる意味〉の喪失　168
2　〝自死〟――〈生きる意欲喪失〉の極限　178
3　苦しみが重なるとき　184

4　〈生きる支え〉・〈生きる糧〉　194
5　原爆被害者の層化——総括表が語りかけること　200
6　死者に思いを馳せ、仲間とともに歩む　205

第五章　戦なき世を——むすびに代えて……219
1　原爆被害の〈反人間性〉を問う　219
2　「助けず逃げた」——罪の意識が物語るもの　225
3　原爆体験の全体像を再構成する——データベース　250
4　「受忍」と「沈黙」を強いる社会をのりこえる　254

おわりに……263

第一部

「あの日」

「あの日」の証言：キーワード「人間」による検索例（抜粋）

《これが（は／も）人間か》《あれが（で）人間か》

兵士の数々。／○　これが	人間なのか、これが現世の姿なのか。
／　これが人か、あれが	人間か（原爆資料館内の模型人形の比
杯で、周囲の人々はこれは	人間かと思うくらいひどい状況であっ
地獄の火の中から、あれが	人間かと思われるような、いような姿
では言い表せない、これが	人間かと思い、身の毛のよだつ思いが
てるという感じで、これが	人間かと目を見はるばかりでした。
んでいる子供を背にあれで	人間かと、今でも忘れることが出来ま
病院がわりでした。これが	人間かと。まさに言葉では言えないあ
のごとく並べられ、これも	人間かと疑うばかり。／　江波病院に

《人間とは見えない》《人間とは言えない》《人間とは（も）思えない》

な光景を目のあたりにして	人間とは思われぬ地獄の世界であった
ている人。／2．まったく	人間とは思われない光景であった。3
と戦争はしたくない。／	人間とも思えない死に方。地獄を見た
る人も、死んでいる人も、	人間には見えず、身ぶるいをした）。
だ。それほどすさまじい、	人間とは言えないような人々の救いを
出すのがつらいです。／	人間とは見れない生き物、叫び声……
姿はそれほどすさまじく、	人間とは見えなかったのです。／　一
を叫び続けて歩きました。	人間とは思われない死体の山、目玉の
って入っている死体の山。	人間とは思われない有様でした。／
。船に乗って来る負傷者は	人間とは思われない、地ゴクの世界を
に浮んでいた死者たちは、	人間とはとても思えない異様な姿だっ
せて運んだ。その時の様子	人間とは思えない姿はいま忘れない。
横たわっている姿、とても	人間とは思えない姿、茶褐色の巨人物
死体が次々と流れて来て、	人間とは思えない姿を見て、大変驚い
は思われないような異様な	人間、また息をつくことも出来ないよ
なった人や馬など、とても	人間とは思えない姿や水を求めて足に

《人間としてこんな死に様があっていいのか・あってはならない》

で行った事。／イ．これは	人間の死に方ではないと思いました。
き殺されたのではないか、	人間としてこんな死にざまがあってい
地獄だったのです。／　「	人間であれば、人間らしい死に方をさ
。肉の塊りとなった死体。	人権もない虫ケラ同様の死体。肌に焼
た。／イ）この世の中に、	人間世界に、このようなことがあって

第一章　〈心の傷〉

『原爆被害者調査』で私たちは、〈心の傷〉にかかわる体験を聞き出すべく、つぎのような問いを設けた。

【問四】　あの日や、その直後のことで、いまでも忘れられないこと、恐ろしく思っていること、心のこりなこと、などがありますか。あるとすれば、どんなことですか。例を参考に、なるべく、その状況や、あなたの思いがわかるように書いてください。

◇例◇

ア　人びとの死んでいる姿や、生きていた人たちの苦しみのようす、死んでいった人びとの死にかた

イ　それを見て、あなたが感じたこと

ウ　水や助けをもとめる人びとに、なにもしてあげることができず、心のこりに思っていること、など

ご覧のように、この問いは、ただ「被爆当時のことを書いて下さい」というものではない。《原爆投下によって生まれた状況が人間にとって何であったか、その下において人はよく人間でありつ

づけ得るようなものであったかどうか、即ち人の非人間化といった現象が生まれなかったかどうか》(石田忠「調査企画メモ」一九八五年九月)を問うている。「自計式」の調査(被爆者本人が自分で調査票に記入する方式)という条件下にもかかわらず、この問いに充てられた一頁分のスペースに、回答者全体(一万三一六八人)の六割を上回る(六三%)人たちが、思い起こす苦痛をこらえながら、「いまでも忘れられないこと」「恐ろしく思っていること」「心のこりなこと」を書き記してくれたのである。

『「あの日」の証言』ともよぶべき、それらの「ことば」は、すさまじい迫真力をもって読む者にせまってくる。だが、この設問に応じて書き残された膨大な人間的真実は、どのようにしたら、多くの人に伝えることができるのだろうか。集められた証言(自由記述回答)を、そのリアリティを失わずに再構成する――それは決してたやすいことではない。

1　「これが人間か?!」

石田忠は、『「あの日」の証言』のなかで、「人間」という言葉のある証言に注目した。『証言』の内容をよみといているうち、「人間」という文字のある証言には、〈原爆〉に対する批判的な認識が語られていることに気づいたからである。

※詳細は、前掲・石田忠「原爆体験の思想化――「被団協調査」・分析」を参照。

被爆者たちは、「人間」という用語を使って〈原爆〉の何を証言しようとしたのであろうか?　そのことは、「人間」という文字の前後にどのような言葉が使われているか、すなわち、文脈のなかに置くことによってつかむことができる。私は、『「あの日」の証言』の全文データベースから、「人間」(二部、「人道・非道」や「人類」を含む)を検索語として該当事例を取り出し、前後の文脈にしたがってキーワードが意味するものを一つひとつ読み取りながら、いくつかのカテゴリーに区分し、並べ替えていった。

※問四に対する回答は、そのうちまず、《原爆は人間にとって何であったか》をよく伝えている証言が五〇〇例ずつ二回に分けて選び出され、『「あの日」の証言』(その一)・(その二)として資料化された。引き続き、一橋大学〈原爆と人間〉研究会は、残っているものを含むすべての証言のワープロ入力にとりくみ、松尾雅嗣広島大学教授のご協力を得て、全文のデータベース化が実現した。このデータベースからの検索・分類は、松尾教授が開発されたプログラム「漢字テクスト検索システムＫＲ」によって行った。

以下の文章は、上記の作業によって作成した資料にもとづき、キーワード〈人間〉が意味するものを再構成しようとしたひとつの試みである。これが語りかけてくるものを、ひとつのストーリーを読むように、聞き届けてみてほしい。

(一)《これが人間か、あれも人間か》。この問いかけは、奇しくも、プリーモ・レーヴィの最初の著作と同じ主題である(邦題は『アウシュヴィッツは終わらない』)。人びとは、「生木が焼け焦げ」たような、「真黒な木の幹」のような、「薪の燃え残り」のような死骸となり、「男女の区別もできない[ほど]ふくれあが」って、「魚市場の[魚の]ごとく並べられた」。「ぐれんの地獄の火の中」から、「死んでいる子供を背にまるで亡霊そのもの」のような、「頭から体全体灰色で、両手を前に上げて背中の皮膚も手の皮膚もぼろぼろに焼かれてたれ下がっ[た]、まるで夢遊病者」のごとき人びとが、ぞろぞろと現れた。「これが現世の姿なのか」「これが人間の死体か」。そう問わずにいられなかった。

(2) 原爆がもたらした〈苦しみのすがた〉や〈死のかたち〉は、とうてい「人間とは思えない、見えない、言えない」異様なものだった。「すさまじい火傷」で人びとの体は「膨張し」「ふくれあがって」いた。皮膚は「はげてぶら下がり」「えぐられ焼けただれて」「黒こげ」になっていた。「人間の姿」「人間の様相」「人間の顔」とは思われない……人びとの「形相は全然別の人間に」変わり果てていた。

(3) 「男か女か」「子供か年寄りか」区別のつかない、「人間なのか、豚や犬猫なのか」さえ見分けがつかない。人間でなく動物のようであり、人間とも動物ともつかない。「石ころみたいな」、もはや「人間とはほど遠い」「醜悪な物体」と化していた。

(4) つい、その直前まで(「爆発一分前」)、人びとは確かに「人間の姿」をしていた。〈原爆〉は、「未だかつて人間の体験したことのない」巨大な力となって、「人間と万物すべてのもの」を破壊し、「我が町、我が家」「人間…心…草木」「虫や朝顔」「馬、牛、犬」を焼き尽くした。キノコ雲が、「人間の血・肉を吸い込む」ようにして立ち上った。

（5）「人間も動物も」「牛や馬も」、黒こげや「生焼け」になり、腹や体が「太鼓」のように膨れ上がっていた。「死んだ馬のお腹に人間がささっていた」。「牛や馬も人間と一緒になって」「人間の死体に馬や牛が混じって」「折り重なるように」川に浮かんでいた。

（6）人びとの体は、「皮膚を全部はいだ人間の標本」そのままであり、「はれあがり、膨れ上がった」体もあれば、「焼けると小さくなる」ものもあった。「黒こげの彫刻」を見るようなものもあれば、「人間の炭」と化し、「吹いてみたら灰」になったドクロもあった。「黒こげのかたまりが散っている周りに油がにじんでいた」。「生きた人間の丸焼け」。「人々の修羅の巷」には、「人間が焼けるにおい」がたちこめている。「一瞬にして、生きた人間の集団火葬をやってしまった」のだ。

（7）「埃とちりにまみれた」「ボロの群れ」が、「ボロ布が歩いている」ように近づいてくる。さながら「幽霊」のような、「亡霊たちの無言の行列」。「沈黙」し、「頭の上に手をかけて」行進する、「長蛇の列」。彼らは「人間ぼろ」とも言われた。

（8）「屍体の鼻や耳から丸まると肥った蛆虫が出入り」する。いましがた死んだばかりの人の鼻からも「蛆虫が出てくる」。いや、それどころか、まだ「生きている人間」の傷口にも「ハエが卵を生みつけて」、蛆(うじ・ウジ)が「わき」「体にぶらさがり」、体中を「はい廻る」。「体にウジでトンネルができた」ほどだ。たとえ、「ウジがわいて」も、人びとには「苦しむ元気」すらなかった。「焼けた体からウジがわいて、それでも生きている人間」。「こんな姿が、こんな死にざまが、人間の世界にあってよいものだろうか！」

(9)「一度に多くの」「こんなに簡単に多数の」人間が死んだ。焼け野原に、死体が「散乱」する。川に出ると、「人間がマグロのようにゴロゴロと死」に、「油ぎって横たわって」「生殺し」の目にあっていた。川の流れには、「真っ赤にやけただれ、風船のようにふくれ上がった人間のしがいがいっぱい」「馬や牛と一緒に」「浮き沈みしている」。橋の下には、「橋桁に届くまで」死体が「山のよう」になっていた。防火用水には、「黒こげになってまっすぐ硬直し」た人間、「赤牛のごとく肥満」した人間が、浸かっていた。井戸の所にも、「ボロ布としかいいようのない人」が…。その人達は、「どうやって歩いてきた」のだろうか？

(10) 死骸は、「全く人間を焼くとは思われない野外で」「道路わき」や「野原」「河原」で茶毘に付された。「人間と材木を重ねて」「山のように積み上げて」「束にして」「油をかけて」、「まるで魚を焼くように」燃やされた――「荷車に死人を縦横ぶっちがいに積み重ね、ウジの湧いた、焼けただれ、皮もズルムケの死体を焼き場に運び、ガソリンをぶっかけて火をつけては焼く」。怪我人も、「収容するはしから」死んでいく。人間は「虫けらのごとく扱われ、穴に埋められ」「運搬中に息を吹き返して呻きだしている(のに)、そのまま土のなかにほおりこんで」葬られた。もはや、「人間というより、〃もの〃」であった。

かくして、「人間のすることではないような非道なことの明け暮れ」のうち、「人間の心はすさみ」「何の感情もなくなりかけていた」。「激しい作業のためか、死体に対して哀れみや敬虔の念が出てくるよりも、ねずみか小鳥の死体がころがっているぐらいにしか思えなくなってしまう」。

(11) 人間の命の「はかなさ」「もろさ」。「バッタリと倒れたら、もうこと切れていた」前を歩く人。「かすり傷程度」「無傷に近い」のに、「全身斑点におおわれ、髪が抜け」「骨と皮、やせ細り」死んでいく。「植物人間」になった人。「人間が受けた放射能の被害の大きさ」。〈原爆〉は「人間の一生を変えてしまう」。その詳細は次章に譲り、さらに〈あの日〉のことを続けよう。

(12) 「人間を焼き殺し、生きのびた者をなぶり殺す核兵器の真髄をここにみる」思いがした。「此の世の」「本当の人間地獄」が現出していた。「これが人間社会であるのか」。「恐怖と憔悴した表情」の「生気を失った地獄にいる人間」がそこにいた。それは、「戦闘の経験」という「常識がはるかに及ばない人間の極限の姿」であった。「極限の中にいた人間」――「戦争という極限」＝核戦争という「極限状態」の中で、人間はいつしか「なんの恐怖も感じなくなり、「自分のことしか考えない」「無関心で見て通るだけ」になっていく。

(13) 「平気で」、「空白」「痴呆」「虚脱」、「無感情」「無感覚」「無気力」、「マヒ」「まひ」「麻痺」「馴れ」、等々、人びとが陥った〈無感動〉という心の状態は、さまざまな言葉で形容される。「あまりの衝撃」「あまりの大きな被害に出遭う」と、「意志や感情」「魂を抜かれた虚脱」状態となり、「平時の人間的感情を失ってしまう」。「人間の死」にさえ「心動かされず」

「何とも感じられなくなっていく」。人間の心は「マヒして」「馴れて」「事務的に」なっていく。「他人のことをかまう気持になれず、隣で苦しんでいる人にもふり向きもしない」。「怒りも恐怖も悲しみも」感じない、否、「怒りや恐怖や悲しみ」を感じていたら、それこそ人間は「どうにかなってしまう」からだ。「人間の持つ感情の極限を超越した」この心の状態は、「その後も何年も」尾を引いた。

(14)「人間の生に対する最後の努力」をみるように、「ほのおの中から生不動《いきふどう》の如くカミを振り乱し路上に飛[び]出した」女性。家族への連絡を乞う、火の弱い所を求めて移動しようとする姿。「人間の最後の力をふりしぼって何か言おう」と「足もとを引っぱ」る人。「助けを求め、水を求める」かすかな声、うめき、叫び。「兵隊さん、この子をたのむ」と、無傷の赤子をかばい、息絶えた母――「人間わざではなかった」。

(15) だが、「異常な状態の中」で、「人間は人間でなくなる」。人びとは「人間としての心を失」い、「人間であることをさえ見失った」。「死に直面すると」、人間は「畜生のようになる」――「非情な・なさけない」「涙も悲しみもない」人間が作り上げられた。「防空壕へ入ろうとしても、前に入っている人が後の人たちを入れようとしない」――極限状態におちた時、人間は「あんなにもあさましいものか」。

(16)「無意識の内に逃げようと、人間の本能のみ働く」とき、人間は「自分しかない」「自分だけのことしか考えなくなる」。「自分さえ助かれば」と、「自分を護ることで精一杯」。「なに一つとして哀願にこたえてあげることが出来なかった」無力さ。「なすすべもなく」「どうすることも出来なかった」不甲斐なさとやるせない思い。「人間の力ではどうにもならない、すくいようもない」。「何もできない無力感に打ちひしがれながら」、人びとは「多くの死に立ち会った」。

⒄「あの当時は、自分が助かっただけでも夢のように思えるのに、人々のことがどうなったかは、考えるひまはなかった」。「人間おちつきが出てきて初めて、感じることが出来るもの」である。「悲惨、無惨、地獄であるということは、戦後、すこしずつ『人間であること』を回復し、自覚する過程で〝認識〟するようになっていった」。

⒅「やっと人間らしい気持にかえっ」てから思うのは、「人間の愚かさ」「戦争の愚かさ」であり、「同じ人間が殺し合わなければならない」人間の業《ごう》・定めである。けれども、「人間が人間の名をかりて残酷な仕方で殺すこと」が許されるのだろうか。「人間の死が厳粛で尊厳なもの」なのに、「人間の尊厳も何も踏みにじったあの地獄」。「正常な人間が見て残酷極まりない」「人間の尊厳を失われた死に方」。「人間が人間に対してなし得る残虐」にこれ以上のことがあるだろうか。「人間としてこんな死にざまがあっていいのか、人間世界に、このようなことがあって良いものか」。「人間が人間に対してすること」「まともな人間の出来ること・人間のなすべき行為・業《わざ》」ではない。「人間であれば、人間らしい死に方をさせてあげたかった」。

⒆「防空壕に入れてくれと泣きさけぶ」人の「希望を聞けず、自分だけ入った」こと、

「後で助けに来ると見捨てた」こと、「せめて最後の水の一滴なりと与えて上げれば」……、折りに触れて人は、「非人道なことをした」と心がいたみ、「人間としてこれでよかったのか」という思いが「いつまでも心に残る」。

(20) だが、「人間性を失わせ」「破壊」するのは戦争であり、戦争が「人間をアブノーマルな姿に変える」。「人間が悪いのではない。戦争が悪いのだ」。「人間をそのような極限状況にまで追い込んだ原爆の非人間性をこそ問題にすべきである」。

(21) 「人間として許すことが出来ない」戦争の悲惨さ、残酷さ。「こんな兵器を絶対作らない」「こんな我々のような人間を二度と作ってほしくない」。「人間らしく生きられる平和を」。

(22) 「人間は戦争をするために生まれてきたのではない」。「人間同士がにくしみ合ってはいけない」「人間は戦争をしてはいけない」。「人間の生命」は無限であり、「地球より重い」。「何万もの人を一瞬に殺せる武器を発明した人間が、なぜ、何万もの人の命を救えないのだろうか。もし将来戦争の不安が起きたら、平和のために命を捧げよう」。

「ことば」というのは、なんと大切なものだろう。それぞれの人びとがそれぞれの思いをこめて書き綴ったことば。その一言ひとことを辿っていくと、一人ひとりの被爆者が「体験したこと」、「観察したこと」のさきに、「巨大な原爆像」が浮かび上がってくる。※そうさせるのは、書き手のなかに共通の視点が形づくられているからにほかならない。「人間」という言葉を使って「あの日の出来事」を書き記すというのは、〈人間〉の眼で、原爆がもたらしたものを批判的に見つめる、ということなのだ。

※石田忠『原爆被害者援護法』未来社、一九八六年、一二頁。

「これは人間ではない」「人間としてあってはならない」とするとき、「あの日」の目撃者たちのまなざしは、人間(もしくは人類)のみならず動物をふくむ「万物」にひろがり、かつまた、自らの行為や心理状態にも向けられている。彼・彼女たちは、〝極限状況の下におかれた人間〟という視点から、〈原爆〉を見つめていたのである。

※地球環境が危機に瀕している時代に生まれ育った今日の若い世代は、「人間は動物以上に残酷であり、戦争もまた人間的な所産である」が故に、「〈人間〉を以て他のあらゆる価値に優先するもの」とする価値観に対して、ときに懐疑的なまなざしを向ける。被爆者たちの証言は、人間の生活がかつて、動物たちや自然と共にあったことを物語っている。

2 「あの日」の証言

さて、被爆者たちは、他にどのような体験を、「あの日の証言」として書き記したのであろうか。それらを整理し分析するためには、書かれた文言の一言一句を丹念に読み込んで、その中味を分類していくという作業が必要になる。このように、事後の読み取り作業のなかから浮かび上がってきた分類やカテゴリーのことを、社会調査では「アフター・コード」と呼ぶ。

表 1-1 「あの日」の証言(アフター・コード)

	名	%
1. 受苦/子ども・女・年寄り	1335	(19.8)
2. 受苦/その他	3648	(54.1)
3. 死に様/子ども・女・年寄り	1361	(20.2)
4. 死に様/その他	3725	(55.2)
5. 罪意識/自分だけ助かったので	30	(0.4)
6. 罪意識/水をやったので	38	(0.6)
7. 罪意識/水をやらなかったので	195	(2.9)
8. 罪意識/助けられなかったので	456	(6.8)
9. 罪意識/助けず逃げたので	95	(1.4)
10. その他の罪意識	131	(1.9)
11. 助けなかった(どうすることもできなかった)	738	(10.9)
12. 助けた(助けられた)	270	(4.0)
13. 無感動(放心状態)	186	(2.8)
14. 地獄(この世のものとは思えない，阿鼻叫喚)	1231	(18.3)
15. 人間(人道，人類)	403	(6.0)
16. 忘れられない(脳裏から離れない，耳に残る)	1989	(29.5)
17. 忘れてしまいたい(思い出したくない)	256	(3.8)
18. 音・光・におい(神経症状)	86	(1.3)
19. その他の記述	652	(9.7)
計	16825	(249.5)
回答者数	6744	(100.0)

＊ ( )内は，回答者数(総数)を 100 とする比率.

※それに対して、調査する前からあらかじめ調査票に組み込まれてあった選択肢のことをプリ・コードという。

『原爆被害者調査』問四のスペースになんらかの形で書き込みがあり、アフター・コードによる数量化が可能になった調査票は、全部で八二八一枚あった。そのうち、本書で考察の対象とする集団六七四四名の生存者が問四に記入した「あの日の証言」の内容をコード別に整理してみると、表1-1のようであった。

このように、全部で一九個からなるコードによって「証言」を数量化してみると、問四には、平均して一人当たり二・五個のことが記されていたことになる。

※一人当たりでみると、遠距離で被爆した者より爆心近くで被爆した者ほど、平均数は増大する傾向がある。しかし、その差はさほど顕著でなく、直接被爆者と間接被爆者とを比べても平均数ではほとんど変わらなかった。

やはり何といっても多かったのは、被爆直後における人びとの〈苦しみのすがた(受苦)〉と、〈死のかたち(死にざま)〉である。「あの日の証言」中、人びとの〈受苦〉や〈死にざま〉について全く触れなかったのは、一一五四人(一七%)に過ぎない。〈受苦〉のみを記した人は一二九八人(一九%)、〈死にざま〉のみを記した人が一三三六人(二〇%)で、残りの四四%は、〈受苦〉・〈死にざま〉をともに記していた。

※もとより〈受苦〉や〈死にざま〉は、「人間」の例と同様、もっと細分化することも理論的には考えられる。しかし、そこまでのコード化は容易ではない。明らかにすべき様相をしぼりこむ必要があろう。原爆が現出させた〈受苦〉や〈死〉、それら千差万別の諸様相をより詳細に再構成する作業は、いずれ稿を改めて挑戦してみたい。〈地獄〉を復元するには、「場所」や「時間」を考慮しつつ、「光景」や「心象」に即して証言をデータベース化することにより、一人ひとりの記憶(心の中にあるもの)を記録に変換していく作業が求められる。

右のコード区分の特徴を整理しておこう。まず第一に、原爆が人間にもたらした〈苦しみのすがた〉・〈死のかたち〉は、《女性》や《子ども》そして《お年寄り》の〈受苦〉・〈死にざま〉について書かれたものと、それ以外の人びとのことに言及したものとを、それぞれ別個のコードに分けてとらえたことである。原爆がもたらした〈受苦〉や〈死〉を目撃することは、いわゆる家族や身内の範囲を超えて、おびただしい、顔も名前も知らない無数の死者たち・受難者たちとの遭遇であった。なかでも、《子ども・女・年寄り》の受苦と死は、人類絶滅兵器としての核兵器の残虐性を象徴する。

第二は、〈罪意識〉についてである。これを語るには、①人々から「助け」を求められたときの状況だけでなく、②それに対してどう行動・対応した(できた)のか、そして③その結果どのような思いが後に残ったのか、を書き入れる必要がある。私たちが、〈罪意識〉としてそれを特定するには、少なくともそれら三つのことが書かれていなくてはならない。今回のコード区分で〈罪意識〉は六つのカテゴリーに細分化されたが、この六つのコードは相互に重複しておらず、合わせて九四五人(総数の一四%)もの人びとが、そうした〈心の傷〉をうち明けてくれたことがわかる。

と同時に見逃してはならないのは、「11. 助けなかった」という人(七三八人)の存在である。これに区分けされた人びとは〈罪意識〉を表すような言葉(③)を直かに書いていないにしても、「助け」を求められて(①)「どうすることもできなかった」(②)無念の思いは、その行間ににじんでいる。

コード区分の第三の特徴は、「あの日」、人間の〈苦しみのすがた〉や〈死のかたち〉を目撃したことが、人びとの心にどのような反応を引き起こしたのか、どのように人びとの心に刻まれているか、という点である。原爆がもたらした極限状態を、多くの人は〈地獄〉と形容するが、そのことは、あの日の体験が「此の世のものとは到底思えない」阿鼻叫喚の地獄として人びとの脳裏に刻印されたことを意味する。それらは、「忘れてしまいたい・思い出したくない」ものであるのに、「脳裏から離れない」し「忘れられない」のである。

見たこと・したこと・思ったこと

以上の三つは、それぞれ、「見たこと」、「したこと」、「思ったこと」に当たる。「あの日」の証言を大きくこの三つで括り、証言者が被爆した状況との関連において整理してみると、表1-2のごとくであった。

(1) 原爆が現出した「あの日」の光景の〈むごさ〉は、人びとの〈死のかたち〉、もしくは〈苦しみのすがた〉としてさまざまに語られる。「見たこと」の場合、被爆距離による違いはほとんど見られない。証言者たちは、被爆当時およびその直後に居たそれぞれの場所で自分の周囲に起こっていた出来事を目撃したのであり、また、逃げまどう道すがらにも〈受苦〉や〈死〉のありさまと遭遇しなければ、難を避ける(生き延びる)ことは出来なかった。

※もとより、このデータは、人びとの〈受苦〉や〈死にざま〉のことが記述されているかどうかだけを数えたものであり、〈受苦〉や〈死にざま〉のシーン数を数えたり、それぞれのシーンの重さを測定したものではない。

(2) 「見たこと」とはちがい、「思ったこと」「したこと」は、爆心地からの被爆距離によって差異が現れる。「助けを求め・求められるような」事情や状況に、じかに直面するかどうか。それは、爆心との位置関係に左右される。原爆の破壊力と殺傷力(熱線・爆風・放射線)の及び方は場所によって異なるからである。※〈死のかたち〉、〈苦しみのすがた〉の重さ・むごさは爆心地に近くなるほど圧倒的なものとなる。それゆえに、その光景を目の当たりにして心を閉ざしてしまった(「無感動」）人の割合は近距離ほど多くなるのであろう。

※例えば、灰燼《かいじん》地帯、家屋全壊・半壊地帯、火災地帯、鉄筋建築破壊地帯などに区分される。（長崎市原爆被爆対策部『平成一六年度原爆被爆者対策事業概要』、六頁）

（3）「したこと」の欄のうち、「助けなかった」というのは、「助けられなかったので」あるいは「助けず逃げたので」罪意識を抱いている人と、単に「助けなかった」とのみ記している人の合計である。つまり、この統計がとらえているのは、「助け」を求められた際に自分がとった行動についてどのような思いを抱いてきた（いる）かということではなく、「助け（られ）なかった」という場面に立たされた、そのような状況が発生する頻度（蓋然性）である。

一方、〈罪意識〉があると認められたものは全部で九四五人であったが、罪意識を示す六つの形態のうち、「自分だけ助かったので」と「水をやったので」という事例は共に数が

「あの日」の証言

思ったこと		したこと	
地獄だった	無感動になった	助けなかった	助けた
95(22.8)	20(4.8)	124(29.8)	30(7.2)
435(20.0)	69(3.2)	523(24.1)	135(6.2)
186(16.8)	30(2.7)	182(16.4)	39(3.5)
176(13.8)	35(2.7)	169(13.2)	20(1.6)
4(19.0)	0(0.0)	4(19.0)	0(0.0)
896(17.9)	154(3.1)	1002(20.1)	224(4.5)
280(19.2)	28(1.9)	247(16.9)	40(2.7)
55(18.9)	4(1.4)	40(13.7)	6(2.1)
1231(18.3)	186(2.8)	1289(19.1)	270(4.0)

1をもとに距離区分を変えて作成．表中，（　）内は，被爆状況・距離

で」(456人)あるいは「助けず逃げたので」(95人)罪意識をもって

(738人)の合計である．また，「助けた」と述べている人のなかには

表 1-2　被爆状況別にみる，

被爆状況		該当者数	見たこと	
			死のかたち	苦しみのすがた
直爆	−1.0 km	416(100.0)	277(66.6)	280(67.3)
	−2.0 km	2170(100.0)	1361(62.7)	1454(67.0)
	−3.0 km	1109(100.0)	671(60.5)	722(65.1)
	3 km 超	1279(100.0)	744(58.2)	726(56.8)
	NA	21(100.0)	15(71.4)	10(47.6)
	小計	4995(100.0)	3068(61.4)	3192(63.9)
入市		1458(100.0)	1068(73.3)	892(61.2)
その他		291(100.0)	156(53.6)	170(58.4)
計		6744(100.0)	4292(63.6)	4254(63.1)

＊　前掲・石田忠「原爆体験の思想化──「被団協調査」・分析」所収の表
ごとの該当者数を 100 とする％.

＊　「助けなかった」と述べている人(1289人)は,「助けられなかったの
いる人(計551人), および単に「助けなかった」とのみ述べている人
「助けられた」と証言した人も含まれている.

少なかった(表1-1)。「その他の罪意識」もその中身は多様である。そこで、残る三つの罪意識について、被爆状況によるちがいがあるかどうか調べてみると、「水をやらなかったので」は被爆状況・距離による違いは見られないが、「助けられなかったので」もしくは「助けず逃げたので」罪意識を抱いている人、それから単に「助けなかった」と述べた人の場合は、遠距離よりは近距離で被爆した者ほど増大する傾向をみてとることができる。

※直接被爆者について、「三km超」で被爆した人と「一・〇km以内」で被爆した人を対比してみると、「助けられなかったので」の場合は五％対一一％、「助けず逃げたので」は〇・四％対四％、「助けなかった」は八％対一五％であった。

では、〝忘れられない地獄〟として被爆者の脳裏深く刻み込まれたできごととは、どの

ようなものなのだろうか。以下、それらの様相についてより詳しく見ていくことにしよう。

3 〈子ども・女・年寄り〉——絶滅の対象

証言を読んでいると、赤ちゃん・乳児、幼児や子ども、女性や母親、年寄り・老人たちの〈死のかたち〉や〈苦しみのすがた〉について言及した記述に引き寄せられる。〈子ども・女・年寄り〉の〈受苦〉・〈死にざま〉と、〈その他の人びと〉のそれとの間には、なにか違いがあるのだろうか。あるとして、それはどのようなものなのだろうか。

〈受苦〉ならびに〈死にざま〉の記述状況について、被爆者(書き手・語り手)の諸々の条件により違いがないかどうかを探ってみたところ、昭和二〇年の内、つまり、被爆当時および直後に原爆で死没した身内がいる者は、年内死者が身内に出なかった者に比べて、〈子ども・女・年寄り〉の〈死にざま〉のことに言及した者が多くみられた(前者の三七%対後者の一三%)。この点、「被爆したためにつらかったこと」として、「家族を失ったこと」や「家族がちりぢりになったこと」「支えになる人がいなくなったこと」など、〈家族の喪失〉にかかわる項目を挙げた人にも同様の傾向が見受けられた。これら以外でもクロス集計を試みた結果、ほんのわずかな違いをしめすものがなくはなかったが、明瞭な違いを読み取れるような項目はほとんど見出せなかった。

※〈受苦〉・〈死にざま〉の記述状況について、〈子ども・女・年寄り〉と〈その他の人びと〉に分けて被爆状況とのかかわりをみると、三㎞以遠で直爆した者や入市被爆者に〈子ども・女・年寄り〉や〈その他の

人びと〉の〈受苦〉の姿を記述した者の比率が若干低くなる傾向がみられたものの、全体として、被爆の状況や直爆の距離による違いはあまり認められなかった。

こうしてみると、〈原爆〉が人びとにもたらした〈受苦〉や〈死にざま〉は、生存者個々の状況の差異を超えて、語られていることがわかる。〈受苦〉や〈死にざま〉はどうして、それほどまでに多くの人びとの脳裏に刻み込まれたのか。その答えは、証言者たちの被爆した位置や被害の状況よりも、〈原爆〉が人間にもたらした〈あの日の死〉の実相のなかに探ってみなくてはなるまい。

一　〈「あの日」の死〉

『原爆被害者調査』では、身内にも被爆した者がいる場合は、死亡の有無について尋ねた。本書で分析の対象とした六七四四名のうち、およそその三分の二(六七%)の人は、本人以外にも身内の誰かが被爆していた。被爆の当日から調査時点(一九八六年三月)まで四〇年余りの間に亡くなった身内の原爆死没者数は、七二五一人であった。

ここでは、被爆の当日に亡くなった人びとの〈あの日の死〉の状況を要約してみよう。

(1)　被爆の当日に亡くなった身内の死者は、全部で一七一一人であった。このうち、一九四五(昭和二〇)年八月六日、広島で亡くなった者は一〇七六人、同年八月九日、長崎で亡くなった者は六三五人である。これらの〈当日死者〉一七一一人は、昭和二〇年の内に死亡した被爆者三四二七人の半数(五〇%弱)を占めており、〈当日死〉の比重がいかに大きかったかを物語っている。これに八

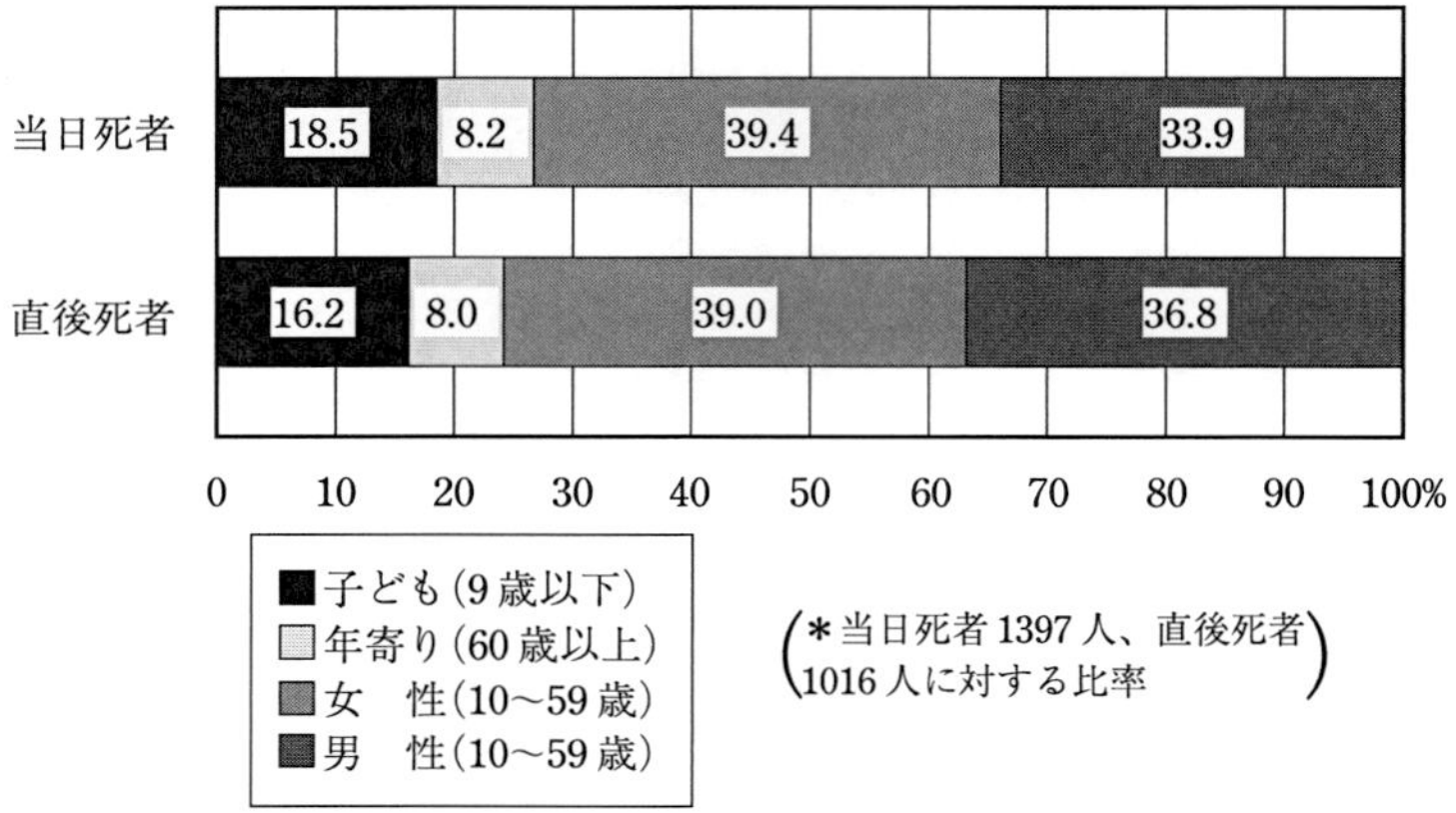

図1-1　〈子ども・女・年寄り〉(当日死者・直後死者)

月中に亡くなった者を合わせると、年内死者の四分の三以上(七八%)は当日およびその直後に亡くなったことになる。

(2)〈当日死者〉のうち、男女の性別および死亡時の年齢がともに判明している一三九七人についてみると、その一九%は一〇歳未満の子どもであり、八%が六〇歳以上のお年寄り、そして三九%は女性(一〇〜五九歳)であった。このように、〈当日死者〉の三分の二(六六%)は、〈子ども〉や〈女性〉や〈年寄り〉であったことになる[男性(一〇〜五九歳)は三四%]。こうした点は、翌日(広島被爆は八月七日、長崎被爆は八月一〇日)以降も変わることなく、原爆が炸裂した次の日から昭和二〇年の末までに亡くなった〈直後死者〉においても、その六三%は〈子ども・女・年寄り〉であった(**図1-1**)。

(3)〈当日死者〉の圧倒的多数は、「建物内(下)での圧焼死」(五〇%)であり、「戸外での爆死」(三四%)であった。このことは、《原爆は、人びとに逃げる暇も与えず、押し潰され焼け死んでしまう人びとを助け出すことさえ許さなかった》ことを物語っている。

(4) これを死亡年齢(＝被爆年齢)別にみると(**表1-3**)、(一〇～一九歳を除いて)どの年齢層も、「圧焼死」が「爆死」を上回っており、とりわけ、九歳以下の子どもの五七％、六〇歳以上のお年寄りの六六％は「圧焼死」であった。母もろともに命を奪われるか、衝撃による流産で死亡した胎児が、八人を数えた。また、性別にみると、女性の死者の場合(七七〇人中)、「圧焼死」が「爆死」を大きく上回っている。[男性の死者(七二四人)では、「爆死」と「圧焼死」の差は狭まる。]

「爆死」が「圧焼死」を上回ったのは、唯一、被爆時一〇歳代の若者たちであった(約一・五倍)。おそらくは、学徒動員で建物疎開作業等に駆り出されていたためであろう。〈当日死者〉で数が最も多かったのは、この一〇歳代で被爆した者たちであった(およそ四分の一になる)。

総じて、〈当日死者〉の三分の二を占める〈子ども・女・年寄り〉の多くは、建物の中か下敷きになって「圧焼死」したものと推察される。

(5) 〈当日死者〉の九四％については、「死亡・遺体の確認状況」が把握できている。それによると、〈当日死者〉のうち、家族に看とられながら死亡した者(「死に

表1-3 当日死者の死亡年齢，及び性別死亡状況(一部)

	爆死：圧焼死
胎児～9歳	75 ＜ 162
10～19歳	172 ＞ 114
20～29歳	50 ＜ 90
30～39歳	58 ＜ 69
40～49歳	66 ＜ 93
50～59歳	37 ＜ 65
60～69歳	19 ＜ 56
70歳以上	5 ＜ 20
男	277 ＜ 315
女	242 ＜ 425

※ 数値は人数

表 1-4 当日死者の遺体・死亡の確認状況

	当日死者全体	「爆死」者の場合	「圧焼死」者の場合
「遺体で確認した」死者	338(21.0)	133(25.8)	175(23.4)
「遺骨で確認した」死者	469(29.1)	48(9.3)	389(52.0)
「行方不明」の死者	653(40.5)	288(55.8)	123(16.4)
「死に目に会えた」死者	72(4.5)	23(4.5)	14(1.9)
「死に目に会えなかった」死者	525(32.6)	188(36.4)	248(33.2)
該当者数	1612(100.0)	516(100.0)	748(100.0)

＊ 遺体・死亡の確認状況欄の選択肢は複数回答可になっている．該当者数はいずれも，遺体・遺骨，及び死亡の確認状況が無回答・不詳の者を除いてある．（ ）内の比率は，それを100として算出した．

目にあえた」者）は、四％にすぎない。「あの日」の死者の、およそ半数は「遺体で」もしくは「遺骨で」その死が確認できたものの、その四〇％は「行方不明」――とりわけ「爆死」者の場合、過半数の五六％が「行方不明」――であり、遺体または遺骨によってその死は確かめられていない。一方、「圧焼死」者の場合は、その半数（五二％）が「遺骨」で確認された（**表1-4**）。

以上のように、〈原爆〉は、誰よりもさきに〈子ども・女・年寄り〉の命を奪い、人びとに〈異形の死〉（爆死／圧焼死）と、〈確かめようもない死〉（その死を確認するすべのない死）を強いたのである。残された人びと（遺族たち）は、家族の〝最期のとき〟をさまざまに想像して苦しむことになった。

「やっと家にたどりついたが、そこで待っていたのは親、姉、弟、妹五人の遺骨でした。…なにせ爆心地より〇・五㎞。…家の下敷きになった時は動けなくとも、息はあったと思う。直後、熱線、熱波による火災で、生きながらにして焼き殺されたのではないか、人間としてこ

んな死にざまがあっていいのか、生き地獄そのままではないか。」　広島　入市　男　二七歳

「八月一〇日長崎に入ろうとしたが、まだ浦上全体が燃えており、熱くて入れず、火勢の衰えるのを金比羅山上から見下ろして待ち、浜口町の我が家へ足を踏み入れたのは一〇日の夜半…。妹の白骨死体が座敷の中央と覚しき場所に、形をくずさず横たわっており、移動する間もなき瞬時の出来事であったことが想像される。焼残りの棒切れで、その白骨の肋骨部を持ち上げようとしたら、ガラガラと音を立ててくずれ、妹の悲しみがとたんに胸に迫り号泣した。

隣に住んでおられたA氏宅、家族六人全員白い灰と化し、白骨だけが家の焼跡に並んでいた。B氏宅は、祖母、奥さん、お子さん七人が同様に真白い白骨と化し、その骨の様子で誰と名前がわかるほど、一ヵ所に並んで死んでおられた。（これを見て、いかに熱度高き閃光であったかが伺えた）」　長崎　入市　男　三三歳

二　罪なき人びと

〈子ども・女・年寄り〉とは、いうまでもなく、子ども・女性・年寄りそれぞれの身に起こったことを象徴的に総称して表そうとする言い方である。『「あの日」の証言』において、実際にこの三者が連句になって言い表されていたのは一三例であり、多くは、〈子ども〉か〈女〉か〈年寄り〉か、そのいずれか一つ、もしくは二者について記しており、二者のことが取り上げられている場合でも、対になっているものもあれば、各々が別個に並記されているものもある。〈母と子〉の身に起こったことは項を改めて次節でとりあげることとし、ここでは、〈お年寄り〉の身の上に起こったことや、

〈老人〉たちをも巻き込んで起こった出来事と、その語られ方に着目してみよう。

〈年寄り・老人〉たちの〈受苦〉と〈死〉

（1）「河土手の側に建っていた古家が潰れ、その下敷きになった朝鮮人の女の年寄りが助けてくれと呼びかけ」ていた。だが、呼びかけられた人は、「何もしてあげず、そのまま通過」した。／「家の下敷きになっていた」老人を息子と思われる人が「一人で」救出に努力していたが、「家屋火災が間近になり気の毒であった」。

（2）「腰を抜かした」老人が「逃げる気力」を失って、「血の染まったシャツ姿で塵箱に腰かけたまま、前の家の焼けるのを放心状態で」見ていた。「家の焼けている所に一人、水をかけていた」老人もいた。また「五日後」のこと、「一ヵ所［家の焼け跡かと思われる］を老人らしい人が掘っていた。」

（3）「上半身みずぶくれのやけどをし、足をフラツカせながら焼け跡をさまよい歩く」老人。「耳のうしろのほうの皮がむけて、血だらけになって、ほこりまみれ」の老人は、「耳がいたいでしょう」と人に言われるまで、「ヤケドもケガも、いたい所もわからずにげて来た」ようだった。

（4）「血だらけ［の］パンツ一枚はいて、あと［は］はだかで、仏だんだけ」もっていた老人。「焼け野原のどこかへ向かって合掌する老人」の顔からは血が流れていた。

（5）「背中一面の火傷」を負った老人が、ねころぶことも出来ず、「頭を壁につけ、背中は壁にふれないようにして、両ひざを立てて座っていたが、翌朝見ると、そのままの姿勢で死んでいた」。また、大きな水槽(防火用水)をのぞくと、品のいい老人が、「まるで生きている様に傷もなく、正座して座って死んで居た(空っぽになっていた)」。

(6)「背中の皮膚が垂れ下がった」老人、「手の皮が指先にぶら下がり、痛いと叫んでいた」老人。「肌身に血みどろになり一尺位皮をひきずり両腕につえをもって逃げまどい」、助けをもとめていた老人。「杖をつき今にも倒れそう」になりながら「水をくれ」と言い続けた老人に、あげる「水すら」なく、「助けてあげたくとも」、その「気持の余裕も」人びとにはなかった。一方、「水がほしい水をくれ」と言って、「牛のようにうめきながら手を差し出していた」何人もの老人に、「出っぱなしになっている水道の水をタオルでしめし呑ませた」ものの、幾人かはそのまま死んだ。また、一軒家の「梁柱の下敷きとなって救助を求めている」手足眼等に重傷を負った老人を「救助したまでは良かったが、付近一帯に水が無く、手当もできず、寸分にして死亡させた」。

(7)だれかが、「あら、ちょっとしずかになったね」というと、薬の行商をしていた老人が死んでいた。また、「孫と思われる幼児をだきかかえ」軍医に手をあわせ拝むようにして、「この子を助けて下さいと哀願していた」お年寄り。翌八月一六日朝、両名とも「息たえ横たわっていた」。

(8)「背中全部火傷して下向きにしか寝られず、やっと出来た皮の下にウジがわいてかゆがるので、皮をはがしてウジを取り出して上げた」おじいさんは、「渇くのどもわずかに脱脂綿に浸した水で拭う程度で堪えて、悪いと言うことは全部我慢」したのに、結局一ヵ月あまりで亡くなった。

とるものもとりあえず、這々《ほうほう》の体で逃げ出した老人たち。「大八車に負傷者を乗せた」老人のこと。ある男性(当時三〇歳代)は、「何一つなくなった」老夫婦に「夜具や衣類をやって」帰郷したものの、「頼りない老人たち」のことが後々も気になって仕方がなかった。道端で人が倒れ「ころして!ころして」と言っていたのに、自分自身「年寄りの手を引いていた」ので、「どうしてあげることも出来なかった」人。助けを求める老人たちに「何もしてあげず、そのまま通過」した生存者たちは、「何とかしてあげられなかったものか」と今に悔やんでいる。

「気が違っていた」老人のことを記した入市被爆者(広島で被爆)があった。

(9)「やけどのひどい人々はみんな寒がっていた。そしてふるえていた。/けがの人々は、みんな水を欲しがっていた。/老人の二、三人は気が違っていた。」

もとより、「気が違った」のはお年寄りだけではない、三・〇kmのところで被爆したある女性(広島被爆)は、中心地にあった我が家に帰る途中、「皮膚がぼろ布のようにぶら下がり気が狂ったようにへらへらと笑っていた」若い女の人を目撃している。極限状況の下にあっては、異常な行動・異常な反応こそが正常である、といわれる。「気が違っていた」といい、「気が狂った」というのも、そのことを示しているのではないだろうか。

(1)〜(8)は、〈老人〉〈年寄り〉が単独で、もしくは別個の形で書かれている証言から取り出したものであった。これらに比べると、〈年寄り・老人〉が〈子ども〉あるいは〈女性〉と対句のごとく組み合わさって出現する場合は、具体的な〈受苦〉や〈死にざま〉というよりは、〝非戦闘員〟を象徴的にさすものが多いように思われる。

(10) 軍人はともかくとして、老人、子供の遺体は大変「不憫」であった。「かべやタンスの下敷による全身内出血で苦しんで亡くなった」子供や老人の様子。「非戦闘員である老人や子供達を一瞬にして焼きつくしたあの悲惨な熱い日のこと」は、眼に焼きついて忘れることが出来ない。

(11) 太田川の両岸に干潮時に「子供から老人まで」折り重なるように死体がぎっしりと隙き間なく並んでいた。「非戦闘員である老人や赤ん坊に至る一般市民」を死傷させた核兵器の力を見せつけられた。

(12) 人びとは、「老人か若い人かわからない程ふくれて」いた。「男か女か老人か若い人か見分けもつけられぬ姿」で、「子供や老人、男女の区別も出来ない位」焼けただれて、息たえだえの人達。着ているものは焼け、体も焼けただれて、それでもわずかに焼け残った切れはしで下の方をおさえながら、夢遊病者のように爆心地の方からとぼとぼと逃げてくるおびただしい人の群れ。それは「若い娘さんも、お年寄りも見分けのつかない凄惨な」姿であった。

(13) 後に「恐ろしいと感じた」のは、「老人でなく若い人や子供」が、朝には元気な姿だったのが無残に死に、灰となったことである。

いたいけで、罪のない、戦争と関係のない、無差別な

(14)「投下の日の午後から負傷者の救護に当ったが、水を求めて腰にすがりついた少女の姿や、芋畑の中で放心状態の裸の女性の姿が、つい昨日のように目の前に浮んでくる。老人のかえるの皮をむいたような哀れな姿が可哀想でならない。」

この証言は、〈子ども(少女)〉・〈女性〉・〈老人〉のことが順に、並記されている例であるが、〈子ども・女・年寄り〉が文字通り、三連句のようになって登場するケースがある。そうした事例はすでに指摘したように数としては少ないものの(一三例)、三者が連句になって出てくる証言には、(対句で書かれているものと同様)〈原爆〉への批判がより鋭くこめられているようだ。

(15)「罪もない老人、女、子供達」。どうしてあんなむごい事に巻込まれたのか。「老人、女、子供に何の罪があったのか」。何故、「罪のない老人女子供」まで。「何の関係もない老人、婦人、幼い子供を犠牲にして、ほんとうに人間が恐ろしい」。「老人、女、子供まで犠牲になるとは言語道断」。

(16)まだ死にきれない「いたいけな子供、老人、女性、非戦闘員の姿」「水、水と叫びながら死んで行く姿はどうしようもない」。宗教家、教育者、政治家は「老人、女、子供が再びあの惨状を招かない生活を基本に」考えてほしい。

(17)火焔に包まれ倒壊した家屋の下敷きになって助けを求めている「子供、女、老人」。

これを助ける術がないなさけなさ、ただ合掌するのみであった。防空壕に居た「老人、女、子供」が爆風でやられまだ息はあったが、翌朝はみんな死んでいた。宇品の埠頭には似島の陸軍検疫所へ送られる患者がトラックなどで続々送り込まれて来た。中には担架で桟橋へ運ばれる途中息絶える人、荒むしろに寝かされ「兵隊さん兵隊さん…水…」と息も絶え絶えに訴える人、多くは老人婦女子であった。

また、極限状況下にあっても、軍は、足手まといな〈子ども・女・年寄り〉をのけ者にした。

(18) トラックでの宇品方面への被爆者輸送時に、軍人らしき者の「女、子供と年寄りは乗るな、男の若者のみ乗れ。戦争はこれからだ」という命令は生涯忘れられない。兵隊以外の一般人をみて、「統制がとれない老人、子供、婦女子等は、救護等余りにもあわれ」であった。

《いたいけで、罪のない、非戦闘員のおびただしい、無差別の受苦と死》――これは、冒頭で紹介したように、〈人間〉の視点がとらえた〈原爆〉批判の要諦のひとつでもあった。「人間」をキーワードにとりだした証言から、これに関連する表現を拾いだしておこう。

(ア) 罪のない：何の罪もない人間が焼き殺された／罪のない人間が一瞬にして親兄弟をなくし／罪のない老若男女を一瞬にして無差別的非人道的な生命力の尊厳を無視した初の核攻撃

(イ) 関係のない：戦争に関係のない多くの住民が死亡、負傷された事…、人道を無視した現状／関係のない人々の犠牲は非人道的

(ウ) 非戦闘員：非戦闘員(町民、学童)のことがいちばん…人間的でなかった／非戦闘員で

ある市民や学童に、無差別、残虐な非人道的な兵器／手段を選ばず非戦闘員まで悲惨な目に遭わすとは、人道も博愛もあったものではない

（エ）　無差別に：無差別に沢山殺傷し、人道上断じて許されるものではない／無差別の酷死を強いた非人道的行為に限りない怒りを覚えた

〈子ども・女・年寄り〉とは、このように、〈原爆〉が「絶滅の対象」とした《いたいけで、罪のない、非戦闘員のおびただしい、無差別の受苦と死》を象徴するものなのである。

4　極限状況下の〈母と子〉

さて、〈原爆〉が現出させた〈地獄〉の光景のなかで、〈母と子〉がもろともに直面した状況は、とりわけ「どうしても忘れられない」こととして、人びとの脳裏に刻み込まれているように思われる。世に「本源」的関係と称される〈母―子〉。彼女たちは、どのような極限状況に立たされたのであろうか。生き残った人びとの「目に焼き付いて」離れない光景から、その所以をいささかなりとひもといてみることにしたい。ここは、証言をじっくりと読んでいってもらえたらと思う。

※「本源」とは「おおもと。みなもと。根源」のこと。（『広辞苑』より）

一　〝パット剝ギトッテシマッタアトノセカイ〟
――かばい合い、狂気のごとく

一瞬に消えた…

(1) 男の子四、五人が遊んでいて、その中の一人が私に美しい貝殻をくれた。五歳ぐらいの男の子が「家にきれいな貝殻をもっとるけん取りに行く」と言って私のそばから走っていった。その方向にあった防空壕から、防空ずきんをかぶったお母さんが「赤チャンをオンブして、三歳ぐらいの子の手を引きながら」出てきた。「私の方へ一〇米ぐらいの」ところまで近づいて来たとき、走って行った子供とすれちがった。ちょうどその時、「オレンジ色とカメラのフラッシュのような光が頭上を走った」(私はレンガ塀で高さ四米、倉庫の陰に)。そしたら、お母さん達が、走って行った子供と一緒に、「一瞬にしてそこから消えたんです。蒸発したんです。その時私が見たものは煙じゃない。水蒸気みたいなものが、そのお母さんと男の子からボウーと上がったのを見ました。もうそこにはなんの姿もありませんでした。」

長崎 〇・八km 男 一六歳

〈原爆〉が解き放ったエネルギーは、地上にあった人間を一瞬にして潰《つい》え去るほどの、強烈な威力となって、母と子を襲った。〝パット剝ギトッテシマッタアトノセカイ〟――詩人・原民喜は、「夏の花」のなかでこう表現した。

※『夏の花・鎮魂歌』講談社文庫、一九七三年、七〇頁。

(2) [松山町]家の中だったようだが、屋根のたる木が、「お母さんと抱いた子供」二人を「胸から一つにつきぬけていた」。/母親と子供二人が「添い寝をしていて、そのままか、黒こげに」なっていた。/[松山町]親戚の母子五人、一週間もしてやっと「それらしき一握の母子

てあった。

(3) [比治山の道路の片側]大八車に「生後間もない赤ちゃんらしい肉のかたまりみたいな丸焼きになった死体」と「母親らしい大人の死体がまるで焼きブタみたいな格こう」で置かれてあった。

の小さい骨」を拾った。

抱いて、背負って、つつんで、かばって、覆い被さって…

(4) [浦上駅前]「焼けてほねだけ、そのほねのまわりに黒こげの肉のかたまり」がついていた小さな子供が、母親の「首にしっかりとつかまったままの姿」で死んでいた。/[路上で]小さい子供を「しっかりと我が胸にだきしめて、全裸になり赤黒くなって」死亡していた母親。/[原爆中心地公園付近の橋のたもと]「子供をだいて座ったまま焼死している」母親の遺体、その母親の「首はなかった」。

(5) 四、五歳位いの子供を「だいて死んでいる」母子のいたましい姿は幾体も。/[坂本町の防空壕]「幼い乳飲み子をしっかりと抱」いた母親のそばに子供達三人、親子五人「頭を並べて」死んでいた。/[広島市内中心部]「母親が子供を庇う様に抱いたまま俯せ焼死した」姿や白骨化した焼死体が多くあった。

(6) 子供を「抱いたまま、橋のランカンにつかまったまま、まっ黒になって」死んでいた母親。/[住吉橋並に明治橋のたもと]「ぴっしりとあった死体の山」。その中に、母が小さい子供を「背におぶって、半身やけどで」死んでいた。

（7）子供を「背負って川に飛びこんだ」母親。／[川の中で]二人の子供を「抱くようにして」死んでいた母親。／「水そうに子供をかばった」母。／「子供を抱いたまま」母親が「頭を防火用水の中につっこんで」死んでいた。／[防火用水槽の中]「着衣は焼けてしまって」、子供を「抱いてつかっていた」母子／[水槽の中に]母親が子供を「胸の中につつんで…」

（8）「防火用水に伏せて死んでいる」女の人を焼くために、俵で作った即席のタンカに乗せると、下には必ずという位に「小さな子供がいた」。／子供を「かばっておおいかぶさっている」母親の下に、「息たえだえの小さい命」も沢山見た。／「子供の上におおいかぶさって、出血多量で」死んだ叔母、私と妹に「早く子供を連れて逃げて」と言いながら……。

（9）[道路端、一ｍ位の深さの家庭防空壕らしきものの内]母親が「乳飲子を左手で抱え二、三歳の子供が這い上がっているのを右手で止めている形で黒焼けして」死亡していた。

（10）[町名不詳]「家だけ吹き飛ばされ」、ちょうど朝食時だったと思われる状態で、「夫婦子供四人の焼死体がまるく輪になって坐り」、父親と思われる人がのけぞり、手に茶碗を持っているかっこうで、腕時計のあとだけ白く他は真っ黒に焼け焦げていた。母親は「子供をかばう様に両手を差し出し、小さな二つの黒焦げ死体は母親の方へ両手を差し出す」かっこうで坐っていた。

ひん死の重傷の中で、我が身の振りかまわず、狂気のごとく…

（11）母性愛。「ひん死の重傷の中で子供を抱く」姿。／母親が赤ちゃんを抱いて頭から血を流して座り込んでいた。／夫婦「丸裸一皮むけたまま」で子供を抱いていたり、「母親は一見無キズなのに背の赤ん坊は丸焦げだったり」。

(12)「前後に我が子を抱き、我が身の振りかまわず助けを求めて逃げまどう」若き母親。／死人の山で小さい子が「あついよう、あついよう」と言って転げ廻り、母親が「気狂いの様になって、やけただれピンク色になった子供を泣いて世話している」有様。

(13)「埃りと血だらけ」になった母親が、幼児を抱えて(すでに死亡していた)「狂気のように子供のために水を求めて」走りまわっていた。／「すでに死亡しているとは知らずに」子供を背負って命からがらかけつけた母親、おろして見れば死亡している姿に気づき、「狂人の様に泣き崩れた」。

(14)「我が子を求めてきちがいのようにさまよう」母親。／「皮膚がボロボロになって髪をふりみだしながら我が子を尋ねまわっている」母親の姿。／自分もけがし、布切れを身体にまとい子供の名前を呼びながら、「狂乱のごとく叫ぶ」母親、その母親もついに倒れ死んでゆく。

(15)「首の無い我が子を背負い、顔に滴り落ちる血に手を当てながら、狂気のようにどこかへ走り去っていく」一人の母親。／腰巻一つになり「赤ん坊をさかさに抱き狂人になった」母親。

子供が一人、「川岸の向こう側にいる」母を助けようと、「どこからか板をもってきて川の中に浮べ渡ろうとして」いる。その板に川に飛び込んだ人が「次々とすがって」くる。するとその子は

「これはお母ちゃんを乗せるんだから！」と「さばる人《ママ》をどけていた」。

阿鼻叫喚ののち、無常とも形容するしかない世界が現出する。

⒃「顔中ケロイドで、お化けのごとき」母親が、自分の「小さな子を膝に抱き、座っていたかと思うと倒れ、また起き上がり、倒れては起き上がる」地獄絵。／［横川駅付近で］母親が「四つんばいにはって、そのうしろから」三歳か四歳かの子供がついて歩いていた。／［産業奨励館の中で］自分の子供にほほずりしてないていた母親。／「この世に生をうけてまだ間もない」子供が、「母の背中で蚊の泣くような声で泣いている」。何かを訴えているように見える。

二　下敷き――助け出し・掘り出し、火の中に置いて

「ピカッと」光が目に入ると同時に、「大音響とともに」(「ドンと」)あるいは「一瞬に」、家がつぶれた。家に帰ってみると、「二部屋向こうに吹きとばされた」母親が「壁の下敷きになって倒れて」おり、「子供ながら馬鹿力で壁をよけ、母をおぶって外へ出た」息子もあった。「子供が呼んでいる声」で気がつき、材木の破れ目の中から「時間をかけて」出て「子供と一緒に」なることができた母親。だが、彼女の「両親の声」は全く無かった。家族三人下敷きにあい、自分だけは「助けられた」が、「母と子供はそのまま」死んだ女性もあった。

助け出し・飛び込み・掘り出して

(17) 爆風にて家が潰れその下で「おかあさん、助けて」と、母を呼ぶ小さな子供の声。／「室内は灰で真黒で」何も見えなかった。一緒に遊んでいた子供たちが大ごえで泣きさけぶ。下の女の子をだき「皆んなは叔母さんのもんぺをつかまえて付いておいで」と言って全員たすけたつもりが、外に出て見れば、「だいているのは近所の子」。「自分の下の子が残っている」。中に入れば一人残されて大声で泣いていた。

(18) 叔母は、原爆から火災にやられ、「子供を救助する為、火の中(家の中)に飛込み焼死」した。

(19) 一瞬に家が倒れた時、母と家族は外に出られたが、父と赤ん坊の弟は大きな柱の下敷になって逃げ出せない。奇蹟的に自分の家一軒だけ残して周りは火の海。父は「もう逃げられないから子供をつれて早く逃げなさい」とどなるが、母はきかない。逃げまどう人々にいくら助けを求めても、誰も必死で逃げて行く。その内男の人が大きなノコ[鋸]を母にくれて逃げた。母は必死で大きな柱を引き切って父を掘り出し、「弟はもう死んでいるから早く逃げよう」と言うが母はきかず、弟を掘り出して抱いて逃げた。一昼夜位して息を吹き返した。その間、妹が一人火の海で行方不明になっていた。

「自分の背中が火ぶくれになっているのも気付かず、建物の下敷になった子供達を助け出しにオロオロしている母親」。その姿に人びとは、「母性愛を感じた」。だが、〈原爆〉は、「母性愛」の発露さえ許さず、それをおしつぶしていく。

「ごめんね、ごめんね」／おきざりにして・かまっていられない

(20) 足もとから「母ちゃん母ちゃん」の叫び声が…、四人か五人か、母は下敷の子を引っぱり出した。が、廻りは火の海、呼吸《いき》すると鼻、口から火の子や煙の灰が腹の中で焼ける様に痛い。耳はチーンと鳴り続け、目から涙どころか血が出る様な、はりさける様な。火の波、煙の波、竜巻の様に私らにおそい来る！「Kちゃんご免ね、Kちゃんご免ね」、幾度も母は弟の名を呼び叫び…。「あっちだ、こっちだ」の声を導きに、母は私を背にし、瓦礫の山中を走った。何度も何度も、母は弟の学校(寺)の方に、ウサギの様な真赤な目で…泣きながら、頭を下げていた。

(21) 気が狂ったように、〃私は鬼だ、子供を火の中から助ける事が出来なかった。おいてにげる時、母さん私をのこしてにげるのかと、うらめしそうに見た顔が忘れられない〃となきわめかれたお母さん。／「祇園の国道」「子供を三人殺した」と言いながら逃げて来る母(子供を引っ張りあげているうち自分の着物に火がついたので、ごめんネ、ごめんネと言いながら)。／「お母さんと泣き叫ぶ子供を、火の中において逃げてきた」という母親が、死んだ子を一人おぶって、気も狂わんばかりに泣いて、私の手をにぎるその手もやけどでずるずるしていた。

(22) 「大きな柱の下敷になって居たので子供をたすける事が出来なかった」と泣きさけぶ母の声。翌七日朝、まだ暗いうちに見に行ったが、「家は丸焼け影も形もなかった。可哀想だった」と。／生後六ヵ月だった長男を「家屋の中からつれ出すことが出来なかった」母親、あとで「ほねでもと思ってさがしに行ったけど見つからなかった」。

一方、「くずれた家の下に子供が下敷きになっていて、その母親が子供のそばにすわりこんで『助けて、助けて』とさけんでいる」。そうした声に呼び止められたり、その場に居合わせたり・立ち会ったりした人びとがあった。

(23)［千田町］友達の家はたおれ、三歳と五歳の子供が二階の階段の下敷になって、「身重な友達が助け出そうとけん命に努力して」いた。火事が起こって煙がもうもうとたちこめ、警防団の人が「早く逃げなさい」と叱るけれど、二人の子供が「煙たい、痛い、早く助けて」と泣き叫ぶので、逃げるどころではない。逃げようとも思わなかったが、警防団の人にせかしまくられて、にげまどう人にまじっていた。

(24)隣組長をしていたので、被爆して家がたおれ、中に下じきになった幼子や母親を助けようとした。血まみれになっている母親が危険と感じ、「子供は助け出してあげるから早く病院に行きなさい」と言って、母親を病院に行かせた。が、火が廻って来て子供も焼死。母親が帰って来て「人殺し人殺し」と言って大声でどなった。

(25)ペチャンコの家の間から母親が子供をだいて血だらけになって泣きながら出て来た。下敷になった五、六歳位の男の子の下半身が外に出て、足だけ動かしていた。「皆んな知らない顔をして」己斐の山の方へ向って避難してる。／家の下敷きになり、「助けてくれ、この奥に子供が下敷きになっているから」と叫んでいるお母さんもそのままにして、最早火が次々と追いかけて来るので、仕方なく逃げて行かねばならない。自分もけがをしているので人の事もかまっていられない。「早く逃げねばこちらの命が危い」。／にげて行く途中、かぞえきれない程の死体。「乳房丸出しにした母と子供の死体をふみこえ」ながら、「坊やが便所にいるので助けて下さいと泣きさけぶ声」を聞きながら、どうして上げる事も出来ないまま、「私ははだかでにげ」た。

最後の、「はだかでにげ」たという女性は、「ちょうど地獄絵を見る思いが、四〇年たったいまも頭からはなれない」といい、思い出すと「おそろしくなり、なにもして上げられなかった」ことを悔やんでいる。(23)の女性も、「今でもけむりを見ると、四〇年前の事がまざまざと想い出されて来ます。けむたい、痛いの声が耳について、何ともいえない気分になります。母親［友達］はその後死亡しました。自分が生きているのがくやまれる」と記している。当時「隣組長」をしていた(24の)男性も、「いまだにその傷あとは心にのこ」っているという。

三　死んだ子供と生きている母、死んだ母と生きている子供

母と子。それぞれの死は、必ずしも同時に及んだわけではない。死んでいる子供のかたわらにたたずむ母親、死んだ母親にとりすがり・乳房をさぐる子供……。以下は、そうした光景を語り記した証言である。

死んだ子どもを抱いて・子どもが死んでいるのも気づかず・死んだ子どものかたわらで

(26) 「死んだ子供」「まっくろの子供」「皮一枚でぶらさがっている子供」を抱いた母。／母親の「胸に抱かれて冷たくなっている」幼児。／「背中に竹かなにかつきささ[っ]たままの子供」をおぶった母親。／すでに死んでいる子供を「いつまでもだいている」母親。

(27) 子どもが「死んでいるのも気付かずしっかり抱きかかえて」いた母親。／子供が「亡くなっているのがわからず、ゆさぶっている」母親。／子供をだいた母親は「顔ははれ上がり」「目が見えないらしく松の根方に座ったまま時々手を動かして居る」が、子供はすでに死んでいた。／母親はひどいやけどでねころぶことも出来ずすわったきり、足元にねころんでいた子供達は次々と息を引きとって行った。その母親は「身動きをすることもできず、ただなみだをこぼして」いた。

(28) 「虫の息」になりながら子供の「消息を尋ねる」若い母親がいた。隣りに「寝かした幼い子供はすでに死んでいた」。／母も子も頭から血を流し、胸や腕はまっ赤になっていた。一人の子供はもう死んでおり、もう一人の子供もほとんど息をしていなかった。お母さんが私に「子供は生きていますか」と聞いてこられ、私は一人の子供はもう死んでいるとも言えず、「生きているよ。だからあなたも頑張ってネ」としか言えなかった。すると母親は「でもこっちの子供は段々冷たくなるんですヨ」と、その目もうつろだった。／[東練兵場内]全身火傷の母親が「死んだ赤ん坊を抱いて」私達の横に倒れて来た。「子供を子供を」と息たえだえに呼びながら間もなく死んで行った。「顔半分はよく解らない状態に焼け、皮ふはたれ下がり、全身血だらけでひん死の状態の中でも」我が子の事を思い、助けを求めて死んだ。／病院の庭で子供は力つき死んだので、皆な同じ場所に亡くなった人を運んだ。でもその子のお母さんは自分がもう歩けなく、「はうようにして」子供のところ迄来てました。

死んだ母親にとりすがる子供／死んでいる母親の乳房をさがす子供

(29) 子供を「抱いて死んでいる」母親のそばで「元気で泣いている」子供。／「全身傷だらけで死んでいる」母の近くで、「無傷で泣いている」子供。／「赤ちゃんを抱っこしたまま」母親は死んでおり、赤ちゃんが泣いていた。／［日赤病院の車よせ］「生れて一年たらずの子供をうで枕に」母親は死んでいるのに、子供は火のつくように泣いている。

(30) ［ある民家で］「顔面水ぶくれ」になった三歳位の子供が、「近くに倒れている」母を呼び叫んでいる姿。／母親が亡くなっているのにわからず、子供が「火がついたように泣き叫んでいた」。／泣きさけぶ子供　「お母ちゃん」――負ぶった父親　「母はここに」とひとにぎりの髪毛。

(31) 「身体が焼けて大きくふくれて死んで居る」母親に「すがって、泣いて居る」小さい子供。／死亡した母に「とりすがって、幼児三人がないている」。／「死んで牛のようになっている」母親に子供がすがって泣いていた。／小さい子供三人が死の母親に「しがみついて」泣いていた。

あるところ(青崎学校の収容所)では、母親が死亡して小さい子供だけが残され、またあるところでは、死んだ母のそばに「放心した」子供の顔があった。「乳呑子をしっかり抱いて」死んで行った若い母親、その母を「助けてくれ」としがみついてきた幼い子供があった。

(32)「焼けただれた母親のおっぱいをのんで居る」子供も「首すじの皮フが焼けて赤くなって」いた。/「赤むけの両腕で(半死の母親の)乳ぶさを捜す」子供。

(33)子供が「乳房にすがっていた」が、まもなく「息絶えたのか、土堤の上から落ち」た母親。/子供は空腹で母親の乳房を探す、全身やけどの母は「見えぬ目で我が子の手を胸元に引寄せる」。それが精一杯だった。/[比治山橋の上]母親が「火傷を負い逃げ切れず子供に乳を与えながら死んだ」。/[橋のたもとで]母親が母乳を〇歳児の子供にのませていたが、よくよくみると母親は死んだばかりの状態。

(34)「死んだ母親のオチチをのんでいた」子。/[中山小学校に来る道で]戸板の上に、死んだ母親と、まだ生きている子供がのせられて、子供が母親の乳をすっていた。/死亡した母親の乳房を吸い続ける小さいこども。/母親は死んでいるのに「乳房をすって居た」、「乳首をくわえて手でしぼりながら」飲んでいた子供。/[双葉里の裏山]死亡して居る母の乳を「くわえて居る」女の子供。/死んだ母親の乳房に「口をつけている」子どもの姿。/根こそぎ倒れた大木の根元のくぼみで、母親が子供を「抱いて死んでおり、生後七~八ヵ月位の子供は元気で母親の乳房をしゃぶっていた」。/死んだ母親のオッパイを「探っている」小さい子供たち。

／母親がふせて死んで居て、子供が「腹の下で、おっぱいをなぜて」居た。

(35)［広島駅ホーム］死んだ母親のチブサに子供がぶらさがって泣いて居る。／全身火傷の母親が幼児をかばい子供は無心に泣くのみ。その声も元気なく、九日の夜明け母親は息を引きとり、子供は死体となった母親の乳房に吸いつき抱かれたまま泣いている姿。／母親がすでに死、乳房を求めて泣き叫ぶ乳呑児。

(36) すでに母親は死亡していたが、子供(一部火傷)は母親の「チブサ」を口に入れて「チチ」が出ないので泣いていた。それを母親よりはなしてどこかへ収容することは出来なかった。／私の前で「兵隊さん兵隊さん、水、水を下さい」と乳のみ児を抱えた母親がへたへたと座り込んでしまった。ハンカチに水をひたして母親の口もとにやると、ゴクンゴクンと二口美味そうに飲み、「子、子供」と声にならない声で、我が子をしっかり抱きしめそのまま息が絶えてしまった。幼い子は母の死を知らずに乳房に手をかけ無心に乳を吸っていたが、まもなく乳の出が止まったのであろう。急に火がついたように泣きだした。母親の手から子供をとり、そっと毛布に包んで日の当らない風通しの良い場所へ運んでねかした。

(37) 死んだ子供にオッパイをふくませようとしてる母親。女の人ははだかでオッパイは皮がはがれていた。／乳呑み子が母親の「虫の息の体に乳房をさぐり」、母親は間もなく死ぬ。子も次第に弱り死んでゆく。／母親の「乳を吸いながら(まっ黒な人骨の形で)」死んでいる子供。／「死んだ母親の乳に子供(死児)が胸にすがり乳をくわえている」有様。

(38) 乳もはらないけど子供に飲ませようとしたが「首から手を離さず、こわいものをみてるよう」だった。後で分かったのだが、「顔が血だらけ」だった。／お母さんの亡くなった子供にお乳を飲ませてあげたが、「一口飲んでは火のつくように泣いていた」。その子も、一週間位で亡くなり、死亡後、「肩から、破片が出て来た」という。

死んでしまった母親のお腹の中で動いている子供、赤ちゃんを産みおとしそのまま死んだ女の人もいた。

(39) ［浦上川の近所で］死んでいる母親の「腹の中で」子供が「うごいている」。／女の人が「赤ちゃんを生み、そのまま死に、赤ちゃんだけうごいていた」。

(40) 避難してきた若い婦人が七ヵ月で流産したので、自分と戦友の衛生兵と二人で子供の取上げ［を］しましたが、「産まれた子供は亡くなった」。／女の方が「荷車上で出産」して、年寄りの母親でしょうか、泣きさけびながら側にいた。「へそのおがとびだして」いた。／「うまれたばかりの子供とお母さん」が戸板にのせられてきた。元気な兵隊とか市民はカンパンなどやわ［らか］くして(口で)子供に食べさせた。お母さんは頭を下げる力もなく目で礼を言ってるようでした。

四　呼び合う声

母を呼ぶも、生きながら焼き殺され、誰にも看取られることなく死んだ子供たち。

(41) ［神崎国民学校で］子供が将棋の駒を押倒したように倒れ、死んだり、まだ生きていて、

「お母さん」と言っている。／「何百人という子供達の父さん母さんと呼ぶ」声、あの子供達も「生きながら焼き殺された」。

(42)［川原で］数十人の少年少女たち(小学生くらいの)が「誰にもみとられることなく、母を呼びながら」死んでいく。／「手当らしい手当を受けられず母の名を叫びながらみとる肉親もなく」死んでいった数多くの子供たち。／兵隊さんが子供などを一ヵ所に集めている所に行くと、小さな声で「お父さん、お母さん」と呼びながら死んでいった。一人二人ではない、大勢だった。

(43)［御幸橋の近く］女学生、中学生、学徒動員の子供はやけただれて私があるく足をつかまえ、「私は草津の何何のうちの子供、お母さんに知らせてくれ」と。片足をはずすと又次の人につかまり「水を下さい、水を下さい」とせめられた。

母を呼ぶ子・母を探す子・母を求める子

(44)「お母さん」と泣きながら走っていた子供。／子供が「真黒に焼けて松笠の様に皮膚がめくれて目はうつろになって、親を呼びながらふらふらと」歩いていた。

(45)［広島の駅前］はだしで焼け焦げた半ズボン姿で「父ちゃん、母ちゃん」と叫んでいる二、三人の子供。涙もかれて出ず、こげたような顔してボンヤリしていた。／「よわよわしい声でお母さんと呼んでいた」女の子。／［練兵場で］「お母さん」といっている子供。

(46)「いつも遊びに来ていた近所の」子供が「うちのお母ちゃんは」といっていた声。／

「一人取り残され、首すじに大きなやけどとケガをした」就学前の子供が、担架の上で泣きじゃくりながら「兵隊さん、お母さんは？」と尋ね、「お母さんとこへ行ってくれ」と哀願する声と目。／六、七歳になる子供が収容され母を求めていたので探したところ、他の中隊に収容されていたがすでにこの世の人でなかった。／首がザクロのように口をあけウジがポロと落ちて、半裸の傷だらけの子供、目は見えないが声は出る、「お母さんを探して」とさけぶ。その子の家族も探したが傷で動けない。二日後その子は死んでいてそこにはいなかった。

(47)「飽浦小学校」「お母さんお母さん」と母を求めて泣いている子供。毎日何人かの方が亡くなって、教室は「死体の収容所」にもなった。／「広島市外の「迷子収容所」」たくさんの子供達が、「お母さん、お父さん」と言って泣きじゃくっていた。

(48)「お寺で」「お母さん水」、「オシッコ」と言ってる子供達。／「光道学校の一階で」小さい子供が、「お母さん水、お母さん水」と叫んでいた。／「広島陸軍兵器補給廠の残った建物（救護所）」幼い子供が「母を求め、水を求めて力尽きて」死んで行く。／「お母さん、水を大きいコップに一杯か、小さいコップでは二、三杯」とねだっている子供の声。八月七日の朝はもう子供の声もなくなっていた。

(49) 子供達が「お母さん、痛いよう」と泣き叫んでいた姿。／夕方ちかく、痛みをじっとこらえ原爆の恐怖におののいていた人たちの中から突然その痛みを思いだしたかのように、「お母ちゃん、イタイヨウ、イタイヨウ」と、いたみを訴える子供の叫び声が。／子供が一晩中「イタイ、イタイ」と言いながら母親を呼びつづけ、朝には絶えた。／「爆心地近くの救護所」幼い兄弟が「全身火傷で寝かされ」、母親と思われる人がうちわで蝿を追っているが「ハエはその傷口にたかり」、子供達は「あついよう、あついよう」と泣いていた。

「お母さん」と呼びながら死んで行く子もあれば、母を呼んで・よびつけて「そのまま」なくなった子もいた。「お母さん」と言わず、「兵隊さん、お願い」と助けを求めた子供、「天皇陛下万歳」と叫んで死んでいった子供。

子供の名を呼ぶ母・子供を気にやみながら死んだ母・「子供を助けて」と頼む母

(50)　焼けただれた姿で死に近い母親が子供の名を呼ぶ声。／途中の広場では子供のそばで母親が子供の名を呼びながら動けずさけんでいた。

(51)　田の草取り中に被爆し背中一面大ヤケドを負った母は、子供に「心配かけまいとウメキ声一つ立てずに」死んでいった。／母は、子供の「爆死を気にやみながら」死んで行った。／最後には四人の子供の名前を呼びつづけて七日早朝に亡くなった母。

(52)　「全身火傷」の母親が赤ちゃんを抱いて、「この子を助けて下さい、お願いします」と、虫の息の下で助けを求めている。／三歳ぐらいの子供を連れた母親が「子供を助けて下さい」と頼んでいたが、軍医さんから「だめ」といわれ「放心したよう」になった。／突然私の前に、ひどいやけどとボロボロの衣服の母親が二人のやけどのこどもを負い、手をひいて立ち止り、「兵隊さん助けて下さい」と言われたが、どうすることもできなかった。／「比治山公園」ある母親が一人の子供を抱いてきて「兵隊さんもう一人の子供を連れて来るからこの子を預かってくれ」と言われ、陸軍基地へ連れて行って置いたがその後判らなくなった。

(53)［浦上川で］子供をだいた母が「この子をたのみます」と息を引きとり死んでいった。／救出と同時に子供の名を告げて息を引き取る母親。／母親が三人の子供を頼むと言って亡くなられた折り、四人一緒に木材にて別個に焼く。

母と子が互いに、「断末魔の」、「弱々しい」、「うわごとのような」声で呼び合っていた。

五　邂逅／帰還／確認できない死／我が子を自分の手で焼く

(54)［己斐駅周辺で］中学年齢位の子供を背負うた母親。子供は眼がはれふさがり、被服はさけ、血肉は露出していたが息はしていた。母親曰く「昨日(投下当日)の朝から探してやっと見つかり連れてかえります。生きていた、幸いです」。いそいそと西の方角に去っていった。

(55)黒くなって、着物もボロボロのご婦人が荷物を一杯背負って、後を振り振り振り返り急ぎ足で通られる。変に思って後の方を見ると、五歳位の子供がずっと離れた所に泣きながら馳けて来る。荷物があっておんぶすることもできず、ついて来る事を見届けながら、先を急がれるものと思い、私達はその子を抱いてお母さんよりずっと先に下ろし、「はい、どんどん行かないと、お母さんに追いつかれるよ」といって見送りました。その時のお母さんの嬉しい顔が今も忘れられず…。

子供たちを生きて探し当てた母親、避難する途中か、子供を振り返り急ぐお母さん。だが、多くは、我が子の死に目に立ち会うことができず、遺体も確認できなかった。

(56) 被爆して本人の確認が出来ないので、母親が「その日もっていった中食弁当のおかずで自分の子供だ」といって引きとっていた。

負傷して命からがら逃げ帰ってきた子供。まもなく亡くなった子供たちもいた。亡骸は、生き残った者たちが茶毘に付した。死んだ我が子を、自分の手で焼いた母親もあった。

(57) 近所の娘が大やけどをして、着物もやけ、顔もはれ上がり、命からがら帰って来た。はじめはどこの子供かと思っていられたが、「お母さん」と言われた声でわが子とわかり、びっくりして抱きあげようとせられると、皮膚がずるずるむげたそうだ。

(58) 隣組の娘(中学生)が服はボロボロ半裸体で半身皮フがめぐれ、「お父ちゃんお母ちゃん」と泣きながらハダシで帰って来た。よくもここ迄帰って来たものと。まもなく亡くなった。

(59) 城山町の防空壕にいるのを見つけた親類の母子は、「顔半面と手をヤケド、子供も弱っていた」。翌々日タンカを用意して連れ帰ったものの、「子供は亡くなり家でお骨に」した。／急性原爆症だったと思うが、先に子供三人が次々と息を引取り母親、父親と一家全員死亡し、「遺骨の引取り手がない」ので市の郊外のお寺へ預けたと聞いた。

(60) 材木をあつめて、母親が「自分の子供を火葬にし、骨をひろ」った。／「広瀬の川土手で」母親が「自分の子供を焼いていた」。／気丈な母は怪我の頭をタオルでまき、一二歳の弟と私と三人で、死臭の出た姉の子供を親切な人の助言で「泣きながら焼きお骨に」した。当然のことながら、家族は同じ場所で一緒に、原爆と遭遇したわけではない。「一家の主人は勤め先で、子供は学校で、母親は家で」、悲惨な死を遂げた。

六　問いかけ

(61)　原爆にあっていなければどんな人生を送っていただろう。子供にとって両親の愛情に勝るものはないと思う。九歳の時、父、母、兄、妹を一瞬に殺され、私も校舎の下敷きになり、足の怪我で歩くことも出来ず、道端にはゴロゴロ苦しんで転がっていた人、人、人。地獄のようだ。校舎の下敷きになり『助けて、助けて』と泣き叫んでいた友達の声も耳に残っている。一面焼野原で自分の家がどこにあったのかわからない。歩くことが出来ないため、おんぶされて自分の家の焼跡で両親の死を聞かされ、九歳の私はそれから毎日泣いていた。四人の死体も骨もなくどんなに苦しかっただろう。…でも原爆は、傷つき苦しんでいるのに、手を差し延べてもらえず、道端で犬死にした数多くの人がかわいそうで、今でも胸が痛む。国、原爆を恨む！　殺された父、母、兄、妹を返してもらいたい。私の心からの叫びです。

広島　一・三km　女　九歳

「殺された父、母、兄、妹を返してもらいたい」。この叫びには、原爆にあっていなければどんな人生を送っていただろう、という問いかけ――自問と追及――が込められている。それには、「死体も骨も」残らなかった身内の、「どんなに苦しかっただろう」死にように対する思いがある。その死は、「校舎の下敷きになり『助けて』と泣き叫んでいた」友達や、「道端で犬死にした数多くの」人びとともども、〈地獄の中の死〉であった。

つぎの証言も、親を失った子供の寂寥感を語ってあまりあるものがある。

(62) 夜になって農家にとめてもらったが、ホタルが、無数にとんでいて、それをみていると、その農家の子供から、「おまえのお父さんもお母さんも全員死んでるぞ」と言われた。

5 〈無 感 動〉

では、これまでに示したような極限状況の下におかれたとき、人間は、人間のこころは、どのような状態に追い込まれるのだろうか？

「両親の死を確認し近所の人の助けにより、母を自分の手で焼き、骨を拾ってきたブリキの缶に入れる。そのことに何の感情もなく、機械的にうごいた。

又『助けてくれ』と言う声を聞いていながら、それを見捨ててきた当時を思うと、自分がどうしてあんなになったのか恐ろしくこわい。」　長崎　二・〇km　男　一六歳

この証言は、〈無感動〉ならびに、〈罪意識(助けず逃げた)〉双方に該当する事例である。「どうしてあんなになったのか」という問いは、「助けてくれ」という声を聞いていながら「見捨てた」自分の行為のみならず、「何の感情もなく機械的に」母親を「自分の手で焼き」、「拾ってきたブリキ

の缶」に「骨を入れ」た、そのときの自分の心の状態にも向けられている。
〈人間〉という言葉を『証言』中に使った四〇三人のうち、一二％弱の四七人が、「あの日」自分が〈無感動〉状態に陥っていたことを記している（これに対し、〈地獄〉ということばで「あの日」を表現した人をはじめ、〈人間〉以外のコードでは三％前後であった）。「1　これが人間か?!」の(12)(13)が物語るように、それらは、〈無感動になる〉という心の働きを自覚することを通して、極限状況下に置かれた人間の姿を見つめているのである。

一　方法

「川の中を流れる死体をみても不思議とこわいとか、何の感情もわいてこなかった。あの時、気持、今でも分からん。」

広島　〇・七km　男　一八歳

「人々のころがるように死んで居るの[を]見ても、特に恐ろしいとか、膚が赤ただれて皮がぶら下がっていても顔をそむけることもなかったのが、今思えば不思議な気がする。」

広島　一・五km　女　二三歳

人びとは、さまざまな〈死のかたち〉と遭遇し、〈苦しむすがた〉を目撃した。だが、彼・彼女らは、「こわい」とか「恐ろしい」とか、「何の感情」もわくことなく、「顔をそむける」こともなかった。どうして、そうなったのか。「不思議」としか言いようのないその訝しさ。それは、どうやったら解き明かせるのだろう。

「〇兄を自分の手で火葬したことが、一番印象深い。

○ぼうくう壕の中から外に出て一面とうかい[倒壊]した状態をみて若(幼)心にショックだったこと、多くの動員学徒の友人を失ったこと。
○稲佐国民学校に収容された兄のところに行った時、つぎつぎに死ぬ人を見た事、ウジ虫が涌き、その時はこわいと思わなかった。精神状態がおかしくなっていたと思う。
○電車のつり皮にぶらさがったまゝ黒コゲになっておられる死体、浦上川に浮び流れる遺体等、たくさん見ました。
○たくさんの死体を焼きました。一〇〇体以上。臭いやその時のことは今も忘れられない。
○一瞬にして世の中が変ったように思えた。これは一般戦争とはくらべられないと思う。」

長崎　〇・五km　男　一五歳

右記は、ある被爆者が問四のページに書き込んだ証言の全文である。〈無感動〉はこの例の場合、直接的には、兄が収容された学校で、「つぎつぎに死ぬ人」や「ウジ虫が涌」くのを見ても、「こわいと思わなかった」ことを指す。語り手は己れのそうした状態を、「精神状態がおかしくなっていた」ととらえているのだが、では、どうして「おかしく」なったのだろうか。それを理解するヒントが、前後の証言のなかにあるように思われる。すなわち、この人は、収容所で「つぎつぎに」死んだ人のほかにも、「多くの友人」を失い、「たくさん」の「死体」や「遺体」を「見たり」「焼いたり」していること、また、「一面倒壊した状態」をみて「ショック」を受け、「一瞬にして世の中が変った」と思えるような体験をしていることである。

このように、「精神状態がおかしくなった」というのは、証言全体の文脈から察すると、〈A・瞬時における辺り一面の崩壊と世の中の変容〉、そして、〈B・時の経過とともに次々に現出する人びとの夥《おびただ》しい死〉、に遭遇したことと無縁であるとは思えない。むろん、人の心に〈無感動〉という甲羅をかぶせた要因は、これらのことだけではあるまいが。

爆心近くで被爆した人とは逆に、周辺から爆心地の方向へ、すなわち、あたり「一面」が「一瞬」にして崩壊してしまった状況のなかに、あとから入っていった人びとがいる。

「市内は已斐からまる見え、焼野が原、もう何もその時は感じなかった。ムシロやトタンがかけてある死体を探す。死臭がひどい。蝿がたくさん出て来てからだ中に止まる。」

広島　入市　女　二一歳

「向洋から市内が見渡せたとき、西の空は赤茶けて、街は未だ煙っているし、道路のあちこちにころがる死体。はじめはびっくりしていたが、馴れというか不感症のようになり、駅前へ行くまでにはほとんど無感覚の様になってしまった。」

広島　入市　男　二〇歳

「まる見え」に見渡せる「焼野が原」。ある人は、そこに足を踏み入れるともはや「何も感じなかった」といい、またある人は、爆心地帯へ近づくにつれて「馴れ」て「無感覚」になってしまったという。このことは、そこになにか、〈無感動〉に陥っていくプロセスのようなものがあったことを示している。「まる見え」の「焼野が原」は、すでにもう「何も感じ」させないほどの、そして、遠くから爆心へと近づくに連れて「不感症」になっていくような、死の世界であった。

さらに、いま一人、爆心から至近距離で被爆した女性の証言を読んでみよう。

「母と妹は隣の家の下敷になり這い出して来ましたが一週間程後に死にました。母も妹もあまり負傷もしていなかったようですけど、当日母はのどがかわいて川の水を飲んだそうです。それが原因とは思いませんが、やはり原爆病だったのでしょうか、体全体が水ぶくれのようにはれ上り、死んでいったのが目に焼きついています。その当時はそれを見ても何も感じなかったようです。(正直言って)気持ちがまひしていたのかもしれません。今考えるとぞっとします。戦争は人の心を変えてしまうのでしょうか。」

長崎　〇・五km　女　六歳

「あまり負傷もしていなかった」母と妹が、「原爆病」だったのか、体全体が「水膨れのように腫れ上がり死んでいった」のを見ても、この人は、当時は「何も感じなかった」。しかし、その死のありさまは「目に焼きついて」おり、後になって「気持ちがまひしていた」自分に気づき、「ぞっとする」。そうして、「戦争は人の心を変えてしまうのか」と問いかける。

かくして、〈無感動〉という心の状態(防衛機制)を理解するには、少なくともつぎの五つの事柄について解明する必要がある。

① 〈無感動〉とは、どのようなこと(精神・心理状態)なのか?
② どうして、人びとは〈無感動〉に陥ったのか?
③ そのような精神・心理状態に陥ったこと(自分)を、人びとはどう捉えているか?
④ 〈無感動〉はそのときだけのことか、それとも被爆後も尾を引くのか?
⑤ この経験を通して、人びとは、どのような〈原爆〉・〈戦争〉観に到達したか?

以下は、これらのことに着眼しながら、〈無感動〉とは、〈原爆〉のどのような姿(側面)を物語るものなのか、それを解き明かそうとする試みである。

※但し、〈無感動〉にかかわる一八六例の証言の全文を資料化し分析するのは容易な作業でなく、ここではその一部に限定せざるを得なかった。すなわち、(a)近距離(〜二km以内)被爆の事例[八九例]は、どのような状況の下で〈無感動〉に陥ったのかをとらえるため、「あの日の証言」全文を資料化した。一方、(b)遠距離(二km超)被爆および間接被爆の場合は、関連するキーワードにより検索できた事例のうち、〈無感動〉と判定(コード一三)された事例を抜きとり、〈無感動〉に関わる部分のみ資料化した[遠距離被爆：六五人中二六例、間接被爆：三二人中一七例]。

二 〈無感動〉とは、どのようなこと(精神・心理状態)なのか?

『あの日の証言』において、〈無感動〉という心の状態は、さまざまな表現を使って語られている。まずは、それらの多様な表現から紹介していこう。

(1) 自分を失った、茫然自失我を忘れ/自分自身が訳がわからず、無我夢中/何がなにやら判らなかった/方向感覚がわからなくなった

(2) 呆然と/放心状態で、放心して空のよう/心はうつろ、心が空白、頭の中が空白に/「無欲顔貌」の心理状態で

(3) 何も考えることができず/何を考える力もなく、思考力など零で/無気力に

(4)　途方にくれた／逃げようとも思わず、手も足も出ず／為す術を見失った、身も心も棒立ちに
(5)　何も感じない、何とも感じず、感じたことは何もない／何の感情もわかなかった／感情の湧く余ゆうさえなかった
(6)　もう何の感情もなくなりかけていた、さほどに感じなくなっていた、殆ど無感覚の精神状態
(7)　何も感じなくなった／何とも感じられなくなって、何とも思わなくなって／深い(強い)感慨もなかった
(8)　無感動に／次第に無感動になって／ついに無感動の状態になって
(9)　考える力も感覚も消え失せていく／感情は凍りついて／まひ(マヒ・麻痺)して
(10)　だまって見ていた、じっと眺めていた、さめた気持で見ていた／ただ平然と見ているだけで
(11)　まるで棒切れのように無意識にまたいで、平然と歩いた、無関心で通り過ぎた／傍観者のように、一顧だにしなかった／誰も合掌する人もなかった
(12)　怖い・おそろしいと感じなかった(思わなかった)／全く恐怖感はなく／恐ろしいと思った記憶はない／「恐ろしく思う」・「恐ろしいと思っている」心の余裕がなかった／恐ろしいという感情(感覚)はなくなっていた
(13)　恐怖も何もなかった、何の感じも恐怖もなくなっていた、こわいとか何の感情もわい

てこなかった、恐ろしいよりなによりそんなこと感じなかった／こわさを通り越して何も感じなかった、こわさを通り越した感覚であった

(14) いつの間にか恐怖感もなくなる

(15) 気持悪いとか恐いとか思うことなく、気持ち悪いとかおそろしいとかいう気持ちはなく、こわいともきもちが悪いとも思わず／気味の悪さ、恐ろしさを感ずる度合いが薄くなった

(16) 喜怒哀楽は一切なくなっていた

(17) 悲しいとか恐ろしい、汚いなど一切思うことなく／こわいとか悲しいとかの感情は持っていなかった、恐ろしさやかなしみなど、感情どころではなく、おそろしさも淋しさも感じなかった／怒りも恐怖も悲しみも感じなくなって

(18) 悲しみは感じなかった／泣く事も出来なかった、泣くことさえ忘れていた／涙も流す事が出来なかった、体が宙に浮いていくようで涙も出なかった

(19) 可愛相(可愛そう・かわいそう)とも思わなかった(感じなかった)／人を可哀相だと思っている余裕などなかった、可哀相なないどと考えるひまもなく

(20) 気の毒とか可哀想と感じるよゆうはなかった、気の毒とか可哀相だという感じ方は失ってしまって／可愛相とかむごいとか、そんななまやさしい感情はわいて来なかった

(21) 人のことは考えられない、他人様の事などかまっていられない

(22) 他人の家に入り品物をとって歩く人：不思議に悪い事のように感じなかった／良いとか悪いとか、全然感じられない

(23) 人間的な何の感情も起こらずに、人間の情を全く感じなかった／人間的感情は三時間ぐらいで／人間の持つ感情の極限を超越した無感情

〈無感動〉とは、このように、「人間的な感情」のわかない、「喜怒哀楽」を失なった、いっさいの感情が「凍りついた」状態をいう。

三　そのような精神・心理状態に陥ったことを、人びとはどう捉えているか？

「まだ死んでいない人も、積み重ねてムシロがかぶせてあるのを、亡くなった姉を探すために開けて見て廻りましたが、その当時は怖いと感じませんでした。あの時の心理が想像ができません。」

広島　四・一km　女　一八歳

「想像」もつかない「あの時の心理」。ある人びとは、「精神状態がおかしくなっていた」「通常な感覚はどこかに行っていた」「気持ちがまひしていた」とみなし、またある人びとは、「今にして思えば」、「当時」は「人間として心を失っていた」「魂をなくしていた」とする。

では、「今なら考えられない、恐ろしく非情な人間になって(されて)いた」のは、どうしてなのだろうか。幾人かは、当時の時代の精神状態にそれを求めている。すなわち、

「当時は自分の意志など持ち合わせない世の中だったから、無感動に被爆した。国家主義、全体主義の教育の中で、無感動に、無表情に自分をころして、人間性(味)のない青春に育ちつ

つあった」

「戦時中の教育で死にたいする感覚が異なるので、多くの人の死を間近で見たが、無心の状況で申訳ないと思っている」

「当時は国民全体が、そのような無感情な精神状態にあったのではないか」

また、〝戦時〟というより、〝戦争〟にそれを求める人もある。

「今冷静に考えると、まるで生地獄のような戦争の悲惨さ、冷酷さに憤りを感じるけれども、当時は戦争そのものが人間をアブノーマルな姿に変えているので、直後の気持ちは語ることができない。／クラスメートや下級生の死は悲惨なものです。しかし戦争はその時涙も悲しみもない人間を作り上げていきます。」

果たして、人びとを〈無感動〉の状態に追い込んだのは、〝戦時〟や〝戦争〟だったからなのだろうか。それとも、〝原爆〟が、人間をアブノーマルな姿に変えたのだろうか。もとより、〝戦争〟と〝原爆〟とを、ここでことさらに対立させることは本書の目的ではない。けれども、原爆が人間になにをしたのか、ということは少なくとも確認しておかなくてはならないであろう。

そこで、〈無感動〉という心の状態を表すさまざまな言葉のなかで、多くの証言が、「なかった」というだけでなく、「なくなった」あるいは「なくなっていった」と言い表していることに着目しておきたい。人びとは、「何も感じなくなって」いく自分、「次第に」「追々」「いつの間にか」、そして「ついに」、自分が「無感動になって」いくのを感じていた。このことは、感覚や感情、「考える力」は、そもそも「なかった」のではなく、「凍りついた」のであり、「消え失せていった」ことを物語っている。

「当時は恐ろしさや、かなしみなど、感情どころではなく、もくもくと現実に対して、その処理をしたもので、実にうまく適応した人間になっていた。こううまく事務的になれるものだと、今でも不思議です。

人間的感情は三時間ぐらいで、その後は悲しいとか恐ろしい、汚いなど一切思うことなく、もくもくと働くロボットであった。」

広島　五・五km　男　一八歳

四　どうして、人びとは〈無感動〉に陥ったのか？

「人々のあとを歩いているのみでした。早く家に帰りたいの一念で、また考えてみると放心状態で、右往左往していたのみでした。人の死体を見ても、恐ろしく思う心のよゆうもありませんでした。

どうしたのか、どうなったのかの繰返しで、つぶやきながら歩き続けました。」

広島　一・八km　女　一四歳

「どうしたのか、どうなったのか」――〈原爆〉の何が、どうして、人びとを〈無感動〉にしてしまうのだろうか。被爆した人びとが〈無感動〉に陥っていくそのプロセスに着目しながら、証言を読んでいくうちに、大きく分けて、つぎのような状況（背景・要因）が浮かび上がった。

「一瞬にして世の中が変わった」

「阿鼻叫喚の生き地獄」

「おびただしい異形の死」

以下、これら三つそれぞれのプロセスが記された代表的な事例と、それらに関連する(つながる)特徴的な要因を集めてみよう。

「一瞬にして世の中が変わった」

「瞬間私は二階の病室から真黒い深海に吸い込まれていく異様な気がし(あ、直撃だ)と思った…。ふと気がつくと薄黒いヤミの中、材木や瓦の破片の下敷きになっている自分を発見…、頭上被いかぶさった物体[を]はねのけながら漸く地面にはい出す事が出来ました。(助けて、助けて)と悲痛なさけび声うめき声。私も血だらけ放心状態で他の人を助ける余力はありません。立ちすくむ五m位の前に、多分屋外にいた看護婦さん二人、髪の毛は逆立ち顔面は一皮はげて血がにじみ出て人間と思われない姿をみて身ぶるいがとまらない。あんな沢山いた軍医さん患者は一体どこに吹きとんだろうか。人影はまばら。大部分の人達は建物の下敷きか強烈な爆風に吹き飛ばされてしまったのだ。」　広島　一・〇km　男　二九歳

「部屋の中でふきとばされ、背中にガラスの破片がたくさんささっていました。中庭に逃げると、そこには大勢の人がいましたが、衣服に火がついている人やひどいケガ人ばかりでした。兵隊のような人が、危険だからここから逃げるようにいうので、女友達五人と吉島飛行場へ逃げました。みんな身体中にガラスがつきささっていましたが、橋に火がついている所を走って通り抜けたり、夢中でにげました。もう恐ろしいというような感覚もなくなっていました。」

広島　一・〇km　女　一九歳

人びとを「放心」状態にし、「夢中でにげる」しかない状況に追い込んだものは、何であろうか？

（１）「被爆直後倒れた寮から助け出してもらいました。喜怒哀楽は一切なくなっていた」

（２）「爆発寸前の様子と直後のそれがあまりにも隔たっているために気が遠くなり、暫く自分を失った」／「ぼうくう壕の中から外に出て一面とうかいした状態をみて若(幼)心にショックだった」

（３）「見渡す限り家は倒壊してるのに茫然自失我れを忘れ無意識の内に逃げようと人間の本能のみ働く」／「逃げるのに懸命」／「被爆直後は心はうつろになってただ避難することだけ考えていた」

（４）「気持が仰天して只涙ぐんで、自分の親兄弟を探すので精一杯で、おそろしさも淋しさも感じなかった」／「ただ、安否を思い夢中でした」

（５）「何度も屍につまずきころびながら、気持ち悪いとか恐いとか思うことなく、夢遊病者のようにあちこち火の手が上がっているので回り道をしながら、どこをどう歩いたのか」／「早く家に帰りたい一念で、放心状態で、右往左往していた」／「その時はただ逃げまどうのみでした」

（６）「昼間とはいえ世は土色と化していました」／「何処を見ても誰一人いませんので、皆ちりぢりにやられて姿がないと思いました。廻りを見ても見通しは出来ず、黄赤い様な黒けむり。自分はここで死ぬのだと思い体に根がおりた心地で立てません」

「一瞬にして世の中が変わる」とき、人びとは、何がどうなったのかも判(解)らないまま、その「恐ろしい威力、被害」に、「この世の終わり」かと、「魂消《たまげ》て戦《おのの》く」しかなかったのである。

「阿鼻叫喚の生き地獄」

「外に出て見ますと地獄図を見ているようでした。あっちこっちと炎があがりもえております。

焼け出された人達、荷車にやけただれた人を積みあげ、虫の息です。お母さん水をちょうだいと言っている人、この世の人とは思われない、全身やけどで水ぶくれになり、両手を上げて歩いている人、水を飲みたさに川に飛び込む人、川の中は焼けただれて赤身が出てお腹がふくれ浮いている死体。川のなかは赤色に見えました。

陸軍の兵隊さんが船で、トビグチで体をひっかけ、なわで胴をむすび帆先に結び、広場に収容しておりました。学校や広場等では死体に重油をかけ焼き、広島の町は二ヵ月以上は人を焼くにおいで大変でした。

また、やけどにウジがわき、大変なハエでまっ黒でした。食事はカヤを吊って、生活はカヤの中でいたしました。水道の水も出なく、焼けただれたたくさんの死体を手でよけながら川の水を飲みました。

ただ頭が呆然としていましたので、あの時は何をしてあげようかと思う考えがなく、呆然と見ていただけです」　　広島　二・〇km　女　一五歳

「ももや顔がやけ、水ぶくれをブラーンとたらして、さまよい歩いている。女の人は薄着でひどいやけどをしてたおれている。みんな被爆したので医者にたよれず、うなっている人に直射日光をさえぎるための〝むしろ〟でもかけてやれば上等だった。

かわいそうだとはじめは思ったが、だんだん慣れてきて、仕方のないことだと思うようになってしまった。平常な精神ではなくなってしまったのだろう。

まわりがすべて地獄のようだったから、自分が生きているか死んでるのか、わからない状態だった。生きてることが信じられなかった」　　広島　一・六km　男　一九歳

〈地獄〉と記した証言をさらに追ってみる。

（７）「対岸及び浦上方面は猛火に包まれており、半壊の家に娘二人と母の死骸を前に、今思う時、手の施しようも考える事も出来ない動転した自分が恨めしくなります。外も地獄、屋内も地獄、身も心も棒立ちに無気力に呆然となり、母への思いが心をせめます」

（８）「原爆投下直後の郊外に走る阿鼻叫喚の群衆に仰天して以後、想像を絶する悲惨極まる状況に直面して、私の感情は凍りついてほとんど無神経になりきっていた」／「あの日沢山の死体をまるで棒切れのようにまたいで、この世ではないと思いました」

（９）「右往左往のじごくの有様。当時はさほど気のどくとか可哀想と感じるよゆうはありませんでした」／「当時は自分のことが大事でしたので他人様の事など考える余ゆうはありま

せんでした。泣くことさえ忘れていました」
(10)「水を欲しがる人がいても、水もなく、全体がそのような災害に遭っているときは、良いとか悪いとか、痛いだろうが、そのようなことは全然感じられない。あたりまえのこととして、自分の勤めだけしか考えない」
(11)「外傷の殆どない様に見えた人達が、中年の女の人も男の人も身体が燃えるのか、すでに狂っている様子で、全裸になり何かうめきながら、傷ついて寝ている私達の身体を飛び越えながら、走り廻って皆に叱られ、おさえつけられても暴れ廻って、二、三日で亡くなって行った人達の事…、等、私は、さめた気持で見ていたのを憶えています」
(12)「火傷でただれた化け物以上の顔や体の人がごろごろと死んでいく。無傷の人が白血病でどんどん死んでいく。似島の収容所は生地獄であった。人間の死が何とも感じられなくなって、涙も出て来なかった」

「最初のショック」が去ったあと、人は、「頭の中が空白に」なり、「怒りも恐怖も悲しみも感じなくなって」しまい、その後つぎつぎに目撃し・直面した光景の「あまりの凄まじさ」に、「息をのんで立ちつくす」しかなかったのである。人びとは、「感情」も「思考力」もうしない、「ただひたすら目の前にあること」のみ考えていた。

「おびただしい異形の死」

「夜中に長崎の山中に一人で何度目かに気が付いた時回りは死体の山、生きているのは私だけ。山中は町の燃える炎で昼の様に明るく山道の両側は死体がズート続いていたが、全く恐怖感はなく、苦しく痛い体を引きずって山をさまよった。……朝になると私一人が息をして後は全部死人」
長崎　〇・七km　女　一五歳

「至るところに死体があり人間の死が厳粛で尊厳なものなのに少しもそんな感じをしているひまもなく、その処理をしなければならずお骨を拾った。はだかになった小さな女の子が親をしたって泣きもせず私達の仲間になりおひるの食事をさせようとさがしていたら正面の玄関の芝生の上にまるで白いお人形のように転がって死んでいた。学徒動員の中学生が表門の石畳の上で苦しそうに、お姉ちゃん、僕の家のお母さんに知らせて、水が欲しいというので、少しまっていてねと言って地下室から水を持ってきたけどもう死んでいた胸の名札が今も目に浮かぶ。……次々と死んでいったけど、私もその一人だけど、誰も合掌する人もなかった。今思えば異常だけど当時の人の心は人間としての心を失っていたと思う」　広島　一・五km　女　二五歳

「夜はリンの発生する所を地図をつくり記入し、昼ガレキを覆し死体を回収。人の顔面が四角に、眼はトビ出、女性は子宮も下り、想像するだに戦慄を覚ゆ。その屍を毎日河原に集め、壊れた家の木材を組み石油をかけて焼いた。その数幾百であったろうか、我々も正常の感覚ではなかった」
広島　入市　男　三四歳

人びとの周囲にあったのは、それこそ圧倒的としか言いようのない〈死との遭遇〉であった。〈原爆〉がもたらした〈死〉の光景を、証言から再構成してみよう。

a．ごろごろ／山ほど／見渡す限りの／あまりに多くの

(13) とにかく、「ごろごろと死人が多すぎて」、しまいには死人をみても感覚がマヒして、何も感じなくなった／牛や馬が「ゴロゴロ」倒れていた

(14) 死体を「山ほど集めたのが三山ほど」あり、呆然としたがその時は何も感じなかった／家族五人直爆で失いましたが、「見渡す限りの」死者で悲しみは感じませんでした

(15) 「人の死があまりに多いと」恐怖感がマヒするのか、「あまり多くの人が死んだ姿をみると」、追々それに対する感情もマヒして、気味の悪さ、恐ろしさも感ずる度合いが薄くなった／「道路に横たわる死人の数のあまりに多数のため」、ついに死者に対して無感動の状態になってしまった／「あまりにも多くの死人けが人なので」別に何も感じなくなって／「余りの死人の多さに」私は死の感覚がマヒした様で、死が通常の様に感じられた

b．異形の死

(16) 焼け跡に畠の土手に、道端に体中血だらけ、焼けただれ、丸はだかで虫のいきでした。母、弟の焼死体を見ても廻りの人達の死体を見ても、「あまりのむごさに」泣くこともできませんでした／「両眼のとびでている人がいた。二〜三日たつとやけどをしている人たちにうじがわいてきた。」こんな中にいると人間の心はマヒしてくるもので、何とも思わなくなってしまった

(17) 「黒い肌がめくれて赤い肌を出した人、風船のようにふくれて死んでいく人々」を目

のあたりにしても、恐ろしいと思っている余裕がなかった／当時、「路傍にある焼死体や、水辺の無キズのふくれ上った死体等をあの惨状下にみても」殆んど無感覚の精神状態に在った様に思う／「死がいがふとくなっていた。それを焼いていた。馬もよこたわっていた」そのときは放心的で、みてもおそろしいとは思わなかった。自分だけしか考えられなかった

c. 一度に／つぎつぎに／ぞくぞく／バタバタ

(18) 親兄弟、姉妹を「数人一度に」なくしました。…人々が死んでいくのも…その時はただぼうぜんとしていました／肉親や友人、知人の死を「次々に聞かされる」時の悲しみと孤独感は、体が宙に浮いていく様で涙も出なかった

(19) 死体をみても、「次々、ぞくぞく、バタバタ」死んでいっても、何も感じなかった／多くの人が「次々」死んでいったが、そのときは特になにも感じなかった

d. 死んだ人が側にいても／まわりがみんな／死者に囲まれると

(20) 学徒［動員］に出ていた人達が、あつい、水、お母さんといっていたが、声がしなくなったので死んだのかなあ(と)思うくらいで、「死んだ人が側にいても」恐ろしいよりなによりそんなこと感じませんでした。「まわりがみんなそんな状態だったので」／「周りの人も次々と」亡くなり、昨夜まで元気だった女の子が朝には冷たくなっているというような有様で、何か死というものにまひしてしまったような気がした

(21) 「行く処、行く処に死者、ものすごい数の焼けただれた負傷者にかこまれた一週間」、いつの間にか死者を見る恐ふ感もなくなる自分を感じ／生きてるものより「廻りはすべて死人

で囲まれる」と、生きていてよかった等と考えるより、自分も死人の仲間のようになって、気の毒とか可哀想だという感じ方は失ってしまって、何が何だか生と死の区別がなくなっていた

e.

死体を山積みにして焼く／あちこちで焼いている中で

(22) やけどやけがをした人の行列が長く続き、病院の北側では「死亡した方々を山積みにして火をつけて」いましたが、恐ろしいという感情はなくなっていた／焼死体を「山のように積み上げ、焼却処理している傍らで」、まるで無感動に、放心状態に眺めていた

(23) 「人間の死体の山」、川に浮いている死体をひきあげ、だびにふした。死体が全部といってもいいほど全裸であった。川ぶちにテントをはり、怪我人を収容したが「収容するはしから死んで行く」し、その死体をすぐそばで焼いていった時、もう何の感情もなくなりかけていた／死体の収容と火葬は、川では「ロープで数珠つながりの死体が舟で曳かれてくる、トラックで運ばれてくる」。終日その処理にあたったが、あまりにも多過ぎて、こわさを通り越した感覚であった

(24) 「死んだ人をあちこちで焼いている中で何日も」過ごしていましたが、こわさを通りこして神経がまひしてしまったのか、あまり何も感じませんでした／「いたる所で死体を焼いている」のに出会い、次第に無感動になって／「川土手へ死体をずらっと並べて」毎日毎日焼いていいました。粗末な木のお棺から手が出ていたり、恐ろしいことなのに、「あっちでもこっちでも」死体を焼いているので、さほどに感じなくなっていました

このようにみてくると、次のような列記の場合も、「何も感じなくなった」のは、「焼跡で見た白骨」に対してだけではなく、すでにそれ以前にさまざまな〈死との遭遇〉があった（3〜7）ということを見逃すわけにはいかない。

「3．一緒に天満川に火災をさけて水に入った人で火傷の重傷者は五時間で死んだ、そして海へ流された。

4．道路上の死者の腕は直径二〇㎝位に足は三〇㎝位の太さにふくれた。故に食よくを失った。

5．火傷の重傷者には傷口に小指位のうじ虫がわいた。

6．友人の母親は我が子を探しもとめて半狂乱であった。

7．死体は三〇〜一〇〇体位まとめてトタン板でおおったり、トタン板を敷いて陸軍の兵隊さんが焼いた。

8．焼跡で白骨を見ても何も感じなくなった」

広島　一・二km　男　一三歳

五　〈無感動〉はそのときだけのことか、それとも被爆後も尾を引くのか？

〈無感動〉という心理状態を一度経験した人は、その状態からたやすく抜け出せたのだろうか？それとも、いったん身にまとってしまった心の「装甲」※（「防衛機制」）は、なかなか溶解しないものなのだろうか？『証言』を追ってみよう。

※「この無感動こそ」、当時強制収容所に囚われていた人びとの「心をつつむ最も必要な装甲であった。」(V・E・フランクル『夜と霧』みすず書房、霜山徳爾訳、一九六一年、一〇五頁)。なお、池田香代子による「新版」の訳は、「この不感無覚は、被収容者の心をとっさに囲う、なくてはならない盾なのだ」となっている(みすず書房、二〇〇二年、三七頁)。

被爆後も「長く」、「何年も」、そして(四〇年後の)「いまも」、尾を引いた(ている)という例が複数見出された。

(1)「爆風のショックで当日の事は、特に外の状況は、はっきり覚えていない。長く精神に異状をきたしていたように思う。(後で感じた)」

(2)「地獄のような風景を見た私は、その後何年も無感動な人間だった。」

(3)「被爆後、『死』に対して無感覚になり、いまも、人間の死への心の動かされ方が少なく、戦争というもののいちばんの悪は『人間性の破壊』であると思います。」

右の例は、「長く」精神に異状をきたしていたり、「被爆後」、人間の「死」に対して無感覚になったり、「その後何年も」無感動な状態がつづいていたという事例である。他方、被爆当時、〈無感動〉な状態にその人を追いやった出来事が、「今でも」目の前に浮かんだり、「未だに」こびりついて離れないという事例がある。

(4)「考える力も感覚も消え失せていく自分を感じたあの時の体験は、今も脳裏にはっきりと焼き付いて離れない」

(5)「女の人で乳飲み子を右手にだき橋の欄干にもたれて死んでいた。その人は首から上はなかった。その時は可愛相とも思わなかったが今だに頭にこびりついていてわすれられない」

(6)「かたわらで少年が弱々しく話しかけて来た。お姉さんと呼ぶ、水がのみたいと云う。もう目が見えなくなったと云う。そのうち声がしなくなった。死んだらしい。でも恐怖も何もなかった。自分もあきらめていたためであろうか。かたわらで死んでいった少年の事は、亡くなった弟のことと一しょになって忘れられない。あの子も遺体を家族は引き取りに来る事が出来たであろうか。それとも身元不明で焼かれてしまったのであろうか」

原爆が現出させた極限状況下のできごとは、そのまっただ中にいたとき、「考える力も感覚も消え失せて」いたがゆえに、また、「可愛相とも思わなかった」り「恐怖も何もなかった」がゆえに、人びとの「脳裏に焼き付いて離れない」のである。

このように、〈無感動〉が被爆後も尾を引くとすると、生き残った者は、「装甲」を脱ぎ捨てるプロセスが必要である。つぎの例は、そのことをもっともよく示している。

「気が付いた時は、周りは真黒でなにも見えませんでした。少しする内にすこしずつ明るくなり、出口に行く周りには、苦しむ人達や死んだ人達でごろごろしていました。不思議となにを見てもなにも感じませんでした。自分が生きていてよかったとも、水をほしがっている人を見ても、くるしんでいるのを見ても、ただだまって皆どこへ行くともなく歩き回りました。いろいろとありましたが、四〇年の年月が少しずつやわらげてくれたようです。この心のきずは、思い出しても身ぶるいのするような、長い年月でした。人に話したこともありませんでした。その頃は人が見ても少し変になっているのではないかと思ったそうです。」

広島　二・〇km　女　一九歳

この証言は、「四〇年」という年月が、〈心の傷〉を少しずつ「やわらげてくれた」ものの、その四〇年は、「思い出しても身ぶるいのするような」長い年月であったことを語っている。「後になって」感覚や感情が戻ってくると、恐怖がよみがえり、人は、当時の己の状態に気づいて、「ぞっと」させられる。

(7)「川づたいに男女さえも区別がつかない死体が、ゴロゴロころがっているのを見ても、かわいそうというかんがいは浮かばなかった。あとで思いおこすと悲さんだったなあと思いました」／「牛や馬が、ゴロゴロ倒れていたのが、後になって本当に可愛そうで、今でも涙が出ます」

(8)「橋のたもとに、一二、三歳の男の子が裸で、体はすすで黒く＊[煤?]けた死体がありました。私は、何故だろうと思いながら無関心で、通り過ぎました。今にして思えば、私の心は、六、七日と二[日]間は、魂をなくしていたのではないかと思います」

(9)「赤くふくれた死体、馬の死体、市電の中でそのままの状態で黒くなって死んでいる人、それから赤く大きくなって死んだ人を運ぶ(戸板にのせて)人達、気狂いのようになって我が子を探す母親等、それ等を見ても何の感情も湧かなかったことが、今ではぞっとします」／「死がいがふとくなっていた。それを焼いていた。馬もよこたわっていた。そのときは放心的で、みてもおそろしいとは思わなかった。自分だけしか考えられなかった。今思うとおそろしいと思う」

「後になって」思い起こすとは、「おちつきが出来てきて」初めて感じることができるというだけでなく、被爆後の歳月において「苦しい時悲しみの時」に「徐々に」出てくる、ということなのだ。

(10)「あの当時は自分がたすかっただけでもゆめのように思えるのに、人々のことがどうなったかは、かんがえるひまはなかった。又、かんじたことは、その時何もない。人間おちつきが出来て来て初めて、かんじることが出来るものである」

(11)「原爆下は物凄く、自宅の方は真黒の黒煙、私はもう父も母も駄目だ、誰も来なかった。機銃を枕下でパチパチと受けても少しも恐しいと思った事はなかった。私は涙も流す事が出来なかった。人間余りの悲しみの時は涙は出なくて、苦しい時悲しみの時、徐々に出て来るもの」

六　〈無感動〉という体験を通して、人びとは、どのような〈原爆〉・〈戦争〉認識に到達したか？

(1)「行く処、行く処に死者、ものすごい数の焼けただれた負傷者にかこまれた一週間、いつのまにか死者を見る恐ふ感もなくなる自分を感じ、戦争のみじめ、悲惨さをあれ程感じたことはない」

(2)「焼死体を山ほど見てきたが別に可愛そうと言う感じは全くおきず、戦争と言うものがこんなに残酷なものか。今、考えて見ると屍を見て、道端にひからびたミミズを見て通りすぎる感じだった」

「いつのまにか死者を見る恐怖感もなくなる」自分、「屍を見て、道端にひからびたミミズを見て通り過ぎる感じだった」自分。そうした己の状態を自覚する。そのことを通して、人は、「戦争のみじめ、悲惨さ」「残酷さ」を感じ取る。

人はまた同様に、当時「何も感じなかった」「人のことなどかまって居られなかった」そうした自分に「ぞっとする」ことを通して、「戦争は人の心を変えてしまう」こと、「異常な状態の中では人間は人間でなくなる」ことを思い知らされた。

（3）「今考えるとぞっとします。戦争は人の心を変えてしまうのでしょうか」／「原爆には限らないのでしょうが、こんな非常の時、人間は心が空白になるのか、助けを求める声がしても人の事など、かまって居られない様な心境になるのが恐ろしい事だと思った」／「あれは人の世ではなかった、あの世の地獄を目の当りにしたように思います。だのに何を見ても、何を聞いても何も感じない。異常な状態の中では人間は人間でなくなるという事を知りました。本当に怖い事です」

（4）「被爆直後、いつも避難場所に当てられていた純心女学校裏でチリチリに焼けてしまった芋畑に近所の人達がたくさん来て、火傷の人達のヒデルヨーヒデルヨーという声が今も思い出される。戸板で運ばれて来る人何も上に掛けるものがなく、火傷がさらされふくれ上がり、声を聞かなければ男女の区別もつけない人々が次々に亡くなられたこと等、その時は人間的な何の感情も起こらず、傍観者のように自分の傷にも痛みはあるのに、今から思うとあの場合通常な感覚はどこかに行っていたのではないか、こんな精神状態を起こさせる原因の戦争は絶対にしてはいけないと思う。それでないと、あれだけ多数犠牲者の魂は浮ばれない」

ある被爆者は、「当時は、極限の心理状態で何の感情もわかなかったように記憶しております」と記していた。先に紹介したように、「人間の持つ感情の極限を超越した無感情」と言い表した被爆者もあった。人は、「人間的な感情も起こらず、傍観者のように」なっていた（させられていた）己の自覚を通して、「こんな精神状態を起こさせる戦争は絶対にしてはいけない」とする姿勢を獲得する。だが、そのことは、つぎのような「自問自答」なしには、なしえなかったのである。

「私は地獄絵をみて帰って、人間の死体の上を歩いた時のことは忘れることが出来ません。足もとを見て歩くのもおそろしく、やわらかいものの上を歩いて走ってにげていたことが、信じられぬ思いでいる。

横川の駅らしいところから海か川か、みえるように焼けてしまっていた広島。歩いていても、人が助けを求める声ばかり耳に入って来ましたが、自分が生きていることが不思議でした。

原爆投下翌日から、勝円寺という寺へ被災者の看病に出た。寺のくりには廊下まで黒ずんだ顔か何か見わけのつかぬ、人間でなく動物といった方がよい状態の人。片っぱしから命たえてしまった人を寺の庭に山積みでした。河原へ運んでわらで焼くということでしたが、次から次に運ばれて来ては息がたえていく。水をくれ、水をくれと叫んでいた人、足もとを引っぱって、人間の最後の力をふりしぼって何か言っているのが聞きとれなかったこと。私のしてあげることは何一つありませんでした。私は思いきって、どうせ皆死んでいく人にせめて杓子で一口のきれいな水をあげようと思い、バケツに寺の水を汲んでのませてあげた。上官に叱られましたが、一週間も経つと全員亡くなりました。

暑い時に人間にわくウジ虫を、白い色をしたのも見ました。この世の中でこんなことがあってよいものでしょうか。私は一六歳の年齢で放心状態になって自問自答を何回したか知れません。これが私の人生のスタートだったように思われて、戦争ほど残酷なものが他にあろうかと思います。」

広島　二・〇㎞　女　一六歳

6　〈心の傷〉

綴られた「ことば」をデータとしてまとめていく作業は、きつく、恐ろしい。そこから何かを読みとろうとすると、私たちも、〈無感動〉に追い込まれる。そうならなければ、己の心が守れないからである。被爆した人びと自身がそうであったように。生き残った人びとは、そのような恐怖を「鉄の箱」※のなかに押し込めておくことができてはじめて、「あの日」に続く「それから」を日々生き抜いてくることができたのであろう。

※ヘレン・エプスタイン『ホロコーストの子供たち』(朝日選書、一九八四年、三頁)

では、こうした「あの日」およびその直後に遭遇したことども(原体験)が、〈こころの傷〉となって残った被爆者は、どのくらいあるのだろうか。

「はじめに」で紹介したように、「被爆したためにつらかったこと」の一つとして、「あの日の出来事が、深く心の傷あとになって残ったこと」を挙げた者は、二〇三八人(三〇%)であった。だが、ここで分析の対象としている六七四四人の被爆者というのは、問四に、「あの日やその直後のこと」で「今でも忘れられないこと」「恐ろしく思っていること」「心残りなこと」を(その精粗はともかくも)記した人びとであり、残りの七割には全く〈心の傷〉が残らなかったとするのは早計にすぎよう。

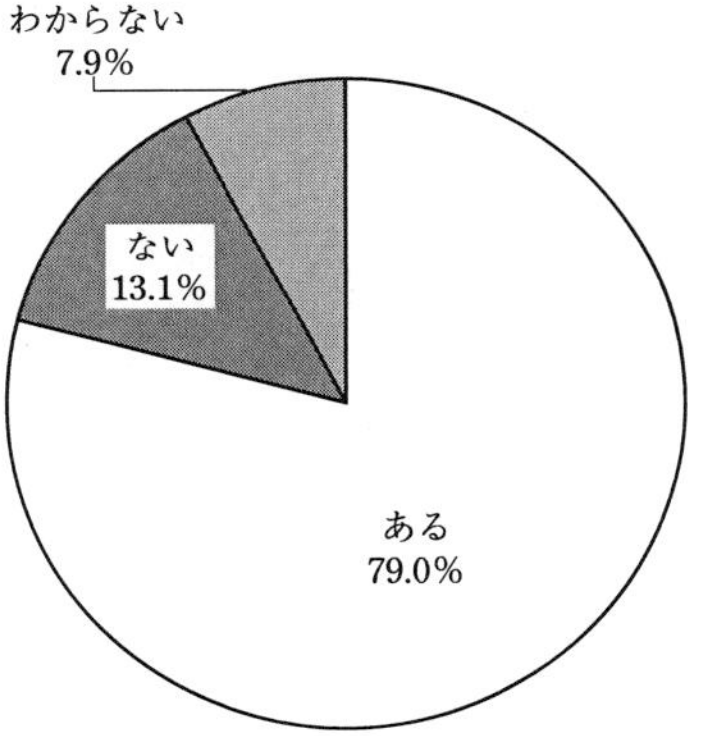

図 1-2 〈死の恐怖〉の有無
(＊総数 6744 人に対する比率)

そこで、〈心の傷〉を測ることのできる指標として、いま一つ、〈死の恐怖〉に関する設問に着目してみることにした。すなわち【問六―四】で、「あなたは、これまで、発病したり、被爆者で死んだひとたちのことを見たり聞いたりしたとき、死の恐怖を感じたことがありますか」と問うたところ、総数の八割(七九%)もの人が「ある」という(**図1-2**)。そう答えた人たちに、【補問】で「それを感じたのは、どんなときか」を尋ねてみると、つぎのような結果になった。(多いもの順)。

イ　病気したり、からだのぐあいが悪くなったとき　　三八八八人(五七・七%)
ハ　被爆当時の、ひとびとの死のありさまを思いだしたとき　　二八一一人(四一・七)
ロ　身内や、まわりの被爆者の死(死にかた)を見聞きしたとき　　二二六六人(三三・六)
ホ　新聞やテレビなどで、原爆や核兵器のことを見聞きしたとき　　二〇八六人(三〇・九)
ニ　被爆後にうまれたこどものからだのことが気になったとき　　一五六九人(二三・三)

※補問の比率は本来、〈死の恐怖〉があった者五三二九人を一〇〇として算出すべきであるが、ここではそれぞれの〈死の恐怖〉感が全体の中で占める比重を知るため、総数六七四四人を一〇〇として計算した。なお、このほかに「その他」が八四人あった。

ご覧のように、補問の選択肢のうち、「イ」と「ニ」は、どちらかといえば、(後述する)〈体の傷〉や〈不安〉と関連する〈死の恐怖〉であるのに対し、「ハ　被爆当時の、ひとびとの死のありさまを思いだしたとき」及び「ホ　新聞やテレビなどで、原爆や核兵器のことを見聞きしたとき」というのは、「あの日」の記憶がよみがえってくると(あるいは呼び覚まされると)覚える〈恐怖心〉である。残るもう一つの「ロ　身内や、まわりの被爆者の死(死にかた)を見聞きしたとき」は、〈心の傷〉とも、また〈不安〉とも関わりのある恐怖であると考えられる。

※石田忠「原爆は人間に何をしたか」(日本平和教育研究協議会『平和教育』三九、一九九〇年、三二頁)参照。

まずは、右に挙げた三つの指標を並べてみると、つぎのようになる。

①〈被爆したためにつらかったこと〉として、「こころの傷あと」を挙げた者　二〇三八人
②「当時の死のありさまを思いだしたとき」に〈死の恐怖〉を感じたという者　二八一一人
③「原爆や核兵器の報道を見聞きしたとき」に〈死の恐怖〉を感じたという者　二〇八六人

これら三項目は重複して該当することがありうるので、回答パターンに分けて整理してみよう。

(1)　①から③まで、〈心の傷〉をしめす三つの指標のすべてに該当する者は、五九〇人(九%)であるが、三つのうちいずれか二つの指標に該当する者は一四三五人(二一%)であり、いずれか一つに該当する者は二二九五人(三四%)であった。これらを合わせると、何らかの形で〈心の傷〉ありと認められる者(三つの指標のうちいずれか一つ以上を挙げた者)は四三二〇人であり、その割合は総数六七四四人の実に六四%に達する。(三つの指標のいずれにも該当しなかった人は、合わせて二四二四人、三六%である。)

(2)　このように、〈心の傷〉のありかは、〈死の恐怖〉となってよみがえってくるものも含めてとらえていくと、その広がりをよくおさえることができる。と同時に、三つの指標のなかで、「あの日の出来事が、深く心の傷あとになって残った」を「つらかったこと」に挙げた人は、〈心の傷〉が文字通りより深かったことも忘れてはなるまい。すなわち、「心の傷あとになって残った」ことがつらかったという人は、その三割近く(二九%)が〈心の傷〉につながる二つの〈死の恐怖〉を共に挙げ、またその六割弱(五八%)は、「当時の死のありさまを思い出したとき」に死の恐怖を感じているのである。(それに対し、「心の傷あとになって残った」を特につらかったこととして挙げなかった人

では、二つの死の恐怖を共に挙げた人は一三%で、「当時の死」を挙げた人も三五%であった。)

※〈心の傷〉の有無について、被爆状況や被爆距離とかかわらせてみると、被爆地点が爆心に近くなるほど〈心の傷〉ありの者が増大する。〈心の傷〉を測る三つの指標のうち、いずれか一つ以上あった者は、「三km超」で被爆した者の六〇%(入市被爆者も六一%)であったのに対し、「〜二・〇km以内」被爆者ではその六七%、「〜一・〇km以内」被爆者ではその七二%がいずれかの形で〈心の傷〉を抱いていた。三つの指標のうち、被爆距離と最も強く連動して変化するのは、「あの日の出来事が心の傷あとに」であり、「三km超」被爆から「〜一・〇km以内」被爆にいたるまで、その比率は二五%から四三%へ規則的に増大する。ただしこのことは、遠距離で被爆した者や間接被爆者は〈心の傷〉から逃れられたということではない。爆心から遠い距離で被爆した後、爆心地帯に近づいた人や、原爆が炸裂した後に市内に立ち入った人等は、近距離で直接被爆した人びと以上に、広い範囲かつ長時間に渡って、原爆が人間にもたらした〈苦しみの姿〉や〈死のかたち〉を目撃している場合が少なくない。〈心の傷〉は、被爆直後の行動や時間的経過とともに遭遇した光景・出来事のなかで生じるのであり、被爆した位置がどこであったかということを超えて生ずるものだからである。

第二部

「それから」

★〈惨苦〉の生の再構成：枠組と作業仮説群

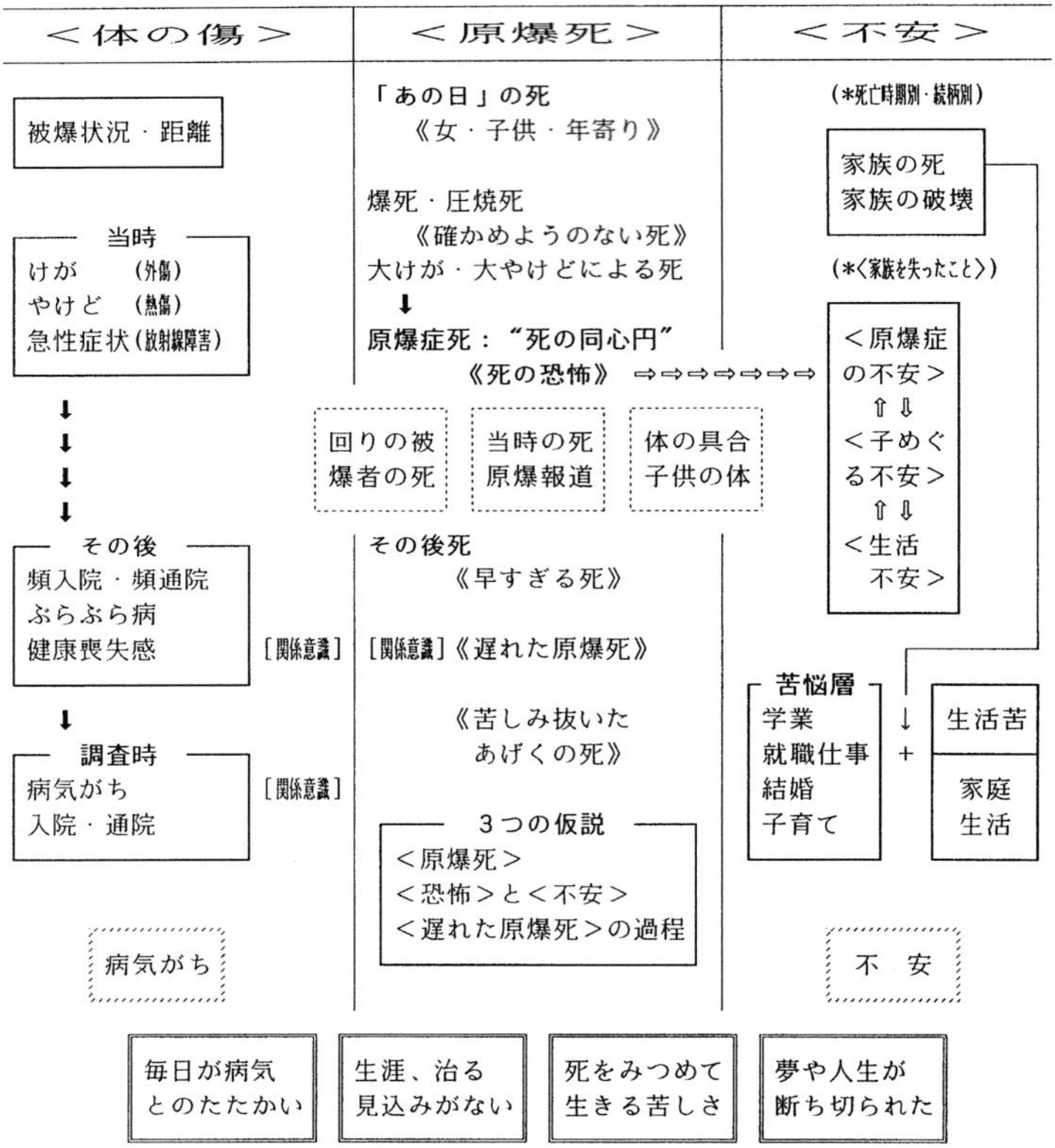

[濱谷が作成。前掲、『原爆がもたらした〈地獄〉と〈惨苦〉に関する実証的研究』その1、より]

第二章〈体の傷〉

〈原爆〉がもたらした〈からだの傷〉。それは大きく、相異なる二つの様相からなっている。ひとつは、〈あの日〉につづく被爆者たちの〈死〉であり、もうひとつは、生き残った者たちの〈健康の破壊〉である。〈原爆〉は、かろうじて瞬時の死をまぬがれた人びとの心身に深傷を負わせ、その生命を脅かしつづけた。被爆者たちの〈健康破壊〉とそれにつづく〈死〉は、ともに、原爆（核兵器）の傷害作用との関連においてとらえていかなくてはならない。

1　〈持続する死〉――原爆死没者の推移

ここではまず、被爆の当日から調査時（一九八六年三月）まで、四〇年余りの間に亡くなった七二五一人の死没者のうち、〈直後死者〉と〈その後死者〉に焦点を当て、〈原爆〉がもたらした〈あの日の死〉（前章3を参照）につづく〈それからの死〉の様相を追ってみよう。

※本書で分析の対象としている被爆者集団六七四四人について、家族の被爆の有無をみると、おおよそその三分の一は単身被爆（本人だけが被爆）であり、残りの三分の二は家族（身内）にも被爆した人が

あった。後者の四四九一人に対し、原爆死没者(=原爆に被爆し死没した者)の有無を尋ねたところ、昭和二〇年の末までにその四割(四一%)は原爆に身内を一人以上奪われ、また、その六割近く(五八%)は、昭和二一年以後も身内から一人以上の原爆死没者を出していた(調査時までに)。調査票に記載された死没者数を単純に加算すれば、死者の総数は七五〇〇人以上になるが、個々の死没者について集計・分析が可能な一定の情報を得ることができたのは、七二五一人であった。

表2-1は、七二五一人の死没者たちの、死亡の推移を示したものである。

表2-1　死没した被爆者の死亡時期別推移

昭和二〇年内の死者 ―――――― 総数三四二七人
　うち〈当日死〉(広島八月六日、長崎八月九日の死者)　一七一一人
　〈直後死〉(投下の翌日から二〇年末まで)　一二九八人
　　　　(八月中　九六三人)
　　　　(九月～一二月末　三三五人)
　　月不詳・無回答※　四一八人
　　(※被爆後昭和二〇年末までに死亡したが月日が特定できない者)

昭和二一年以降の死者 ―――――― 総数三八二四人
　〈その後死〉(二一年以降、調査時まで)
　　昭和二一～二四年　四七七人／昭和二五～二九年　三三四人

昭和三〇～三四年　三五六人／昭和三五～三九年　三六八人
昭和四〇～四四年　三九九人／昭和四五～四九年　四八一人
昭和五〇～五四年　四六三人／昭和五五～五九年　五五四人
昭和六〇・六一年　一一一人／死亡年不詳・無回答　二八一人

※なお、死没者の被爆地別構成を死亡時期別にしめすと、次のようになっている。
〈当日死者〉広島被爆六三対長崎被爆三七
〈直後死者〉広島被爆五七対長崎被爆四三
〈昭和二〇年内死者全体(死亡月日不詳含む)〉広島被爆六〇対長崎被爆四〇
〈その後死者〉広島被爆五五対長崎被爆四五

この推移が示すように、被爆者の死は、〈あの日の死〉に止まらなかった。その翌日(広島では八月七日、長崎では八月一〇日)以降も日を追って、亡くなっていく人が後を絶たなかった。昭和二〇(一九四五)年内に亡くなった人のうち、翌日から年末まで死亡した月日が判明している〈直後死者〉(一二九八人)と、死亡の日にちまでは特定できなかった者(「月不詳」＋無回答の四一八人)とを合わせると、〈当日死者〉(一七一一人)に匹敵するほどの人たちが、直後のほぼ四ヵ月と三週間の間に死んでいったことになる。

さらに、昭和二一(一九四六)年以降の〈その後死者〉の推移をみると(総数三八二四人)、二〇年代前半に多くの死者が出たのち、二〇年代後半になっていったんは減少するものの、三〇年代前半からは徐々に増勢に転じるようになり、昭和四〇年代の後半から五〇年代に著しい増加をみる。このデータの物語る傾向を念頭におくと、〈その後死者〉の総数は遅くとも昭和五〇年代後半には〈年内死者〉数を上回るようになり、その前後から、被爆者の死が加速していった、と推測してみることができる。

※被団協による『原爆被害者調査』とほぼ同じ時期に行われた厚生省の『昭和六〇年度原子爆弾被爆者実態調査（死没者調査）報告』（一九九〇年五月）によると、死没者総数一七万三九二五人のうち、昭和二〇年末までに亡くなった者は六万二九五〇人、昭和二一年一月一日以降の死者は一一万九七五人であった。後者（その後死者）の推移をみると、（厚生省調査の場合、広島の被爆死者は八月六日を起点に、長崎の被爆死者は八月九日を起点にそれぞれ時期区分されているため、被団協調査とは区分の月日にずれがあるが）昭和二五年八月（広島は五日、長崎は八日。以下同様）までに亡くなった者は一万五七〇人あったのに対し、三〇年八月までの五年間に亡くなった者はやはりいったん八七二〇人に減少している。それ以降は、四〇年八月までの死没者二万五六四人、五〇年八月までの死者二万七二七〇人と増勢に転じ（この五〇年八月までの時点でその後死者数は六万七二一四人となり年内死者数をすでに上回っている）、六〇年八月までの死者は三万四八一九人になった。こうした全国データにみる原爆死没者の死亡時期別推移に照らせば、本書で考察の対象としている七二五一人の原爆死没者の推移もほぼそれと同様の傾向を示している。

2 〈直後の死〉

一　〈恐怖の死〉――「圧焼死」・「爆死」から、「原爆症による死」へ

（1）「建物内（下）での圧焼死」か、「戸外での爆死」が、人びとを襲った〈あの日の死〉。その次の日から「一週間以内」の間に亡くなった者は、その三分の二が「大やけど」により死亡している。「二週目」に入ると、「急性原爆症」による死が四割となって、次第に「大やけど」による死に接近し、「八月末まで」には「原爆症死」（六四％）が「やけど死」を上回っていく。九〜一二月の死者には「病死（急性原爆症以外の病気）」が現れるが、それでもなお「原爆症」による死が六割を占めている（**表2-2**）。

〈原爆〉は、かろうじて命をとりとめた者に、熱傷等による〈苦悶の死（悶絶）〉を強い、また、被爆直後はまったく無傷であった者にも、〈原爆放射線による急性障害〉が襲った。だが、広島・長崎を襲ったものが「原子爆弾」という名の兵器であること、その爆弾がひとつのまちを一瞬にして壊滅させるほどの巨大な破壊力をもっていること、さらに、「放射能」というおそろしい物質をまきちらす兵器であることを、ほとんどの人は知る由もなかった。この得体の知れないものを、人びとは当時、「ガス」と呼んだ。

（2）原爆投下の翌日以降に、「大やけど」や「大けが」、「原爆症」で亡くなった人の場合は、その七〜八割が「死に目」にあえている。この点は、そのほとんどが「爆死」か「圧焼死」した〈当日死〉者とおおきく異なる点である。だが、その〈苦しみのすがた〉、〈死のかたち〉は、看取った者のこころに、〈死の恐怖〉を深く刻み込んだ。

表 2-2　年内死者の死亡時期別，主な死亡状況の推移(概要)

死亡時期	死亡状況(最も多いものから順に 3 つまで)			該当者数
当　日	①圧焼死　780(50.2)	②爆死　527(33.9)	③大やけど　135(8.7)	1553(100.0)
1 週間以内	①大やけど　286(67.1)	②原爆症　84(19.7)	③大けが　83(19.5)	426(100.0)
2 週間以内	①大やけど　93(47.0)	②原爆症　80(40.4)	③大けが　55(27.8)	198(100.0)
8 月末まで	①原爆症　98(63.6)	②大やけど　49(31.8)	③大けが　47(30.5)	154(100.0)
9 ～12 月	①原爆症　202(62.9)	②大やけど　58(18.1)	③他の病気　37(11.5)	321(100.0)

※　このデータは，昭和 20 年内の死者 3427 人について，その死亡時期と死亡状況とのクロス集計表をもとに作成．但し，推移を明確にとらえるため，死亡月日が特定できない死者(「8 月中死亡だが日にちが不詳」の者，「年内死亡だが月が不詳の者」並びに無回答の者)は除外し，死亡状況も上位 3 つのもののみ掲載した．該当者数は各死亡時期の死者数から死亡状況が無回答の者を除いたもので，(　)の比率はこれを 100 として算出．

生き残った者は、周りの人間が死んでいくのを見つめながら、今度は自分の番ではないか、という〈死の恐怖〉に襲われる。この恐怖はのちに、〈原爆症に対する不安〉に転化していく。だが、その恐怖・不安から逃れるすべはなかった。

二 「死の同心円」

つぎに角度を換えて、年内死者(当日死者を含む)の死亡状況及び死亡時期の推移を、被爆の状況・被爆距離と関連させながら、追ってみよう。

(3)　年内死者のうち、爆心から五〇〇m以内で被爆した人(五四三人)の半数近く(四四%)は、建物の中もしくは下敷きになって「圧焼死」した。戸外で「爆死」した者(二二%)、「大やけど」(一四%)もしくは「大けが」(七%)を負って死亡した者がそれに続く(死亡状態が「不明」の者が一一%ある)。

一km以内で被爆した人(八〇九人)では、「圧焼死」が三割に減少し、「爆死」と「大やけど」と並んで、「原爆症」による死もほぼ同じ比率(二割強)になっている。

一・五km以内被爆(四六五人)では、「大やけど」による死(三一％)が「圧焼死」(三三％)と並ぶようになり、二㎞以内被爆(二二七人)になると、「大やけど」(三四％)と「原爆症」(二九％)による死が「圧焼死」を上回っている。

二㎞以遠(超)で被爆し年内に亡くなった人(九一人)では、「(急性原爆症以外の)病気」と判断された死(二〇人)の比重が増していくが、「原爆症」による死(二八人)、「大やけど」(一六人)、「大けが」(一〇人)など、被爆の影響がここにも疑いなく及んでいる。

※原爆死没者の死因について、とりわけ当日や直後の死者の場合、行方不明や、遺体も遺骨も見つからないケースが多いというだけでなく、当時はまだ「原爆」ということも「放射能」のことも知られていなかったため、死亡の状況を特定するのは遺族にとっても容易ではない。文中に示した( )内の被爆距離ごとの人数は、死亡状況が無回答の者を除いてあるが、死亡状況が「不明」の者は数の中に含まれている。

(4) 表2-3が示すように、直接被爆者の場合、被爆した位置が爆心地に近かった者ほど、早い時期に亡くなっている。

五〇〇m以内で被爆した死没者(五五三人)のうち、その四分の三(七五％)は原爆が投下された日に死亡し、八月末までに九六％が亡くなった。一㎞以内被爆(八一四人)と一・五㎞以内被爆(四六一人)では、それぞれの死没者の六割弱が当日に死亡、八月末までにその九割前後の者が亡くなった。二㎞以内被爆(二二一人)では、当日死者の割合は四割に下がるものの、八月中にその八割近くが亡くなっている。また、三㎞以内被爆(五六人)では、八月中の死者が占める比率は五五％に低下し、三㎞超で被爆し死亡した者(三三人)の六四％は、九～一二月の間に亡くなった。

表 2-3　被爆状況・距離別，月日別死没者数の推移(年内死者)

	死亡月日(昭和20年内)					
	当日死	1週間以内	2週間以内	8月末まで	8月/日不詳	9〜12月
直接被爆(全)	1654[58]	2089[73]	2284[80]	2437[85]	2580[90]	2864[100]
0.5 km 以内	414[75]	471[85]	500[90]	519[94]	531[96]	553[100]
1.0 km 以内	479[59]	615[76]	681[84]	732[90]	751[92]	814[100]
1.5 km 以内	258[56]	320[69]	352[76]	388[84]	402[87]	461[100]
2.0 km 以内	90[41]	126[57]	149[67]	167[76]	173[78]	221[100]
3.0 km 以内	10[18]	20[36]	23[41]	27[48]	31[55]	56[100]
3 km 超	3[9]	8[24]	8[24]	10[30]	12[36]	33[100]
不詳&無回答	400[55]	529[73]	571[79]	594[82]	680[94]	726[100]
胎内被爆	8[50]	9[56]	10[63]	10[63]	12[75]	16[100]
入市&救護被爆		1[4]	4[16]	7[28]	7[28]	25[100]

＊　数字は累積死亡者数，[　]内は累積総数(右端と同じ数)を 100 とする %.

※　直接被爆や入市被爆，救護被爆，胎内被爆というような形で被爆者としての法律上の資格要件が定められたのは，原爆医療法の制定(1957 年)に伴う被爆者手帳制度の導入以後のことであり，原爆投下の当日やその直後に死亡した者の正確な被爆状況について，遺族(回答者)自身がその詳細を必ずしも知り得ているわけではない．行方不明が多数に上るだけでなく，たとえ死に目に会えたり，遺体や遺骨が見つかっていたとしても，実際にどこでどのように被爆したか，分からないことが多いからである．

これらのことは、〈原爆死〉が日を追って、爆心＝グラウンド・ゼロから外に向かって、同心円状に広がっていったことを示すものである。

※右の(4)と(3)では、被爆距離ごとの死者数に若干のちがいがある。それは、年内死者一人ひとりの、死亡の状況や死亡の時期、また被爆状況それぞれに不詳や無回答があるためで、死亡の状況及び被爆状況が共に判明している者の数、そして死亡時期及び被爆状況が共に判明している者の数に違いが生じるからである。

(5)　母胎のなかで被爆して昭和二〇年末までに亡くなった胎児・嬰児が二二人あった。そのうちの六人は死亡時期が不詳である。のこる一六人のうち、八人は当日死亡し、四人が八月末までに亡くなっている。一六人の胎児が、母体とともに、あるいは生まれてまもなく死なされた。

一方、捜索等で入市したり爆心地帯から逃げ延びてきた負傷者を救護したりして、原爆放射能のことを知らないまま被爆した人びとがいる。年内の死者は数の上では少ないものの、一週間以内に一人、二週間以内に三人、八月末までに三人、九月～一二月には一八人の死者が出ている。

これとの関連で、〈その後死者〉のことも一部先取りして紹介しておけば、〈年内死者〉のほぼ一〇〇%近く(九八%)は直接被爆者であり、しかも一・五km以内の近距離被爆者がその六割以上を占めているのに対して、〈その後死者〉の二五%は間接被爆者であり、直接被爆でも一・五km以遠の被爆者が七割弱を占めている。この点からも、〈原爆死〉が爆心からより遠くへ広がっていったことをうかがい知ることができる。

3 〈その後の死〉

では、被爆の翌年、昭和二一(一九四六)年以降に死亡した人びとは、どのような〈死〉を遂げたのであろうか。〈その後死者〉の死の様相を追ってみよう。

一 〈早すぎる死〉

(1) 〈その後死者〉の死亡時期について、被爆時年齢別にその特徴をとらえてみると、表2-4

表 2-4　被爆時年齢別，死亡時期別，死没者数（その後死者）

被爆年齢	S 21～29	S 30～39	S 40～49	S 50～59	S 60 & 61	計
9 歳以下	70(45.8)	15(9.8)	30(19.6)	32(20.9)	6(3.9)	153(100.0)
10～19 歳	59(24.2)	53(21.7)	40(16.4)	81(33.2)	11(4.5)	244(100.0)
20～29 歳	52(23.4)	19(8.6)	48(21.6)	89(40.1)	14(6.3)	222(100.0)
30～39 歳	50(12.8)	57(14.6)	93(23.8)	168(43.1)	22(5.6)	390(100.0)
40～49 歳	118(13.2)	143(16.0)	243(27.2)	352(39.5)	36(4.0)	892(100.0)
50～59 歳	98(15.2)	155(24.1)	237(36.8)	141(21.9)	13(2.0)	644(100.0)
60～69 歳	81(38.4)	77(36.5)	42(19.9)	11(5.2)	0	211(100.0)
70 歳以上	30(57.7)	19(36.5)	3(5.8)	0	0	52(100.0)
計	558(19.9)	538(19.2)	736(26.2)	874(31.1)	102(3.6)	2808(100.0)

＊　計は縦横とも，被爆時年齢ならびに死亡時期が不詳及び無回答の者を除いてある．(　)内は横計を 100 とする %.

が示すように、六〇歳代、および七〇歳代で被爆しその後死亡した者の大部分(六〇歳代被爆の七五%、七〇歳以上被爆の九四%)は、昭和二九年までか、もしくは昭和三九年までの次の一〇年の間に亡くなっている。

しかるに、当時九歳以下で被爆しその後死亡した者の半数近く(四六%)が、また、当時一〇歳代や二〇歳代で被爆してその後死亡した者の、ほぼ四分の一(二三～二四%)は、昭和二九年までに亡くなった。一〇歳代被爆では昭和三〇～三九年の一〇年間にも二一～二九年に匹敵する数の死者を出している。

(2)　そのような幼いとき、若いときに被爆した人びとの死亡時期についてもう少し子細に眺めていくと、当時九歳以下であった者では、昭和四〇年代に入ってからの死亡が増加しており、四〇年代・五〇年代の死はこの年齢層にとって、二〇歳から四〇歳代にかけて亡くなったことを意味する。

また、当時一〇歳代であった者の場合は、五〇年代になって死者が急増するが、これは四〇歳代から五〇歳代での死亡を意味する。さらに、当時二〇歳代の場合、昭和五〇年代の死者がその四割を占めているが、これは五〇歳から六〇歳代にかけての死を意味する。

これらの事実は、被爆者はたとえ生き残ったとしても、あまりにも〈早過ぎる死〉を強いられたことを物語っている。それは、被爆後一〇年、二〇年のうちの〈早期の死〉というにとどまらず、三〇年、四〇年の時を経てなお、〈死ぬにはまだ早い〉年齢での死が襲い続けたことになる。

二 〈遅れてくる原爆死〉

（3）〈その後死者〉のほとんど（九割）は、「病死」である。ただし、死亡の時期別に、主な「死亡の原因」の推移をみると、昭和二九年までの間は死因「不明」の者が少なからずあり、また、被爆時の傷害（やけど・けが）の影響がなお続いていることがわかる。
「病気」のうち、白血病と癌についてみると、「白血病」（と遺族が見なしている症状）は二〇年代、三〇年代の死者に発生率が高くなっている。また「ガン」を患った者は、二一〜二九年の死者では一四％であったが、三〇年代以降はほぼ倍加し、各年代の死者の三割ちかくを占めるようになっている（**表2-5**）。
※〈その後死者〉の場合、被爆による「やけど」や「けが」は、直接の死因というわけではない。また、ここでの「白血病」・「ガン」の数値は、必ずしも罹患した時期を示すものではなく、それぞれの時期に死んだ人が死亡時もしくはそれ以前に白血病やガンになったことがあることを意味している。
（4）被爆時年齢別に「ガン」の罹患状況をみると、「ガン」は被爆時九歳以下であった者と六〇歳以上で被爆した者が一〇％台（一二〜一七％）であったのを除き、他の一〇歳〜五九歳の各年齢

表 2-5　死亡時期別にみる，主な死亡原因の推移(その後死者)

死亡の原因	S 21〜29	S 30〜39	S 40〜49	S50〜61年
被爆によるやけど	46(5.8)	19(2.7)	9(1.1)	11(1.0)
被爆によるけが	49(6.2)	23(3.3)	24(2.8)	15(1.4)
病気	656(83.4)	635(90.5)	787(92.3)	1029(94.9)
[うち，白血病]	[15(1.9)]	[17(2.4)]	[10(1.2)]	[14(1.3)]
[うち，ガン]	[113(14.4)]	[188(26.8)]	[247(29.0)]	[320(29.5)]
事故	21(2.6)	21(3.0)	23(2.7)	16(1.5)
自殺	4(0.5)	4(0.6)	4(0.5)	5(0.5)
その他	22(2.8)	14(2.0)	23(2.7)	30(2.8)
死因不明	59(7.5)	27(3.8)	11(1.3)	10(0.9)
無回答を除く死没者数	787(100.0)	702(100.0)	853(100.0)	1084(100.0)

＊　(　)内は，死亡原因が無回答の者を除く，死亡時期ごとの死没者数を 100 とする %.

区分では二五〜三五%で九歳以下被爆の二〜三倍となり、とりわけ被爆時二〇歳代、三〇歳代であった者に高く発生している。

一方、死亡時の年齢でみると、五〇歳代で亡くなった者の三六%、六〇歳代で亡くなった者の三四%、四〇歳代で亡くなった者の三二%が「ガン」に罹患していた。(三〇歳代の死者では一九%)

(5)　遺族(回答者)に対し、「ガン」に罹患したことのある身内の死者について、原爆被爆との関係を尋ねてみると、原爆と「関係ないと思う」死者はわずか三%にすぎず、七五%は「関係ある」とみなしている。なかでも「白血病」の場合、遺族は一〇〇%、その死が原爆と「関係ある」と答えている。

「ガン」もしくは「白血病」になった身内の死を看取る、ということ。それは、残された者にとって、〈遅れてきた原爆死〉を目の当たりにすることである。「ガン」は、生存被爆者には〈遅れてくる原爆死〉の象徴となって、発病の不安(＝〈死の恐怖〉をともなう〈原爆症の不安〉)をかき立てるのである。

三 〈苦しみ抜いたあげくの死〉

(6) 昭和二一年以降の死没者三八二四人について、【どのような状態で亡くなられたのですか。また、亡くなられるまでの間、どんなことに苦しんでおられましたか】と尋ねたところ(自由記述)、そのうち八割の死没者について死亡の状態を知ることができた。

それによると、亡くなるまでに、「とくに被爆のせいで、苦しんだことはなかった」という死没者は二七一人にすぎなかった。つまり、【亡くなるまでの苦しみ】に関する質問に回答が得られた三〇五一人の死者の九一%(二七八〇人)は、なんらかのことに苦しみながら死亡したのである。

被爆後四〇年の間に、「自殺」した人が、二一人(年内の一人を含めると二二人)あった。

〈その後に亡くなった死者〉たちの、【亡くなるまでの苦しみ】について、最も多かったものから順に並べてみると、以下のようであった。

エ 病気とのたたかいの日々をおくらされて 七六八人(三五・七%)
ウ 被爆を境にからだが弱くなって 五八七人(二七・三%)
オ ある日、急に、突然に 四八九人(二二・八%)
キ こどものことを心配して 二八二人(一三・一%)
カ 原爆症の不安・恐怖におびえて 二三九人(一一・一%)
ク 思うように働けないことに苦しんで 二二四人(一〇・四%)

ア　原爆で肉親をなくした悲しみに、生きる支えをうしなって　一七九人（　八・三％）
セ　被爆後、生活が苦しくなって　一七一人（　八・〇％）
イ　けが・やけどの傷あとに苦しんで　一五六人（　七・三％）
ソ　医療の遅れ、周囲の無理解に苦しんで　一〇六人（　四・九％）
シ　早く死にたい、と苦しんで　九〇人（　四・二％）
コ　あの日の体験に苦しめられて　六二人（　二・九％）
ケ　学業や就職、結婚・家庭など、夢や希望をうばわれて　五六人（　二・六％）
サ　隠そう、忘れようと苦しんで　三四人（　一・六％）

※集計の便宜を考え、書き込まれた内容は、調査票中に参考として列挙しておいた例示（右記のうちア〜シ）に合わせて分類整理した。「セ」及び「ソ」の項目は、書き込んである内容を踏まえて事後に新たに付け加えた区分コードである。身内に複数の死者があるケースには、一部、記述の内容がいずれの死者のことなのか判然としないものがあったため、それらは「区分不能」として扱った。なお、（　）内は、二一年以降の死者のうち、【亡くなるまでの苦しみ】が特定可能な者（この問いに回答があった者の総数から、「特になかった」「区分不能」及び「不詳」を除いた者）二一四九人に対する比率である。

（7）　昭和二一年以降の死者について、遺族（回答した被爆者）が原爆とは「無関係」と見なしている死は、一割にすぎない。半数以上（五三％）の死者について遺族は、その死が原爆と「関係ある」と肯定し、残りの三七％（無回答を含む）は原爆との関係を測りかねている。

表 2-6　被爆時年齢別，死亡時期別，死没者数の推移(全死没者)

	当日死	～20年末	S 21～29	S 30～39	S 40～49	S 50～61	計
胎児～9 歳	283[49]	210[76]	70[87]	15[89]	30[94]	38[100]	646
10～19 歳	380[41]	294[73]	59[80]	53[86]	40[90]	92[100]	918
20～29 歳	187[34]	134[59]	52[69]	19[72]	48[81]	103[100]	543
30～39 歳	158[24]	116[41]	50[49]	57[57]	93[71]	190[100]	664
40～49 歳	189[15]	179[29]	118[39]	143[50]	243[69]	388[100]	1260
50～59 歳	128[14]	132[29]	98[40]	155[57]	237[83]	154[100]	904
60～69 歳	84[23]	64[41]	81[64]	77[85]	42[97]	11[100]	359
70 歳以上	31[28]	29[54]	30[80]	19[97]	3[100]	0	112
小　計	1440[27]	1158[48]	558[58]	538[68]	736[82]	976[100]	5406
年齢不詳	271[17]	558[53]	253[69]	186[81]	144[90]	152[100]	1564
計	1711[25]	1716[49]	811[61]	724[71]	880[84]	1128[100]	6970

＊　この表は，〈その後死者〉で死亡時期が不詳・無回答の者は除いてある．〈年内死者〉にも死亡の月日が不詳・無回答の者があるが，昭和 20 年内に亡くなったことは確かであるため，「～20 年末」の所に加えてある．また，被爆時年齢の「年齢不詳」には，無回答の場合も含めてある．なお，[　]内の数値は死没者の累積比率(それぞれの時期までに亡くなった人の合計数を横計で割ったもの)である．

以上のことを踏まえるならば、昭和二一(一九四六)年以降に亡くなった被爆者の大部分もまた、〈遅れた原爆死〉を遂げさせられたとみなすことができよう。

最後に、被爆時年齢別にみた、死亡時期別の死没者数の推移を掲げておく(**表2-6**)。表中の度数はそれぞれの時期に亡くなった死者の数であるが、[　]内の数値は、前の時期からの累積死没者数を計の人数で割ったもの(累積比率)である。この表の一つひとつのセル(欄)には、九歳以下で被爆した者から七〇歳以上で被爆した者まで、それぞれの年齢層の人びとが、「あの日」から調査時まで四〇年間に、どのように〈原爆死〉を死なされていったか、そのプロセス(過程)が刻まれている。

4　原爆の傷害作用――外傷・熱傷および急性放射線障害

一方、被爆から四〇年間を生き抜いてきた被爆者たちは、〈原爆〉の傷害作用がもたらす身体的影響と無縁でありえたのだろうか。それとも、生存者たちもまた、死者たちがたどったのと同様の軌跡を歩まされることになったのだろうか。

冒頭に述べたように、「被爆したためにつらかったことは」と問われて、四割弱(三九%)の人が「病気がちになったこと」を挙げた。それは、「健康にいつも不安を抱くようになったこと」(五七%)に次ぐ第二位の苦しみであった。この「病気がちになった」というのとは別に、およそ一五%の人が「元に戻らないからだの障害を負わされたこと」を挙げ、また、五%強の者が「ケロイドを負わされたこと」を「つらかったこと」に挙げている。

このように、原爆がもたらした〈体の傷〉は大きくいって、〈傷害を背負って生きる〉という側面と、〈病気とたたかいながら生きる〉という、二つの側面からなっている。『原爆被害者調査』では、(A)〈当時―その後―現在(調査時)〉という時系列的変化のなかで、また(B)それぞれの時期ごとに被爆者に特有の健康状態に着目することで、〈体の傷〉にせまった。

〈原爆〉はどのような〈傷痕〉を人びとの〈体〉に刻印したのであろうか。本調査のデータをもとに原爆がもたらした〈体の傷〉を多角的に把握しながら、「病気がちになった」ことの人間的意味を解き明かしてみることにしたい。

被爆者たちが、どのような状況で被爆し、被爆当時とその直後において、どのような身体的被害を受けていたか。このことは、《四〇年後のいまなおつづく、被爆者・遺族の苦しみや不安を、原爆被爆との関連で明らかにする》(本調査の第一の目的)うえで重要な意味をもっている。

被爆の状況

表 2-7　総数 6744 人の被爆状況と，直接被爆者の爆心からの被爆距離

直接被爆者	被爆距離	1 km 以内	416 人(　6.2)
		2 km 以内	2170 人(32.2)
		3 km 以内	1109 人(16.4)
		3 km 超	1279 人(19.0)
		距離不明	21 人(　0.3)
	小　計		4995 人(74.1)
間接被爆者	入市被爆		1458 人(21.6)
	救護被爆		210 人(　3.1)
	胎内被爆		10 人(　0.1)
	特例区域※		54 人(　0.8)
	小　計		1732 人(25.7)
被爆状況が不明(無回答)			17 人(　0.3)
総　数			6744 人(100.0)

※「特例区域」とは，被爆当時「特例健康診断実施地域」にいて「健康診断受診者証」の交付を受けた者のこと．これは，直接被爆の被爆区域として指定された区域より外側にあって，風向きの影響で死の灰が多く降下した地域や「黒い雨」が降った地域などに居た人びとを，特例的に被爆者と「みなし」て，健康診断を実施するもの．被爆地域をどう指定(線引き)するかは現在もなお係争中の問題であり，近年はそうした地域に居た人びとに残る〈心の傷〉の問題が着目されている．

健康状態にかかわる具体的なデータの検討に入るにさきだって、総数六七四四人の被爆状況を確認しておくと、表2-7にあるように、〈原爆〉が炸裂した瞬間、「直接」被爆した者が、総数六七四四人のおよそ四分の三(七四%)を占めている。残りの四分の一は間接的に原爆放射能の影響を受けた者であり、「入市」被爆者がその大部分を占める(総数の二二%弱)。このほか

人数は少なくなるが、三%の「救護」被爆者と、一〇人の「胎内」被爆者がいる。

また、直接被爆者(四九九五人)について、爆心からの被爆距離をみると、その過半数(五二%)は二km以内の近距離被爆者である。近距離で被爆した者の被爆距離を五〇〇m間隔で区分すると、爆心から〇・五km以内で被爆した人は四五人にすぎず、〇・六〜一・〇kmで被爆した者を合わせても、一km以内で被爆した者は八%強(間接被爆を含む総数の中では六%)しか含まれていない。だがそれは、爆心地帯では少数の者たちしか生き残らなかったことを反映するものである。

被爆によるけがとやけど

被爆当時の健康被害は、①けがや、やけどの有無、および②急性症状の有無によって測定された。

※②急性症状の有無は被爆者全員にかかわる事柄であるが、①けが・やけどの有無は、直接被爆者にのみ該当する項目である。

直接被爆者(四九九五人)のなかで、被爆当時、原爆の爆風や熱線により、「けが」もしくは「やけど」のいずれか、あるいはその双方を負った者は合わせて二八六五人であり、直接被爆者の六割近くは、被爆による外火傷を負いながら、その後の四〇年間を生き抜いてきたことになる。「けがをした」人、「やけどをした」人の割合は、被爆した場所が爆心に近かった者ほど、規則的に高くなっていく(**表2-8**)。

原爆放射線による急性障害

表 2-8　被爆距離別にみた，「けが」「やけど」の状況（直接被爆者）

	けがをした	やけどをした	どれもしなかった	該当者数
1 km 以内被爆	304 (74.0)	141 (34.3)	68 (16.5)	411 (100.0)
2 km 以内被爆	1358 (63.3)	613 (28.6)	526 (24.5)	2147 (100.0)
3 km 以内被爆	480 (44.2)	150 (13.8)	529 (48.7)	1087 (100.0)
3 km 超　被爆	291 (23.5)	63 (5.1)	906 (73.2)	1238 (100.0)

＊　外火傷の有無が不詳の者，及び被爆距離が不詳の者を除いて作表・算出．（　）内は，距離区分ごとの該当者数を 100 とする %.

②の、被爆直後における急性症状の有無について、本調査では、**【問3　被爆してから昭和二〇年の末までに、原爆放射能によると思われる（急性の）症状がありましたか】**と尋ねた（**図2-1**）。「不詳」（無回答を含む）を除く六五五三人のうち、五四％の被爆者が「あった」と答えた。

直接被爆者の約六割（五九％）に、入市被爆者でもその四割弱（三九％）に、原爆放射能によると思われる急性症状がみられた。直接被爆者のうち、急性症状があった者の割合は、「三km超」で被爆した者の四一％から、「一km以内」で被爆した者の八三％まで、被爆距離が爆心に近づくにしたがって規則的に増大している。これをみると（**表2-9**）、急性原爆症の発症率は、それぞれの被爆者が当時どこに居て被爆したかによって違いはあるものの、遠距離で被爆したから、あるいは後から入市して被爆したから、急性障害が発症しないとは言い得ないことがわかる。

急性放射線障害の重さを測定する

急性症状が「あった」という者について、**【補問】**で「どんな症状だったか」尋ねたところ、「下痢」が最も多く（一七三三人：急性症

表 2-9　被爆状況と被爆距離別にみた，急性放射線障害の有無

	あった	なかった	わからない	該当者数
直接被爆(全体)	2924(60.1)	960(19.7)	983(20.2)	4863(100.0)
(内)1 km 以内	337(82.8)	36(8.8)	34(8.4)	407(100.0)
2 km 以内	1483(70.3)	322(15.3)	306(14.5)	2111(100.0)
3 km 以内	582(54.0)	241(22.4)	254(23.6)	1077(100.0)
3 km 超	507(40.5)	357(28.5)	387(30.9)	1251(100.0)
入市被爆	548(38.8)	441(31.2)	425(30.1)	1414(100.0)
救護被爆	57(28.6)	63(31.7)	79(39.7)	199(100.0)

＊「直接被爆(全体)」には，被爆距離が不詳の者を含む．なお，急性症状の有無が不詳の者は除いて作表した．(　)内は該当者数を 100 とする %.

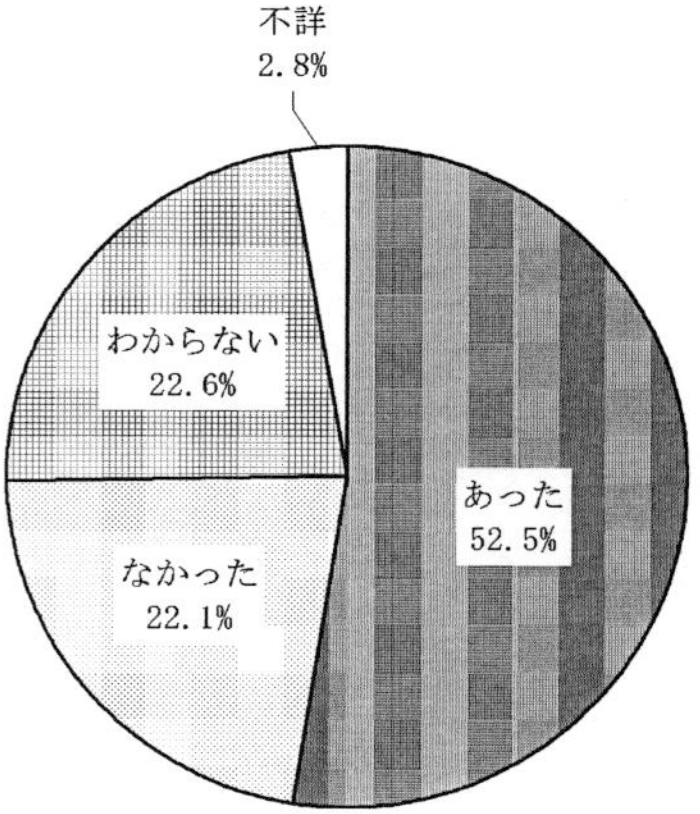

図 2-1　急性放射線障害の有無
(＊総数 6744 人に対する比率)

状があった者三五四一人の四九%)、「ひどいだるさ」や「食欲が出なかった」がそれに続き(同率で四四%)、次いで「めまい」「発熱」「吐き気」「脱毛」「頭痛」(三四〜三一%)の発症が多かった。このほか、「歯茎の出血」(二六%)、「口が渇く」(二〇%)、「ひふの斑点」(一九%)、「鼻血」「下血(血尿・血便など)」「口・喉の腫れ・痛み」「生理異常」(一四〜一三%)などが順に挙がり、「血をはく」(五%)が最も少なかった。

　これら急性放射線障害の発症状況がしめす意味を量的に把握するため、上記の症状のなかで回答者が選択した急性症状の数

表 2-10　被爆状況と被爆距離別にみた，急性放射線障害の症状数

	急性症状の数					
	1～2 個	3～4 個	5～7 個	8～10 個	11～16 個	計
直接被爆(全体)	888 (31.6)	787 (28.0)	620 (22.0)	306 (10.9)	211 (7.5)	2812 (100.0)
1 km 以内	49 (14.7)	67 (20.1)	89 (26.7)	54 (16.2)	74 (22.2)	333 (100.0)
2 km 以内	405 (28.2)	405 (28.2)	348 (24.2)	173 (12.0)	107 (7.4)	1438 (100.0)
3 km 以内	213 (38.7)	160 (29.1)	106 (19.3)	50 (9.1)	21 (3.8)	550 (100.0)
3 km 超	217 (45.4)	153 (32.0)	73 (15.3)	26 (5.4)	9 (1.9)	478 (100.0)
入市＋救護被爆	233 (40.5)	179 (31.1)	123 (21.4)	30 (5.2)	10 (1.7)	575 (100.0)

＊「直接被爆(全体)」には，被爆距離が無回答の者を含む．症状数がカウントできないものは除いて作表．(　)内は横計を 100 とする %．

をカウントしてみることにした。

※急性障害の程度は、その症状数を活用すれば測定できるのではないか、というアイディアは、たまたま筆者が、「長崎原爆松谷訴訟」(松谷英子さんを原告とする原爆症の認定を求める裁判)の控訴審(福岡高裁)において証人に立ったことがあり、厚生省側の代理人による反対尋問でのやりとり(一九九六年一月一九日)からヒントを得て、さっそく試みたものである。なお、個数のカウントに際しては、症状が不明確であったり(「どんな症状だったか覚えていない」)、複数の症状が入りうる選択肢(「その他」)等を除いて行った。

急性症状の個数(選択数)を五段階——「一～二個」「三～四個」「五～七個」「八～一〇個」「一一～一六個」——に区分し、被爆状況・被爆距離との関連を確かめてみると、「一～二個」の者は被爆距離が爆心から遠ざかるほど増大するのに対し、「五個」以上あった者は被爆距離が爆心に近づくにつれてその比率が規則的に増大していっている。これにより、急性症状の個数区分は、急性症状の重さを測定するものさしとして使えることがわかった(**表2-10**)。

以上のように、被爆当時およびその直後における〈体の傷〉は、「けが」や「やけど」、「急性症状」のいずれをとっても、直接被爆し、かつ爆心地近くで被爆した者ほど(被爆距離が爆心に近くなるにしたがって)、その比率が規則的に増大していく。けれども、そこには被爆したときの距離だけでは測れない、大切な事実があることを忘れるわけにはいかない。つぎの知見がそれである。

《どこで被爆したか》と《どんな被害を受けたか》

被爆当時に負った「けが」や「やけど」、それぞれの傷痕のその後の状態(予後)は、急性症状の

その他	該当者数
73(4.1)	1799(100.0)
16(3.4)	464(100.0)
25(5.3)	470(100.0)
16(3.9)	408(100.0)
4(1.8)	228(100.0)
9(5.1)	175(100.0)
8(2.9)	278(100.0)
6(2.2)	277(100.0)

内は該当者数を100とす

今もケロイド治療	その他	該当者数
47(6.2)	23(3.0)	758(100.0)
1(0.7)	3(2.1)	145(100.0)
11(5.8)	6(3.2)	189(100.0)
9(4.6)	7(3.6)	194(100.0)
11(9.2)	5(4.2)	119(100.0)
14(14.4)	2(2.1)	97(100.0)
0	1(1.4)	74(100.0)
0	0	86(100.0)

( )内は該当者数を100とする%.

表 2-11　急性放射線障害の発症状況からみた，「けが」の予後

	「けが」の予後				
急性症状	すっかり回復した	傷痕は残っている	体が不自由に	痛み・かゆみある	いまでも治療
あった	562 (31.2)	1003 (55.8)	256 (14.2)	430 (23.9)	267 (14.8)
1〜 2 個	191 (41.2)	216 (46.6)	38 (8.2)	59 (12.7)	38 (8.2)
3〜 4 個	165 (35.1)	251 (53.4)	55 (11.7)	84 (17.9)	57 (12.1)
5〜 7 個	99 (24.3)	241 (59.1)	72 (17.6)	116 (28.4)	50 (12.3)
8〜10 個	53 (23.2)	148 (64.9)	39 (17.1)	78 (34.2)	37 (16.2)
11〜17 個	28 (16.0)	127 (72.6)	50 (28.6)	89 (50.9)	52 (29.7)
なかった	136 (48.9)	123 (44.2)	9 (3.2)	14 (5.0)	5 (1.8)
わからない	112 (40.4)	145 (52.3)	19 (6.9)	20 (7.2)	14 (5.1)

＊　けがの予後，並びに急性症状の有無が無回答の者を除いて作表・算出．(　) る％.

表 2-12　急性放射線障害の発症状況からみた，「やけど」の予後

	「やけど」の予後				
急性症状	すっかり回復した	傷痕は残っている	ケロイドが残る	痛み・かゆみある	体が不自由に
あった	160 (21.1)	437 (57.7)	335 (44.2)	260 (34.3)	112 (14.8)
1〜 2 個	44 (30.3)	75 (51.7)	48 (33.1)	23 (15.9)	7 (4.8)
3〜 4 個	46 (24.3)	88 (46.6)	76 (40.2)	57 (30.2)	26 (13.8)
5〜 7 個	32 (16.5)	122 (62.9)	96 (49.5)	69 (35.6)	27 (13.9)
8〜10 個	20 (16.8)	78 (65.5)	58 (48.7)	57 (47.9)	26 (21.8)
11〜16 個	13 (13.4)	68 (70.1)	53 (54.6)	51 (52.6)	23 (23.7)
なかった	36 (48.6)	32 (43.2)	15 (20.3)	6 (8.1)	0
わからない	32 (37.2)	35 (40.7)	25 (29.1)	12 (14.0)	5 (5.8)

＊　やけどの予後，並びに急性症状の有無が無回答の者を除いて作表・算出．

有無とその症状の重さに規定されている（**表2-11**および**表2-12**）。すなわち、急性症状があった者は、なかった者に比べて、「けが」・「やけど」ともに、「すっかり回復した」という者が少なく、「傷あと」や「ケロイド」が残っているというだけでなく、「痛みやかゆみ」があったり、「体が不自由になった」り、「いまでも治療をうけている」という者が多い。なかでも、「痛みやかゆみ」、「体が不自由」、「いまでも治療」の比率は、急性症状があった者はそれがなかった者に比べて二倍から数倍も高くなっている。それはまた、急性症状が重かった（＝症状数が多かった）者ほど、予後の回復はおもわしくないことにもあらわれている。

このことは、被爆により負わされた外火傷から回復していく力（治癒力）が、原爆放射線のもたらす傷害作用の影響をうけたことを示している。

※被爆当時の「けが」や「やけど」の予後の状態は、被爆の状況からみても、爆心に近い距離で被爆した者ほど、「傷痕」や「ケロイド」が残ったり、「体が不自由になった」り、「痛みやかゆみ」があったり、「いまでも治療を受ける」などしている人が多い。

このように、原爆がもたらした〈体の傷〉は、《どこで被爆したか》（被爆した場所・爆心からの距離）ということだけでなく、《どんな被害を受けたか》（急性症状の有無・程度）ということを抜きにしてはとらえられないのである。

5　その後の健康状態

被爆後の健康状態をおさえるにあたり、この『原爆被害者調査』は、四〇年間という長期に及ぶ期間をとらえなくてはならなかった。そこでわれわれは、詳細であるよりも、「被爆者に特有な健康状態」に着眼し、思い切ってそれに絞って設問することにした。それは、つぎの四点(【問六—一〜四】)である。

① くりかえしあるいは長期にわたって入通院している被爆者の療養状態(頻度)をおさえる。
② 被爆者に特有な症状である「ぶらぶら病」のことを尋ねる。
③ 被爆したために(被爆を境に)健康状態が変化したかどうか(健康喪失感)を尋ねる。
④ 〈死の恐怖〉を感じたことがあるかどうか。その内容も含めて尋ねる。

一　「被爆者に特有な健康状態」をとらえる

① 入通院頻度の高さ

この調査ではまず、被爆から調査時まで四〇年間の療養状態について、【被爆してから、入院や通院をしましたか】と一括して尋ねた。図2-2が示すように、「しばしば通院した」という人が過半数を超え、「しばしば(くりかえし)入院した」という人も二割弱あった。「長期(一ヵ月以上)の入院をした」人は四割に上った。四〇年間という長い期間とはいえ、被爆者における入通院の頻度の高さを垣間見ることができる。(「長期入院」から「ときおり通院」までの四つの選択肢は複数選択可である。)

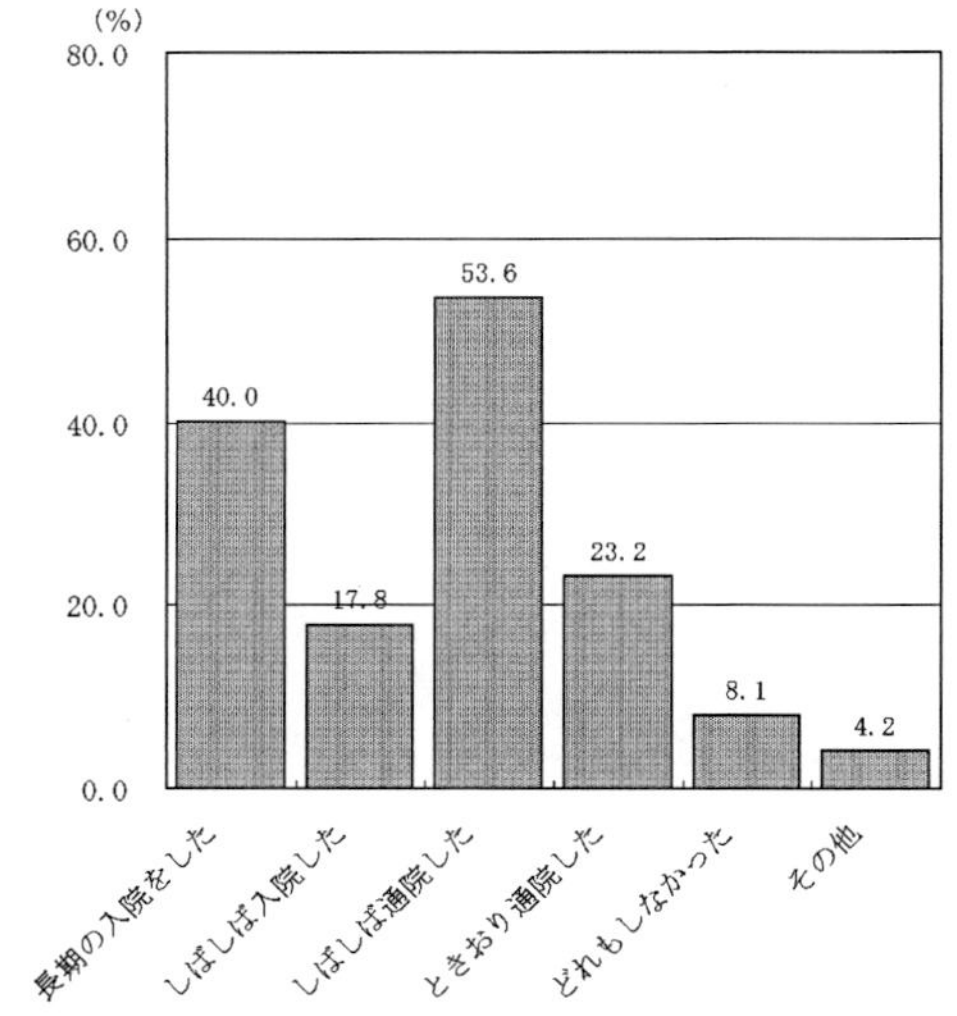

（＊無回答を除く６６４１人に対する比率）

図2-2　被爆後の入通院状況(複数選択可)

②「ぶらぶら病」

つぎに、【被爆してから、よく、かぜを引いたり、つかれやすくなったりしたこと(ぞくに「ぶらぶら病」といわれているもの)がありましたか】と聞いたところ、「あった」と答えた者は、六三%に達した(図2-3)。

「ぶらぶら病」があったという四一五九人について、「どんな症状か」尋ねたところ、「つかれやすい」と訴える人がその八割を超え(八三%)、また三分の二近く(六四%)が「かぜをひきやすい」と訴えた。「むりがきかない」(五七%)、「体がだるい」(五三%)も過半数を超え、「根気がつづかない」という人も四割あった。(%は、無回答を除く四一三五人に対する比率)

③被爆をさかいに健康を失った

また、【被爆したために、健康状態が変わった(悪くなった)と思いますか】と尋ねたところ、「被爆のせいで特に変わったとは思わない」という人は、一割をちょっと超えるぐらいの者しかおらず、「すっかり変わった」か「すこし」かは別として、「被爆したために変わったと思う」人が半数を若

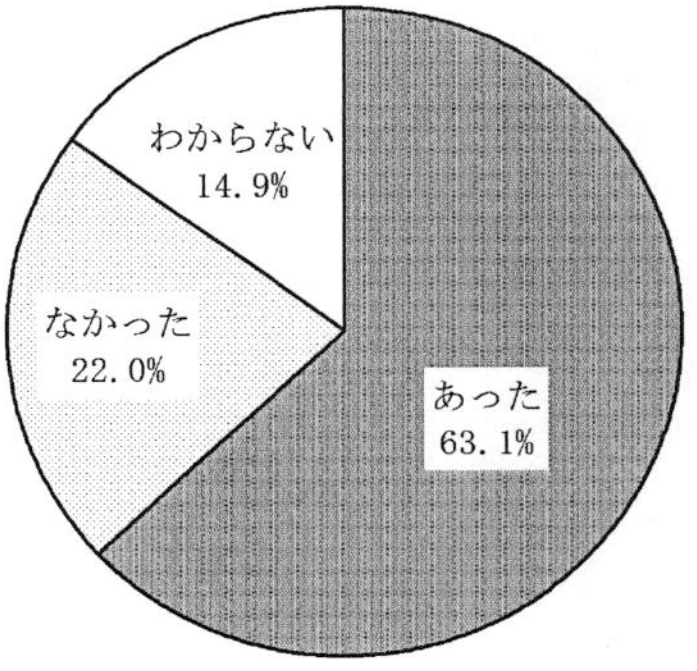

図2-3　「ぶらぶら病」の有無（＊不詳・無回答を除く6585人に対する比率）

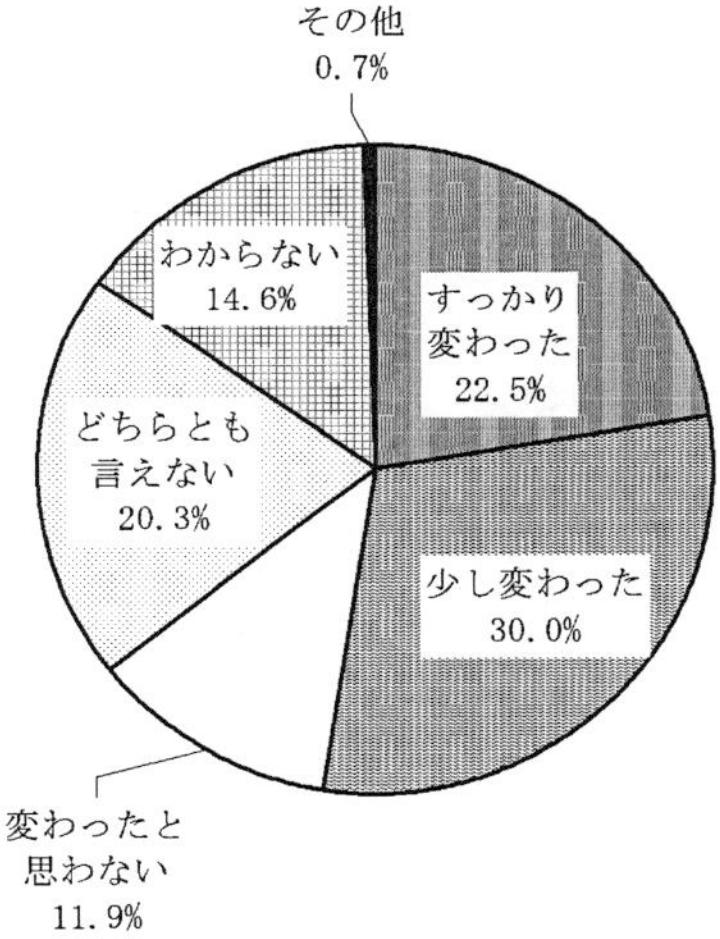

図2-4　被爆による健康状態の変化（＊不詳・無回答を除く6414人に対する比率）

干上回った。「どちらともいえない」と判断のつきかねている人が二割あった（図**2-4**）。

④体の具合が悪くなると〈死の恐怖〉を感ずる

四番目の問い【これまで、死の恐怖を感じたことがありますか】についてはすでに〈心の傷〉の章で触れたため（八一〜二頁参照）詳細は省くが、「死の恐怖を感じたことがある」人は八割に達している。

「ある」と答えた五三二九人に、そう感じたのは「どんなときか」を尋ねたところ、「病気したり、体の具合が悪くなったとき」を挙げた人が断然多く（七三％）、ほかに〈体の傷〉に関連するものでは、「被爆後にうまれた子どもの体のことが気になったとき」を挙げた人が三割弱（二九％）あった。

からみた，その後の健康状態

急性症状の症状数				
1〜2 個 1125(100.0)	3〜4 個 968(100.0)	5〜7 個 744(100.0)	8〜10 個 339(100.0)	11〜16 個 222(100.0)
428(38.0)	391(40.4)	391(52.6)	198(58.4)	153(68.9)
154(13.7)	200(20.7)	195(26.2)	118(34.8)	101(45.5)
601(53.4)	600(62.0)	525(70.6)	256(75.5)	169(76.1)
722(64.2)	765(79.0)	647(87.0)	309(91.2)	213(95.9)
222(19.7)	264(27.3)	305(41.0)	189(55.8)	158(71.2)
648(57.6)	668(69.0)	566(76.1)	263(77.6)	187(84.2)

指標と同じく上段の人数を 100 とする比率で算出.

二　その後の健康状態を左右するもの

以上のような、その後の健康状態は、〈原爆〉とどこかでつながっているのだろうか。被爆直後における急性症状の有無と関連させて、そのつながりを探ってみた(**表2-13**)。

被爆直後に急性症状があった者は、なかった者に較べて、その後の健康状態は、①「しばしば(くりかえし)入院」率で二・三倍、「しばしば通院」率で一・六倍、「長期」入院率でも一・五倍、それぞれ比率が高く、また②「ぶらぶら病」があった者は二・二倍、③被爆したために「すっかり」健康状態が変わった者が六・一倍(「すこし」変わった者は一・八倍)も高くなっている。さらに、④「病気したり体の具合が悪く」なったときに死の恐怖を感じた者は一・八倍(「子供の体のことが気になったとき」には二・一倍)、急性症状があった者に高かった。

※倍数は、「あった」者の比率を、「なかった」者の比率で割った値である。なお、問六におけるその後の健康状態について、被爆状況との関連を要約すれば、直接被爆者の場合、被爆距離との間に規則的な共変関係が認められたのは、①「長期の

表2-13　被爆直後の急性放射線障害の発症状況

	被爆直後の急性症状	
問6	あった 3541(100.0)	なかった 1492(100.0)
(1)「長期の入院」	1621(45.8)	449(30.1)
「しばしば入院」	791(22.3)	143(9.6)
「しばしば通院」	2221(62.7)	580(38.9)
(2)「ぶらぶら病」あった	2738(77.3)	533(35.7)
(3)「すっかり」変わった	1168(33.0)	80(5.4)
(4)「具合い悪く」死の恐怖	2400(67.8)	560(37.5)

＊　問6-(4)は部分該当の補問のデータであるが，％は他の

入院」した者、②「ぶらぶら病」があった者、③被爆したために健康状態が「すっかり」変わった者、④「体の具合が悪く」なると死の恐怖を感じた者の比率である。一方、入市被爆者のその後の健康状態は、おおむね、三km以内もしくは三km超で直接被爆した者に近い比率を示した。全体として、その後の健康状態は、急性症状の有無・程度の違いに、より大きく左右されているようだ。

これをさらに、急性症状の数が多かった人と少なかった人とを対比して、その後の健康状態の違いをとらえてみると（表2-13）、①「しばしば入院」や「長期の入院」、「しばしば通院」をした人、②「ぶらぶら病」があった人、③被爆したために健康状態が「すっかり」変わった人、④体の「具合が悪く」死の恐怖を感じたという人の比率は、そのどれをとっても、急性症状の数が少ないほうから多いほうへ向かってほぼ規則的に増大していっている。

このように、被爆直後に急性放射線障害があった者、そしてその症状数が多かった者ほど、より重い〈体の傷〉を背負わされて、その後を生き抜いてきたことがわかる。

6　複合する健康被害

一　〈体の傷〉の重さを測る

被爆当時の「傷害」をくみあわせて

ところで、1において垣間見た、①被爆による外傷、火傷（熱傷）、および②急性放射線障害は、それぞれバラバラに、生身の人間を襲ったわけではない。〈体の傷〉はそれらが複合して生ずる。そこで、外傷・熱傷・急性症状の有無を三つすべて組み合わせて、被爆当時の健康被害をパターン化してみた。表2-14に掲げる「傷害類型」がそれである。

直接被爆者について、被爆当時に受けた「けが」「やけど」、そして、原爆放射線がひきおこす急性障害の有無を組み合わせると、いくつかの「傷害類型」にパターン化することができる。表中にある「G5」という類型は、「けがもやけども急性症状もない」、被爆による直接的な傷害がなかったグループであり、「G4」から「G1」へと上がるにつれて、被爆当時の傷害がだんだんと重なるようになっている。「G1」は、「けがもやけどもし、急性症状もあった」グループを指す。このうち、G1・G2・G3は急性症状のあったグループであり、G4・G5は急性症状のなかったグループである。

各パターンの構成比率に注目してほしい。とりわけ、「けがもやけども急性症状もあった」G1

のグループが一割にも満たないことだ(九%)。2に記したように、被爆当時大けが、大やけどを負った人びと、重い急性症状に襲われた人たちの多くは、当日もしくはその直後に亡くなっている。生存者に関するデータには、かれら死者たちのことは含まれない。

だが、そのことは必ずしも、生き残った人びとの被爆当時の傷害が軽かったということにはならない。表2-15で、被爆距離ごとの各「傷害類型」の構成をみると、爆心近くで被爆した者ほど、G1とG2(傷害の重なったグループ)が増大し、逆に、爆心から遠くに離れて行くほど、G5(どの傷害もなかったグループ)が増加している。近距離で被爆した人びとほど重い傷害を負った者が多いというこの構成は、いわば、「爆死」や「大けが・大やけど」による死から「原爆症」による死へ、〈原爆死〉が爆心地帯からその外側に向かって広がっていった事実(〈当

表 2-14　被爆当時の「傷害類型」

	被爆外傷(問2)(けが)	被爆熱傷(問2)(やけど)	急性症状(問3)(あった)	計
G 1	○	○	○	472(9.4)
G 2	いずれか1つ○		○	1653(33.1)
G 3	×	×	○	799(16.0)
G 4	両方もしくは1つ○		×	738(14.8)
G 5	×	×	×	1333(26.7)
合　計				4995(100.0)

＊　○：あった,×：なかった/わからない/分類不能/無回答

表 2-15　各「傷害類型」の被爆距離別構成

被爆距離	該当者数	G 1	G 2	G 3	G 4	G 5
0〜1 km	416(100.0)	21.9	49.0	10.1	11.5	7.5
〜2 km	2170(100.0)	13.9	43.1	11.3	17.7	14.0
〜3 km	1109(100.0)	5.5	27.4	19.6	17.4	30.1
3 km 超	1279(100.0)	1.3	15.9	22.5	8.8	51.5

＊　被爆距離が不詳の者を除いて作表. G 1〜G 5 の数値は該当者数を 100 とする %.

表 2-16　その後の「病態類型」

病態類型	問 6-(1) 「頻々入院」and/or「頻々通院」と答えた者	問 6-(2) ぶらぶら病が「あった」と答えた者	問 6-(3) 「すっかり」「すこし」健康が変わったと答えた者	問 6-(4)補 「病気/具合悪いとき」死の恐怖を感じた者	
	4049(60.0)	4159(61.7)	3382(50.1)	3888(57.7)	層　計
Ⅳ	○	○	○	○	1732(25.7)
Ⅲ	4つのうち，いずれか3つに○(該当)				1627(24.1)
Ⅱ	4つのうち，いずれか2つに○(該当)				1266(18.8)
Ⅰ	4つのうち，いずれか1つのみ○(該当)				1137(16.8)
0	×	×	×	×	982(14.6)
合　計					6744(100.0)

＊　○：した/あった/変わった/感じた，×：しなかった/なかった/変わらなかった/感じなかった/わからない/分類不能/NA

日死〉〈直後死〉者たちの構成）とも符合するように思われる。

その後の「病態」を組み合わせて

同様に、問六における四つの設問に対する回答も、バラバラにでなく、その後の健康状態を測る指標となるよう組み合わせてみた。表2-16に掲げる「病態類型」がそれである。（この場合は、直接被爆・間接被爆にかかわりなく総数での集計が可能である。）

なお、パターン化に当たって、その後の入通院状況は「しばしば入院」と「しばしば通院」のいずれかを挙げた者とし、また、健康状態の変化は「すっかり」に「すこし」を加え、「被爆したために健康状態が変わった」という事実を指標にした。四つの指標の組み合わせにより、「病態類型」はⅣ（四つの指標すべてに該当する者）から0（四つの指標ともなかった者）まで、五つの類型ができあがる。結果的に、どれか特定の類型に数が集中することなく、比較的バランスのとれたパターン構成となった。

二　被爆直後の傷害の重さが、その後の健康状態を左右する

被爆当時とその後の健康状態に関する、こうした二つの類型の間には、どのような関連があるのだろうか。

（1）表2-17が示すように、「病態類型」は、「傷害類型」がG5→G1へと重くなる(傷害が積み重なる)に従って、その後の健康状態が最もおもわしくなかったⅣの類型が増大し(G1のグループではほぼ半数を占める)、その後の健康状態が相対的に軽かったⅠおよび0の類型は減少している。とりわけG1、G2、G3(急性症状があったグループ)において0の類型は、一割未満しか見られなかった。

（2）両者の間にあるこのように密接な関係は、どこで被爆していようと、成り立つのであろうか。被爆距離別にそのことを確認しておけば(データの詳細は煩雑になるため割愛する)、G1のグループに占める病態類型Ⅳの比率が、被爆距離によって多少変動したり(最大が「〜三・〇km以内」で被爆した場合で六二%、最小が「〜二・〇km以内被爆」の四八%)、また、G3のグループに占める病態類型0の比率

表2-17　被爆当時の傷害類型別，その後の病態類型

傷害類型	病態類型 Ⅳ	Ⅲ	Ⅱ	Ⅰ	0	該当者数
G 1	50.2	27.8	14.8	4.2	3.0	472(100.0)
G 2	39.6	28.1	16.2	10.4	5.8	1653(100.0)
G 3	29.9	28.5	18.1	13.8	9.6	799(100.0)
G 4	14.1	22.8	20.3	22.0	20.9	738(100.0)
G 5	10.0	18.5	19.0	26.3	26.3	1333(100.0)

＊　数値は該当者数を100とする%

に限っては被爆距離によって一割を超える場合がある、というこの二点において若干のちがいはあるものの、基本的な傾向は全く同じであった。そうした被爆距離による若干のちがいを踏まえて、上述(1)の文章を多少修正すれば、つぎのようになる。

《「病態類型」(その後の健康状態)は、「傷害類型」(当時の健康状態)がG5→G1へと重くなるに従って、その後の健康状態が最もおもわしくないⅣの類型が増大し、その後の健康状態が相対的に軽かったⅠおよび0の類型は減少する。とりわけG1、G2、G3(急性症状があったグループ)において0の類型は、ゼロもしくは一割前後しかなかった。》

つまり、被爆当時の傷害がその後の健康状態を左右している(規定している)という関係は、どの位置で被爆しようと、成り立っているということができる。

表2-18 急性放射線障害の発症状況からみた，病態類型の分布

	病態類型					
急性症状	Ⅳ	Ⅲ	Ⅱ	Ⅰ	0	計
あった	38.3	28.4	16.7	10.1	6.4	3541(100.0)
1～2個	22.9	28.7	20.5	16.5	11.3	1125(100.0)
3～4個	36.5	30.8	18.5	9.0	5.3	968(100.0)
5～7個	50.1	28.2	13.3	6.3	2.0	744(100.0)
8～10個	56.0	29.2	10.0	3.2	1.5	339(100.0)
11～16個	67.1	23.0	6.8	2.3	0.9	222(100.0)
なかった	8.6	13.9	19.8	25.3	32.4	1492(100.0)

＊ 数値は横計を100とする％．なお，急性症状の有無が「わからない」は除いて作表．

ただ、「傷害類型」はそれを構成する指標の制約から、直接被爆者のみに限られる。そこで、間接被爆者を含む総数についても、そうした関係が成り立ちうるかどうか、念のため確認しておくことにしよう(**表2-18**)。

（3）その後の「病態類型」について、被爆直後の急性症状と関わらせてみると、急性症状があった者は、「病態類型」Ⅳが三八％、Ⅲが二八％で、この二つの類型で三分の二（六七％）を占めているのに対し、急性症状がなかった者では、類型Ⅰが二五％、類型０が三二％（合わせて五八％）であり、急性症状があった者は明らかにその後の「病態」が重くなっている。また、急性症状があった者のうち、その症状が重かった（数が多い）者ほど、「病態類型」Ⅳの割合が規則的に増大していて、症状が五〜七個あった者ではその七八％を、八〜一〇個ではその八五％、一一個以上あった者になるとその九〇％を、病態類型Ⅳ及びⅢが占めていた。

※被爆状況ごとにみた場合、直爆全体では類型Ⅳ（二七％）が、入市被爆では類型Ⅲ（二四％）が、救護被爆では類型Ⅱ（二七％）が最も多く、やはり直接被爆者に重い病態類型がより多く出現している（類型ⅣとⅢを合わせると半数を上回る）。また、被爆距離別にみると、「病態類型」は、近距離になるほどⅣの層が、逆に遠距離になるほど、Ⅰと０の層が規則的に増大している。

以上のように、被爆当時の傷害類型からみても、また、被爆直後の急性放射線障害の発症状況からみても、原爆による傷害が重かった者ほど、その後の健康状態（病態類型）は思わしくないことがわかる。

7　〈体の傷〉がもたらした苦しみ

そうしてみると、〈原爆〉の傷害作用は、生存者たちのその後の〈生〉に、なにか影響を及ぼすこと

表 2-19　被爆当時の傷害類型別，被爆したための「悩み」

	G 1	G 2	G 3	G 4	G 5	G 1〜G 3	G 4・G 5
被爆したため	472 (100.0)	1653 (100.0)	799 (100.0)	738 (100.0)	1333 (100.0)	2924 (100.0)	2071 (100.0)
生活が苦しくなった	62.7	54.1	45.2	33.2	28.7	53.0	30.3
学校や進学のことで悩んだ	26.5	18.8	13.5	14.5	8.5	18.6	10.6
就職や仕事のことで悩んだ	57.8	40.4	28.2	21.5	13.5	39.9	16.4
結婚のことで悩んだ	47.7	37.7	29.2	23.0	18.8	37.0	20.3
家庭生活のことで悩んだ	61.0	47.8	36.3	26.2	20.1	46.8	22.3
子育てのことで悩んだ	60.2	55.6	47.6	41.2	33.2	54.1	36.0

＊「生活が苦しくなった」は，問 7 の補問 A で「生活が苦しくなったのは，被爆したため」と答えた者．数値は，各傷害類型の該当者数(上段)を 100 とする％である．

はなかったのだろうか。〈体の傷〉は、人びとが被爆後の人生を生き抜いていく過程に、どのような影響をもたらしたのだろうか。以下、そのことを掘り下げてみたい。

一　被爆当時の傷害と〈生きる悩み〉

『原爆被害者調査』では、問七〜問一二まで、被爆したために ぶつかった〈生〉の悩みを尋ねる一連の質問群を配置した。

(1)　それらの設問に対する回答と「傷害類型」との関連を調べてみると、表2-19が示すように、〈生活苦〉の有無から、〈学業〉—〈就職・仕事〉—〈結婚〉—〈家庭生活〉—〈子育て〉に関する悩みまで、どの苦しみ・悩みをとっても、被爆当時の傷害が積み重なった人ほど(G5→G1へ)、その後、いろんな苦悩を強いられてきたことがわかる。とりわけそれが明瞭に現れるのは、〈就職・仕事〉の悩みのところであり(G1とG5の比率の差が最も大きい)、「はたらく」という人間の力(営み)に原爆が甚大な影響を及ぼしたことを物語っている。

(2)　〈生活苦〉から〈子育て〉まで、悩んだことが「ある」と答えた者については、それらがどういう悩みだったのか、

表 2-20　病態類型別，被爆したために悩んだこと

		問 7 A	問 9	問 8	問 10	問 12	問 11
病態類型	該当者数	被爆で生活苦	就職・仕事の悩み	学業の悩み	結婚の悩み	子育ての悩み	家庭生活の悩み
IV	1732(100.0)	59.8	53.6	20.3	37.8	58.0	63.3
III	1627(100.0)	45.1	33.4	15.9	30.1	49.2	40.8
II	1266(100.0)	31.0	17.9	11.5	23.0	39.2	22.0
I	1137(100.0)	22.8	9.3	8.2	19.7	35.3	14.9
0	982(100.0)	19.0	3.9	4.8	12.8	19.7	5.9

＊　数値は該当者数を 100 とする％

それぞれの補問で聞いてみた。別表Ⅰは、一つひとつの具体的な悩みが、「傷害類型」との関係においてどのような共変動関係となって現れるのか、その変動の型(正比例するか逆比例するか、それとも変わりがないか)別に対比してみたものである。すなわち、(a)傷害類型が重くなるにつれて増大していく悩みと、(b)傷害類型のいかんにかかわらずあまり違いがみられない悩み、そしてむしろaとは逆に(c)傷害類型の比較的軽かったグループのほうに比率が高く現れる悩み、に区分けするのである。

このようにして対比すれば、〈体の傷〉にかかわりの深い悩みは、表の左側にある「G1＞G2＞G3＞G4＞G5」(傷害の重さに正比例して比率が規則的に増大するもの)の欄、もしくは「(傾向はそれとほぼ同様だが)いずれかのグループの比率が若干上下したりほぼ同率であったりするもの」の欄に出現することになる。これら(a)の型の悩みを細かく確認していくと、被爆当時の〈傷害〉は、仕事や家事を遂行する能力はおろか、人間として自立していく機会をも奪ったこと、その苦悩は家族をも巻き込んだこと、さらに、異性と出会い子供を産み育てるという面においても深刻なる諸問題に人びとを直面させたことがわかる。

に関する回答(選択肢)の対比

G 1≒G 2≒G 3≒G 4≒G 5 (G 1〜G 3≒G 4・G 5を含む) 類型による差がみられないもの	G 1〜G 3<G 4・G 5 急性症状ない方が比率が高くなるもの
・被爆が原因で家族が離別	・家族を原爆で失った ・原爆で家や蓄えを失った ・被爆家族が病気し収入が減損
・遊びや運動ができなかった [但し，G 1>G 2>G 3]	・家族の死・病いのため進級が遅れたり進学を諦めた
・被爆を隠して就職した ・職を転々とした	
・家族の死・病で婚期を逸した ・結婚に踏み切れず諦めた ・被爆を隠して結婚した	・子供を産むことが不安で
・早流産，不正常分娩，生理異常 ・子供のことが不安だった ・戦後生まれた子供に障害が	
・被爆を隠して不和が起きた	

もとより、生き残った人びとの被爆後の暮らしを規定した要因は、〈体の傷〉だけではない。〈家族の喪失〉も、もう一つの大きな要因である。「原爆で家族が死んだり病気をしたため」に、生活が苦しくなったり、思うように学業を受けられなかったり、婚期を逃したりした、というような、〈家族の死・病い〉がもたらす悩みは、本人の〈体の傷〉の有無や程度にかかわりなく被爆者の生活を左右する。

そのため、そうした悩み(群)は、傷害類型別に対比したこの表では右端(もし

別表 I 〈傷害類型〉による，〈悩んだこと〉

	G 1>G 2>G 3>G 4>G 5	
	規則的に正比例して比率が増大する	一部が同率・上下(傾向は同左)
生活が苦しくなった原因(被爆による)	・病気して収入が減損した ・安定した仕事に就けなかった	・原爆で職場を失った ・病気し医療費がかさんだ
学業や進学で悩んだこと	・傷病のため進級が遅れたり進学を諦めた	・資格や学歴を得ようにも体が続かなかった
就職や仕事で悩んだこと	・人並みに仕事できなかった	・望んだ仕事に就けなかった ・就職の時差別をうけた ・体が悪く仕事に就けなかった ・無理して働き体を悪くした ・全く働けなくなった
結婚で悩んだこと		・病気や健康が不安で ・結婚に反対された
子育てで悩んだこと	・戦後生まれた子供が死亡した ・被爆者の子であることが結婚に際し問題に	・不安が強く子供産めなかった ・戦後生まれた子供が病気がち
家庭生活で悩んだこと	・病弱のため生計の苦労掛けた ・家事ができなくなった	・親らしいことやれなかった ・病弱で不和が起きた

* この表の各項目は，問 7〜問 12 それぞれの補問の選択肢を略記して紹介したものである.
* 「戦後生まれた」は，原文では「戦後にうまれた(胎内被爆を除く)」となっている.

くは右側の方〉の欄に現れるのである。

他方、「被爆を隠して」就職もしくは結婚したことなど、生き抜くための〈防衛〉や、子供を産むことが不安で、というような〈不安〉は、中間にある二つの欄にまたがって出現している。〈不安〉は、被爆当時の傷害の重さを超えてより広く、数多くの被爆者のその後の〈生〉を規定していったことが、この表からも読み取れるかと思う。しかしこのことは、被爆者のいだく〈不安〉が、原爆がもたらした傷害と無関係に生じたこ

に関する回答(選択肢)の対比

IV ≒ III ≒ II ≒ I ≒ 0 類型による差がみられないもの	IV ＜ III ＜ II ＜ I ＜ 0 類型とは逆比例で比率が増大するもの
・被爆家族が病気し収入が減損 ・被爆が原因で家族が離別	・家族を原爆で失った ・原爆で家や蓄えを失った
	・家族の死・病いのため進級が遅れたり進学を諦めた
・就職の時差別をうけた ・被爆を隠して就職した ・職を転々とした	
・子供を産むのが不安だった ・被爆を隠して結婚した ・結婚に踏み切れず諦めた	
・子供のことが不安だった ・戦後生まれた子供に障害が ・戦後生まれた子供が死亡した	
・被爆を隠して不和が起きた	

別表 II 〈病態類型〉による，〈悩んだこと〉

	IV ＞ III ＞ II ＞ I ＞ 0	
	規則的に正比例して比率が増大する	一部が同率・上下(傾向は同左)
生活が苦しくなった原因(被爆による)	・病気して収入が減損した ・安定した仕事に就けなかった ・病気し医療費がかさんだ	・原爆で職場を失った
学業や進学で悩んだこと	・傷病のため進級が遅れたり進学を諦めた ・資格や学歴を得ようにも体が続かなかった	・遊びや運動ができなかった
就職や仕事で悩んだこと	・望んだ仕事に就けなかった ・人並みに仕事できなかった ・全く働けなくなった	・無理して働き体を悪くした ・体が悪く仕事に就けなかった
結婚で悩んだこと	・病気や健康が不安で ・結婚に反対された ・家族の死・病いで婚期逸した	
子育てで悩んだこと	・戦後生まれた子供が病気がち	・早流産，不正常分娩，生理異常 ・被爆者の子：結婚に際し問題に ・不安が強く子供産めなかった
家庭生活で悩んだこと	・病弱のため生計の苦労掛けた ・家事ができなくなった ・病弱で不和が起きた	・親らしいことやれなかった

＊　この表の各項目は，問 7〜問 12 それぞれの補問の選択肢を略記して紹介したものである.

＊「戦後生まれた」は，原文では「戦後にうまれた(胎内被爆を除く)」となっている.

とを示すものではない(詳しくは第三章〈不安〉参照)。

二　その後の健康状態の重さにより深まる、生きる苦しみ

(3)　表2-20は、その後の「病態類型」と、「被爆したために悩んだこと」を測る指標群(生活苦―学業―就職・仕事―結婚―子育て―家庭生活の悩み)との関連をみようとしたものである。どの悩みも、被爆後の健康状態と明確な関連性があり(類型が重くなるにしたがって「悩んだことがある」者の比率が規則的に増大する)、Ⅳの類型の被爆者は0の類型と対比して、「就職・仕事」の面で悩んだ者がおよそ一四倍、「家庭生活」の面で悩んだことがある者は一一倍近くもある。また、「被爆したため生活苦になった」者や、「学業」、「結婚」、「子育て」で悩んだことのある者の割合も、類型Ⅳは類型0の約三倍~四倍高くなっている。

(4)　別表Ⅱは、そのことをさらに具体的な悩みでとらえたものだ。傾向としては、さきにみた「傷害類型」とのそれ(別表Ⅰ)と同様、〈家族の喪失〉に起因する悩みが右側の欄(比率が病態類型に逆比例するもの)にあらわれ、とりわけ働く能力や自立的に生活を営む力を喪失させるような健康上の悩み――すなわち被爆者自身の〈体の傷〉に起因するもの――は、左側の欄(病態類型の重さに比例して比率が増大するもの)にあらわれる。ここでも、「被爆を隠して」就職もしくは結婚したりなど、生きるための〈防衛〉や、〈不安〉にともなう悩みは、中間にある二つの欄にまたがって出現している。

8 〈体の傷〉――「病気がちになったこと」

原爆のもたらした〈体の傷〉とは、これほどにも、生き残った人びとのその後の人生に、深い苦しみと悩みとを刻んだのである。

このことについて、「つらかったこと」の一人当たり件数を用いて確認しておこう。傷害類型別に、一人当たりの「被爆したためにつらかったこと」の平均数を算出してみると、G5では二・八個、G4では三・一個であったのに対し、G3では三・五、G2では四・三、G1では五・三となり、被爆直後の健康被害が重かった者(傷害類型がG5からG1に上がっていく)ほど、より多くの「つらかったこと」を味わわされてきたことがわかる。

また同様に、病態類型別に、「つらかったこと」の件数をみても、類型0では二・〇、類型Iでは二・四個であるのに対し、類型IIでは二・九、IIIでは三・七、そして類型IVでは五・〇個というように、その後の体調が思わしくなかった人(病態類型が0からIVに上がっていく)ほど、やはりより多くのつらい〈生〉を歩まされてきたことになる。

「病気がちになったこと」

最後に、「つらかったこと」のなかでも、〈体の傷〉に関わりの深い指標に着目しながら、この章をしめくくることにしたい。

表 2–21　急性放射線障害の発症状況からみた，つらかったこと（〈体の傷〉関連項目）

急性症状	つらかったこと（体の傷）				
	病気がちになった	ケロイドになった	元に戻らぬ障害に	仕事ができなく	該当者数
あった	51.8	9.2	22.9	25.4	3541(100.0)
1〜 2 個	37.0	4.7	12.2	14.2	1125(100.0)
3〜 4 個	50.1	8.0	19.8	22.6	968(100.0)
5〜 7 個	63.2	11.2	27.4	31.0	744(100.0)
8〜10 個	69.3	16.5	41.3	43.1	339(100.0)
11〜16 個	80.6	22.5	55.4	55.9	222(100.0)
なかった	17.6	0.9	3.8	6.8	1492(100.0)

＊　数値は該当者数を 100 とする ％

表 2–22　病態類型からみる，「つらかったこと」（〈体の傷〉関連項目）

病態類型	「つらかったこと」			該当者数
	病気がちになった	元に戻らぬ障害に	仕事ができなく	
Ⅳ	75.3	33.3	39.3	1732(100.0)
Ⅲ	50.2	16.9	22.2	1627(100.0)
Ⅱ	28.1	8.0	9.9	1266(100.0)
Ⅰ	10.6	2.6	4.7	1137(100.0)
0	2.9	1.1	1.1	982(100.0)

＊数値は該当者数を 100 とする ％

（1）　表2-21が示すように、「つらかったこと」の一つとして「病気がちになったこと」を挙げた人は、被爆直後に急性症状があった者ではその過半数を上回り（五二％）、急性症状がなかった者（一八％弱）のほぼ三倍であった。〈体の傷〉にかかわりの深い他の指標をみると、「元に戻らない障害を負わされたこと」は、急性症状があった者ではそれがなかった者の約六倍の、そして「ケロイドになったこと」では一〇倍もの違いが生じている。さらに、「仕事が思うようにできなくなったこと」も四倍近い比率差があった。

また、「病気がちになったこと」を挙げた人は、急性放射線障害による症状数が一〜二個であった者では三七%だが、三〜四個で五〇%、五〜七個で六三%、八〜一〇個で六九%となり、一一個以上では八一%に達する。このように、急性症状の個数が増大するにしたがって比率が上昇するという傾向は、「ケロイドが残った」や「元に戻らない障害」、「仕事が思うようにできなくなった」も同じである。
(2) 同様に、その後の健康状態によるちがいについて「病態類型」を用いて確認すれば(**表2-22**)、「病気がちになった」、「元に戻らない障害を負わされた」、「仕事が思うようにできなくなった」の割合は、いずれも、病態類型が0からⅣへと上がる(その後の健康状態が思わしくなくなる)にしたがって規則的に増大し、とりわけ類型Ⅳでは、「病気がちになった」を挙げた者がその四分の三(七五%)にも達している。類型Ⅳは、「元に戻らない障害を負わされた」および「仕事が思うようにできなくなった」において、類型Ⅲのほぼ倍近い比率になっている。〈体の傷〉に直接関連する三つの指標のいずれをみても、病態類型はⅣ・ⅢとⅡ〜0の間のところで画然とした差異があることがわかる。
ところで、『原爆被害者調査』では、調査時現在(被爆四〇年後)の健康状態についても尋ねていた。この設問一四は、五つの問い――①体の具合、②入通院の状況、③心がけている健康法、④最近一年間にかかった病気、⑤体調と原爆との関係――からなっていたが、調査時(一九八五年)からすでに二〇年近い歳月が経過した現時点において、これらの回答は、その後の健康状態に関するいわば五番目の指標(群)とでもいうべきものとなる。なかでも、④の【最近一年の間に、なにか病気をしましたか(その前からかかっていて調査時も続いている病気も含む)】は、「手足や腰の病気」、「高血圧などの心臓病」、「白内障など目の病気」のほか、「貧血・白血病・紫斑が出るなど血液の病気になった」や「肝臓の病気になった」など、具体的な疾患で尋ねたものであり、これを使えば、被爆四〇年目の時点における健康状態を「疾患数」という量的な指標で把握しておくことが可能になる。

そこで、調査時現在の疾患数について、原爆の傷害作用とのかかわりをおさえてみると(**表2-23**)、(a)まず、被爆直後に急性症状があった者では、あれから四〇年後に罹っている疾患の数が三個以上ある者が四割強(四二%)を占め、四個以上罹っている者も二割(二二%)ある。また、調査時の「最近一年間」に「病気をしなかった」という者は一割未満にとどまった。そして、多くの急性障害を発症した者ほど、四〇年後の疾患数(平均数)も増大する傾向をみせている。それに対し、(b)急性症状がなかった者では、四〇年後の疾患数が一個の者が最も多くその三分の一(三三%)を、また「病気をしなかった」という者も二割を占めている。三個以上の疾患数を抱えている者、四個以上の疾患数を抱えている者は、それぞれ一九%と七%にとどまった。

さらに、(c)その後の健康状態との関

査時(40 年後)の疾患数

数	
なし&不詳	計
8.6%	3541(100.0)
10.2	1125(100.0)
8.5	968(100.0)
6.0	744(100.0)
8.0	339(100.0)
4.5	222(100.0)
20.6	1492(100.0)
13.2	1520(100.0)

疾患の総数を割ったもの.
ウントにあたっては,「17.
た」と「16. 病気をした
って, 個数の上限は14個
査時の最近1年間に「病
ように,「病気しなかっ
○がなく,「体調はよく
339 人を含んでいる.

表 2-23　被爆直後の急性放射線障害の発症状況からみた，調

急性症状の有無 & 症状数	調査時の疾患の					
	1 個	2 個	3 個	4 個	5〜6 個	7〜12 個	平均数
あった(全体)	22.4	27.2	19.6	12.0	8.0	2.2%	2.7 個
(内) 1〜 2 個	27.4	32.0	17.9	8.5	3.7	0.3	2.2
3〜 4 個	23.3	28.4	20.9	11.7	6.4	0.8	2.5
5〜 7 個	19.9	23.7	21.1	14.8	11.2	3.4	2.9
8〜10 個	13.9	22.4	20.9	14.5	15.0	5.3	3.3
11〜16 個	11.3	17.1	19.4	21.2	15.8	10.8	3.8
なかった	33.4	26.9	11.9	5.3	1.7	0.3	2.0
わからない	32.0	27.4	15.0	7.7	4.1	0.5	2.2

＊　数値は横計を 100 とする％．平均数は，1〜12 個の疾患があった者で，

※　問 14[4]の設問には全部で 18 の選択肢が設けてあったが，症状数のカ
病気をしなかった」のほか，「15. 風邪ばかり引くなど体調は良くなかっ
が病名がよくわからない」「18. その他」の4項目は除くことにした．従
になる(但し，13 個及び14 個に該当する者はゼロであった)．なお，調
気をしなかった」という者には，表中の「なし＆不詳」という表記が示す
た」と答えた 359 人のほか，無回答の者 129 人と，1〜14 項目の疾患に
なかった」「病名がよくわからない」，「その他」のみに○をつけた者

連をみると、調査時の疾患数は、病態類型が0からⅣへと重くなるにつれて、三個以上の者の割合、および平均疾患数も規則的に増えていき、一個の者の割合が減っている。

被爆者の健康状態は、四〇年という歳月が過ぎてもなお、原爆被爆の影響を受け続けているということができる。

以上、総じて、〈原爆〉がもたらす傷害作用は、被爆時、及びその直後の影響にとどまることなく、その後、そして四〇年後においても影響しつづけ、被爆者に特有の健康状態を強いたのである。生存者たちは、〈体の傷〉にともなう重く、深く、多様な苦悩とたたかいながら、〈原爆〉後の〈生〉を生き抜いてきた、ということができよう。

第三章 〈不 安〉

1 被爆者であるために〈不安〉なこと

「被爆したためにつらかったことは?」と聞かれて、原爆生存者が最も多く挙げたのは、「健康にいつも不安を抱くようになったこと」(総数の五七%)であった。「子どもを産むことや、生まれた子どもの健康・将来のことに不安を抱いてきた」という不安も、第四位(二九%)に挙がった。

このような〈不安〉は、他の戦争犠牲者にはみられない、原爆被害者に特有の苦しみである。

被爆者は、現に(被爆四〇年後において)なお、〈不安〉を抱いているのであろうか。そうだとすると、それは、どれぐらいの大きさの、そしてどのような中身の〈不安〉なのであろうか。【問一七・いま、被爆者であるために不安なことがありますか】という設問に、「大いに不安がある」もしくは「すこし不安がある」と答えた人は、図3-1のようであった。

※「不安がある(程度は不明)」というのは、「大いに」と「すこし」両方の選択肢に○が付けられていたケースである。こうした仕方の回答は、「不安はあるのだがその程度をどう判断してよいか迷った」ことを示唆しており、これに該当する三二人は「程度不明」として扱うことにした。ただし、

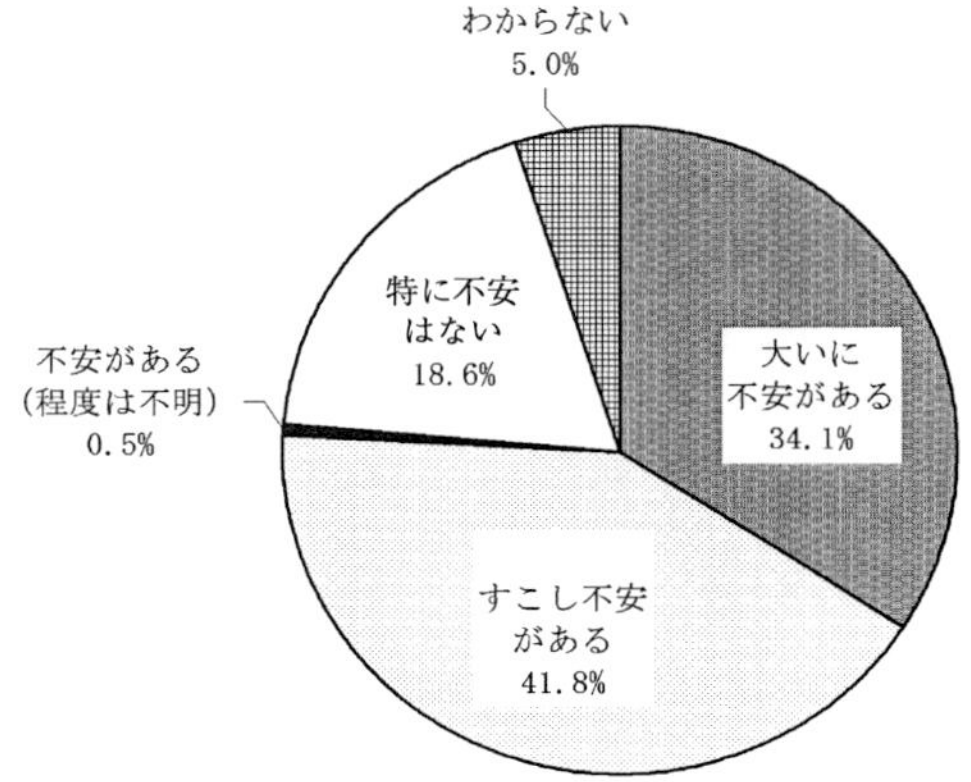

図 3-1　被爆者であるために不安なことがありますか
（＊総数 6744 人に対する比率）

以下の考察において、〈不安〉の有無やその程度による差異に着目する際には、「大いに不安」「すこし不安」ならびに「特に不安はない」と回答した人に絞ってデータを検討していくことにする。

このように、〈不安〉があるかどうかを(「つらかったこと」の一つとしてではなく)直接尋ねてみると、「大いに」か「すこし」かという程度の違いをひとまずおいて、実に五一四九人(「程度不明」を除くと五一一七人)、ほぼ四人に三人(七六%)もの被爆者が、〈不安〉ありと答えた。

では、被爆者たちは、どんなことに〈不安〉を抱いてきたのだろうか？　〈不安〉があると答えた者について、補問で【どんなことが不安なのですか】とたずねたところ、図3-2のようであった。

これをみると、「ぐあいが悪くなると、被爆のせいでは、と気になる」(六五%)を筆頭に、「いつ発病するかわからないので不安だ」(五五%)など、やはり健康にまつわる不安が最も強い。「老後の生活が不安」をはさんで、「戦後生まれの(胎内被爆を除く)子どもや孫の健康が不安」(三〇%)がそれに次いでいる。

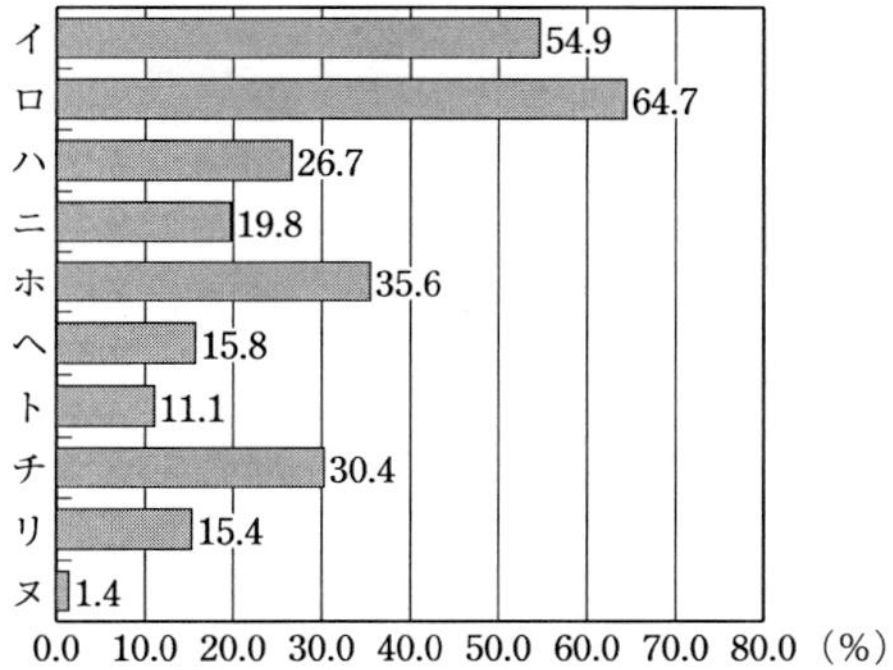

イ.いつ発病するかわからないので不安だ　ロ.ぐあいが悪くなると，被爆のせいでは，と気になる　ハ.一生治らないのでは，と不安になる　ニ.もし働けなくなったら，と不安になる　ホ.老後の生活が不安だ　ヘ.自分が死んだらと，残る家族のことが心配だ　ト.被爆した肉親の健康や将来のことが不安だ　チ.戦後生まれの子どもや孫の健康が不安だ　リ.戦後生まれの子どもや孫の将来のことが不安だ　ヌ.その他

図 3-2　どんなことが不安なのですか（複数選択可）
（＊「不安あり」と答えた 5149 人に対する比率）

設問一七（補問）がとらえた「被爆者である」がゆえに不安なことは、〈健康＝原爆症の不安〉、〈生活（老後）の不安〉、〈子どもや孫の健康・将来に対する不安〉の三つに大別される。被爆者の抱く〈不安〉が、被爆者のいま現在の〈生と死〉をめぐる不安であるばかりでなく、未来の〈生〉に対する不安でもあることは、選択肢の内容に明らかであろう。被爆者が「生きている限りなくなることのない」とする〈不安〉は、自らの生存の証しである子・孫の将来に対する不安となって、死後にも残されるのである。

表 3-1　不安の程度別，不安の中味

不安の中身	A. 大いに不安	B. すこし不安	比率の差
	2297(100.0)	2820(100.0)	A-B
いつ発病するかわからない…	68.7	43.2	25.5
ぐあい悪くなると被爆のせいでは…	70.1	60.4	9.7
一生治らないのでは…	40.5	15.4	25.1
もし働けなくなったら…	24.6	15.8	8.8
老後の生活が…	46.4	26.7	19.7
自分が死んだら残る家族が…	22.2	10.6	11.6
被爆した肉親の健康や将来が…	14.8	8.0	6.8
子どもや孫の健康が…	37.4	24.8	12.6
子どもや孫の将来のことが…	20.5	10.1	10.4
その他	1.6	1.2	0.4
平均数	3.46個	2.16個	

＊　数値は縦計(上段)を 100 とする %. 平均数は各不安の合計を縦計の人数で割ったもの.

2　被爆者はなぜ、〈不安〉を抱くのか？――〈体の傷〉との関係を中心に

なぜ、被爆者たちは、そうした〈不安〉を抱くのだろうか。果たして〈不安〉は、原爆に被爆したことと、どのように結びついているのだろうか。

一　〈不安〉の「大小」は実体験に裏打ちされている

まず、「大いに不安がある」という人と、「すこし不安がある」という人とを対比してみると(**表3-1**)、「大いに不安」と答えた人は、不安の数(補問において○の付いた選択肢の、一人当たり平均数)が、「すこし不安」と答えた人より一個以上も多くなっている(前者は三・五個、後者は二・二個)。また、「大いに不安がある」人は、「すこし不安」という人よりも、補問に挙げたどの不安をとって

も比率が高く、両者の比率の差はとりわけ、「一生治らないのでは」や「いつ発病するか」で最も大きい(二五〜六%)。他方、同じ健康に関する不安でも、「ぐあいが悪くなると被爆のせいでは」の場合は比率差が小さく(一〇%)、不安が大きい人も小さい人も共通に抱いている不安になっている。そして、「大いに不安」という人は、健康面の不安が強いだけでなく、生活面や被爆した肉親のこと、さらに被爆後に生まれた子どもたちのことにいたるまで多岐に渡る不安を――しかもそれぞれ高い比率で――抱いている。

このように、〈不安〉の程度の判断は、〈不安〉の多さと内容とに対応しており、「大小」の選択(程度の違い)は明らかに、実体験に裏打ちされたものであることがわかる。

二 重い〈体の傷〉を背負った者ほど〈不安〉が大きい

つぎに、「大いに不安がある」人は、入市や救護被爆より、直接被爆者に多く、爆心地に近いところで被爆した者ほどその割合が規則的に増大し、一㎞以内被爆では半数近く(四九%)に達する。逆に、「特に不安はない」という人は、爆心から被爆距離が離れるほど増えていく。このように、〈不安〉の有無と程度は、被爆の状況に応じて変化している(**表3-2**)。

このことは、原爆がもたらした〈体の傷〉と〈不安〉との間に、なにかしらつながりがあることを予測させる。そこで、

(1) 被爆直後において「急性放射線障害」の発症があったかどうかをみると、「大いに不安」という者の七割(七一%)には急性症状があった。この割合は、「すこし不安」で五割弱(四九%)、

表 3-2　被爆状況・距離別にみる，不安の有無・程度

	直接被爆	間接被爆	(直爆)被爆距離			
	(全)	(全)	0-1.0 km	−2.0 km	−3.0 km	3 km 超
大いに不安がある	1848 (37.0)	430 (25.6)	203 (48.8)	917 (42.3)	367 (33.1)	353 (27.6)
すこし不安がある	2069 (41.4)	721 (43.0)	151 (36.3)	855 (39.4)	477 (43.0)	579 (45.3)
特に不安はない	849 (17.0)	394 (23.5)	46 (11.1)	320 (14.7)	210 (18.9)	270 (21.1)
計	4995 (100.0)	1678 (100.0)	416 (100.0)	2170 (100.0)	1109 (100.0)	1279 (100.0)

＊　(　)内は縦計を 100 とする %.「わからない」および「不安の程度が不明」の者は除いて作表した．なお，「直接被爆(全)」には被爆距離が不明の者を含む．「間接被爆(全)」は，入市被爆・救護被爆・胎内被爆を合わせたもの(但し「特例健診区域」被爆は除く)．

「特に不安はない」という者では三分の一(三四%)に低下する。この関係を逆に眺めてみると(**表3-3**)、急性症状があった者では「大いに不安」(四六%)が「すこし不安」を上回り、両者を合わせるとそのほとんどの者(八四%)が不安を抱いている。これに対し、急性症状がなかった者の不安率は、大小合わせて五七%であり、その七割は「すこし不安」が占めている。「大いに不安がある」は、急性症状がなかった者では、急性症状があった者の三分の一近くの比率に低下する。

急性放射線障害がありその症状数が判っている者についてみると、「大いに不安がある」の比率は症状数が増大するにつれて高まっていき、「すこし不安」と「特に不安はない」は症状数が少なくなるに順って増えていっている。

(2)　念のため、直接被爆者に限って被爆当時の「傷害類型」による相違を確認しておけば(**表3-4**)、「大いに不安」という人は、傷害類型がG5→G1へと重くなるにつれて、規則的に増大する。なかでも、

表 3-3　急性放射線障害の発症状況からみた，不安の有無・程度

	急性症状		その症状数				
	あり	なし	1〜2	3〜4	5〜7	8〜10	11〜16個
大いに不安がある	45.9	16.6	35.2	44.0	53.1	61.1	73.4
すこし不安がある	38.6	40.4	43.3	41.7	35.1	31.3	21.2
特に不安はない	11.9	35.3	16.9	11.5	8.5	5.3	3.2
計	(3541)	(1492)	(1125)	(968)	(744)	(339)	(222)

※　数値は縦計の人数を 100 とする %.（「不安の程度が不明」,「わからない」は表から除いてある.）

表 3-4　被爆当時の「傷害類型」別にみる，不安の有無・程度(直接被爆者)

	G 1	G 2	G 3	G 4	G 5	G 1〜G 3	G 4・G 5
大いに不安がある	55.5	49.3	38.0	25.6	20.9	47.2	22.5
すこし不安がある	34.3	36.8	43.1	47.8	45.2	38.1	46.1
特に不安はない	7.8	10.9	14.5	22.0	26.5	11.4	24.9
計	(472)	(1653)	(799)	(738)	(1333)	(2924)	(2071)

※　数値は縦計の人数を 100 とする %.（「不安の程度が不明」,「わからない」は表から除いてある.）

急性放射線障害があり、かつ、けがもしくはやけど(G2)、あるいは外火傷をともに負った(G1)グループは、「大いに不安」が「すこし不安」を上回っている。

(3) また、その後の健康状態との関わりをみてみると(**表 3-5**)、やはり①「しばしば(頻々)入院」もしくは「長期入院」したことがある人、②「ぶらぶら病」があった人、③被爆したために健康が「すっかり変わった」という人に、「大いに不安がある」と答えた者が多い。

①②③の指標ごとにそれぞれ、あった者となかった者とを対比してみると、「大いに不安」という人の比率は、①「しばしば入・通院」や「長期入院」した者では、入通院を「しなかった」

者の、三倍もしくは四倍以上も高くなっており、②「ぶらぶら病」があった者でも、「大いに不安」は、「ぶらぶら病」がなかった者の三倍以上になっている。とりわけ、③被爆して健康が「すっかり変わった」という人の不安感が強い(その七割は「大いに不安がある」といい、「特に不安はない」とした者はわずか三%にすぎなかった)。

(4) (3)について、「病態類型」ごとに確認しておけば(表3-6)、やはりその後の体調がおもわしくなかった者ほど、「不安がある」(大いに+すこし)者が規則的に増大する。とりわけ、「大いに不安がある」者は、類型0では六%しかいないのに対し、類型Ⅳでは六二%となり、その後の病態によって著しい違いをみせている。「病態類型」を構成する四つの指標のなかで、〈不安〉の有無・程度(強さ)に最も大きく影響しているのは、「具合が悪くなると〈死の恐怖〉を感じたことがある」かどうかであった。

有無・程度

健康喪失感		
すっかり変化	すこし変化	変化ない
69.5 25.0 3.0	36.0 50.1 9.9	10.1 36.9 47.4
(1441)	(1922)	(766)

は表から除いてある.)

(5) さらに、調査時点(被爆四〇年)における「体の具合」について、「病気がち」と答えた者(三一一二人、総数の四六%)の〈不安〉の有無を見ると、ほぼ半数(五〇%)は「大いに不安」と答えている(「元気」と答えた者では八%、「まあまあ元気」では二一%が「大いに不安」であった)。「すこし不安」を加えると、調査時に「病気がち」であった者の八七%は不安を抱いていた。これを調査時現在の疾患数でみると(表3-7)、疾患数が二つ以下では「すこし不安」が多いのに対し、疾患数が三つになると「大いに不安」が「すこし不安」を上回り、疾患数が増えるにつれ

表 3-5　その後の健康状態別にみる，不安の

	その後の入通院状態					ぶらぶら病	
	長期入院	頻々入院	頻々通院	時折通院	しなかった	あり	なし
大いに不安がある	42.9	54.0	42.9	22.0	12.9	44.7	14.0
すこし不安がある	39.3	32.8	39.7	49.3	35.3	40.8	40.4
特に不安はない	13.1	8.8	12.5	22.8	43.6	10.2	39.4
計	(2659)	(1182)	(3652)	(1538)	(541)	(4159)	(1446)

※　数値は縦計の人数を 100 とする %. (「不安の程度が不明」,「わからない」

表 3-6　その後の「病態類型」別，不安の有無・程度

	その後の病態類型				
	IV	III	II	I	0
大いに不安がある	62.4	40.0	24.2	17.9	5.7
すこし不安がある	32.4	45.4	52.4	45.4	34.7
特に不安はない	3.1	9.8	17.4	28.8	50.6
計	(1732)	(1627)	(1266)	(1137)	(982)

※　数値は縦計の人数を 100 とする %. (「不安の程度が不明」,「わからない」は表から除いてある.)

表 3-7　調査時に罹っていた疾患数別，不安の有無・程度

	調査時点で罹っていた疾患の数					
	1	2	3	4	5〜6	7〜12個
大いに不安がある	25.7	33.8	42.5	48.9	58.5	80.9
すこし不安がある	46.0	44.5	40.8	34.6	31.3	14.9
特に不安はない	21.6	16.5	12.0	11.6	7.3	0.0
計	(1830)	(1835)	(1134)	(638)	(386)	(94)

※　数値は縦計の人数を 100 とする %. (「不安の程度が不明」,「わからない」は表から除いてある.)

て「大いに不安がある」が規則的に増大していっている。

三　〈健康〉・〈子ども〉・〈生活〉をめぐる〈不安〉

他方、〈不安〉の中味のほうも、〈体の傷〉のぐあいによって違いがあるのだろうか。

（1）〈健康をめぐる不安〉

〈健康不安〉のなかで最も多かった「ぐあいが悪くなると、被爆のせいでは、と気になる」は、どこで被爆しようと（被爆距離や、直接被爆か間接被爆かにかかわりなく）共通に（ほぼ六五％前後）広く抱かれている。これと対照的なのは、「一生治らないのでは、と不安になる」であり、健康が実際に破壊されている状態が前提にあって生じる不安感の場合は、被爆直後に原爆放射線による急性障害があった者に多い。「一生治らないのでは」は、急性症状数の多寡との連動関係がもっとも明瞭に規則的に現れている不安感である（症状数が一～二個の者から一一以上の者まで、順に二二％→五〇％へと増大する）。また、「いつ発病するかわからないので不安だ」は、爆心から二km以内の近距離で直接被爆した者（五九～六四％）、あるいは急性放射線障害があり、かつその症状数が多かった者ほど高率になっている（五五→七〇％）。

※〈不安〉の中身について、急性症状があった者は、なかった者と対比して比率が下回るような事項は見いだせず、急性症状があった者は、なかった者に比べて、どの不安も高い比率になっている。また、急性症状の数が増えていっても比率が特に変化しない不安は、「もし働けなくなったら」のみであり、おおかたの不安は症状数の増加（被爆直後の傷害作用の大きさ）に応じて比率が増大する傾向をうか

がうことができる。

（2）〈健康をめぐる不安〉のなかで、その後の健康状態によるちがいが顕著にあらわれるのは、「一生治らないのでは」であり、この不安感に関して、「しばしば入院した」者は「特に入通院することはなかった」者のおよそ五倍（四二％対八％）、「長期入院した」や「しばしば通院した」者でもおよそ四倍も高くなっている（三四〜三二％対八％）。これに対して、「いつ発病するかわからない」と「ぐあいが悪くなると、被爆のせいでは」の場合は、「特に入通院しなかった」者や「ぶらぶら病がなかった」者、被爆をさかいに健康状態が「特に変わらなかった」という者にも広く及んでいることがわかる。

※その後の健康状態によって、〈不安〉の症状数の違いをみると、被爆したため健康が「すっかり変わった」という者は平均三・三個の、「しばしば入院」した者も平均三・二個の不安があり、また、「しばしば通院」したり「長期入院」したことがある者、「ぶらぶら病」があった者も、平均二・九個の不安を抱いている。

※ここで、「つらかったこと」（問一八）としての〈健康不安〉と健康状態との関連をおさえておけば、「健康がいつも不安になったこと」は、間接被爆者より直接被爆者に若干多く（直接被爆した者の五九％、入市被爆者の五四％、救護被爆者の四八％）、被爆距離が爆心に近づくにつれて比率が規則的に（三km以遠で被爆した者の五三％→一km以内被爆の六八％へ）増大する。被爆直後に「急性放射線障害」があった者は、なかった者に比べて、「健康がいつも不安に」は倍近くあり（六九％対三七％）、また、急性症状の数が多かった者ほどその比率は規則的に高まっている。さらに、その後の健康状態によ

る違いについて、「病態類型」別にみてみると、「健康がいつも不安に」は、類型が0からⅣへと重くなるにつれて規則的に増大していく(類型0の一六%→類型Ⅳの八四%まで)。

〈子どもをめぐる不安〉

(3)「子供や孫」の〈健康に関する不安〉は、〈将来に対する不安〉より強い(直接被爆者で前者は三二%、後者は一六%と、ほぼ二倍の比率である)が、健康のことも将来のことも、子どもや孫のことは、直接被爆か間接被爆か、近距離被爆か遠距離被爆かにかかわらず、そうした違いを超える不安となって被爆者を覆っている。

しかし、だからといって、〈子・孫への不安〉が原爆と無関係に生じるということにはならない。というのも、「子・孫の健康が不安」も「子・孫の将来が不安」も、同様に、被爆直後に急性症状があり、その症状数が多かった者ほど、これらを不安に感ずる者が増大しているからである。〈子・孫への不安〉は、親たち(被爆者本人)の〈体の傷〉に左右されるようだ。

※この点を「死の恐怖を感ずるとき」で確かめてみると、〈死の恐怖〉も急性症状があった者に多く、急性症状があった者となかった者との比率は、「体のぐあいが悪くなったとき」(六八%対三八%)、および「子どもの体が気になったとき」(二八%対一四%)で二倍近い開きがみられた。

※〈子どもをめぐる不安〉について、「子どもを産むこと・生まれた子どもの健康・将来のことに不安を抱いてきたこと」を「つらかったこと」として挙げた人は、間接被爆者より直接被爆者に多い(直接被爆した者の三二%、入市被爆者の二二%、救護被爆者の一五%)が、被爆距離が爆心に近づくにつ

れて比率が規則的に増大していくという傾向は、「健康にいつも不安を抱くようになったこと」に比べると、「子どものことに不安」の場合は比率の傾斜がゆるやかになっている。被爆直後に「急性症状」があった者は、なかった者に比べて、「子どものことに不安を抱いてきたこと」は倍近く高く(三五%対一八%)、また、急性症状の数が多くなるにつれて比率が規則的に高くなっている。さらに、その後の健康状態による違いを「病態類型」別にみてみると、「子どものことに不安」は、類型が0からⅣへと重くなるにつれて規則的に増大する(類型0の一三%→類型Ⅳの四一%まで)。これらの結果は、(3)の考察を裏づけている。

〈生活をめぐる不安〉

(4) 一方、生活に関する不安感は全体として、被爆状況によるちがいはあまりみられなかった。ただし、「老後の生活が不安だ」に関しては、急性症状があり、かつその症状数が多かった者ほど規則的に比率が増大している(二九%→五五%)。その後の健康状態とかかわらせてみると、「老後の生活」に不安を抱いている者は、「しばしば入通院」したことがある者、「ぶらぶら病」があった者、被爆をさかいに健康状態が「すっかり変わった」という者に高率であり、〈老後の不安〉は、被爆直後、ならびにその後の健康状態(〈体の傷〉)に左右されていることがわかる。

以上、ここまで、原爆がもたらした〈体の傷〉との関連で〈不安〉の態様を考察してきた。被爆直後に「急性症状があった」人、その後「健康状態が変わった」人、「ぶらぶら病」があった人、「しばしば入通院」したりした人、そして調査時に「病気がち」であった人など、当時―その後―調査時のそれぞれの時点において健康状態が悪かった人びとは、「大いに不安がある」人が多く、強い〈不安〉を抱いている。かくして、〈不安〉の有無、およびその程度は、当時から現在にいたる健康の状態(〈体の傷〉)に規定されていることは否めない。ただなんとなく漠然と不安に感じる、というようなものではけっしてないのである。

※この点は、原爆との「関係」において、調査時(被爆後四〇年)の「体調」をどのように思っているか、という認識からも裏づけられる。すなわち、調査時の体調について「原爆と関係がない」と思っている人(三六六人)は、その七割近く(六八%)が「特に不安はない」と答えた(「大いに不安がある」はわずか四%)のに対し、「原爆と関係がある」と答えた人(二九七六人)は、その過半数(五五%)が「大いに不安がある」とし、「すこし」を合わせると九割強が不安を抱いている。(「結びつけて考えたくない」一〇四五人や「わからない」と答えた一九四六人では、「すこし不安がある」が半数前後で最も多かった。)このように、体調について「原爆と関係がある」と判断している者の不安感はきわめて強いものがある。[なお、「原爆と関係がある」と思う人は、被爆直後に急性放射線障害があった者に多く(五八%)、なかった者のそれ(二四%)の倍以上になっている。]

3 〈心の傷〉が〈不安〉をつのらせる

ところで、被爆者が抱く〈不安〉は、〈体の傷〉のみがそれを生み出すのだろうか。それとも、ほか

表 3-8　不安の有無・程度別，死の恐怖の有無

不　　安	死の恐怖を感じたこと			
	あ　る	な　い	わからない	計
大いに不安がある	2136(93.0)	98(4.3)	63(2.7)	2297(100.0)
すこし不安がある	2314(82.1)	300(10.6)	206(7.3)	2820(100.0)
小　計	4450(87.0)	398(7.8)	269(5.3)	5117(100.0)
特に不安はない	661(52.6)	427(34.0)	168(13.4)	1256(100.0)
わからない	188(55.5)	61(18.0)	90(26.5)	339(100.0)
計	5299(78.9)	886(13.2)	527(7.9)	6712(100.0)

＊「不安あるが程度不明」を除いて作表．(　)内は横計を 100 とする %．

の被害、とりわけ、被爆当時における〃極限状況〃体験が残した〈心の傷〉とも、どこかでつながっているのだろうか。そうしたつながりのありかを、〈死の恐怖〉という要因に着目しながら探ってみることにしよう。

一　被爆者が抱く〈不安〉は、つよい〈死の恐怖〉を伴っている

(1) 問一七で「被爆者であるために不安なことがある」と答えた人(「程度不明」の者を除く五一一七人)の八七%は、〈死の恐怖〉を感じたことがあるといい、「特に不安はない」と答えた人のそれ(五三%)を大きく上回っている。とりわけ、「大いに不安がある」人には、その九三%に〈死の恐怖〉が認められた(**表3-8**)。裏返していえば、〈死の恐怖〉を感じたことがある人の大多数(八四%)は〈不安〉感を抱き、しかもその度合いもまた大きい(「大いに不安」が四割を占める)のに対し、〈死の恐怖〉を感じたことがないという人の過半数(五五%)は不安感を特に抱いてはいなかった。

(2) 〈死の恐怖〉を感じるときのうち、「体の具合が悪くなっ

表 3-9　不安の有無・程度別，死の恐怖を感じるとき

死の恐怖を感じるとき	不安の有無		
	大いに不安	すこし不安	不安ない
イ．体の具合が悪くなったとき	84.1	72.0	44.8
ニ．子どもの体のことが気になったとき	36.4	28.0	16.2
ロ．被爆者の死を見聞きしたとき	51.5	37.7	33.1
ハ．被爆時の死のありさま思い出したとき	57.4	48.6	52.8
ホ．原爆や核兵器のことを見聞きしたとき	44.0	35.7	37.5
該当者数	2136 (100.0)	2314 (100.0)	661 (100.0)

＊「死の恐怖を感じるとき」は複数選択回答．数値は縦計を 100 とする %.

たとき」や、「子どもの体のことが気になったとき」にそれを感じたという人は、表3-9が示すように、「不安はない」という人よりも「不安がある」という人に高率になっており、〈不安〉の有無によって(「大小」ではなく)大きく違っている。一方、「被爆当時の死のありさまを思い出したとき」や「原爆・核兵器のことを見聞きしたとき」に感じる恐怖は、〈不安〉がある人とない人との間の違いというより、むしろ、「大いに不安がある」と、「すこし不安」もしくは「不安はない」との間に差異が生じている。もう一つの「身内や回りの被爆者の死を見聞きしたとき」にも、これと同じ傾向を見てとることができる。

とすれば、〈不安〉が「大いにある」という人は、重い〈体の傷〉を背負わされてきただけでなく、〈心の傷〉もまた重かった可能性がある。両者が重なったからこそ、より〈不安〉は大きくなったのではないだろうか。つぎに、この点を確認・検証してみよう。

表 3-10　〈体の傷〉と〈心の傷〉のパターン別にみた，〈不安〉の態様

問 18		該当者数	問 17			問 18「つらかったこと」			
病気がち	心の傷痕		大いに不安	すこし不安	それ以外	健康不安のみ	子供不安のみ	健康＋子不安	いずれもなし
○	○	1077(100.0)	67.6	28.6	3.8	39.6	2.9	51.1	6.4
○	×	1548(100.0)	48.4	40.4	11.2	53.9	3.2	23.1	19.8
×	○	961(100.0)	29.7	51.5	18.8	28.5	9.6	25.0	36.9
×	×	3158(100.0)	16.9	44.1	39.0	24.6	7.6	12.7	55.1
		6744(100.0)	34.1	41.8	24.1	34.3	6.1	23.0	36.6

＊　問 17 の「それ以外」とは，「大いに不安」及び「すこし不安」以外の者のことであり，「不安がある(程度不明)」もここに含まれている．数値は該当者数を 100 とする %.

二　〈体の傷〉に〈心の傷〉が重なるとき、〈不安〉が大きくなる

（1）　被爆したために「つらかったこと」として、「病気がちになったこと」ならびに「心の傷痕になって残ったこと」を双方ともに挙げた人、いずれか一方のみを挙げた人、いずれも挙げなかった人にグループ分けして、〈不安〉の有無をみてみると、表3-10が示すように、〈体の傷〉も〈心の傷〉も「つらかった」とした人は、その過半数(五一%)が「健康がいつも不安になったこと」と「子どもを産むこと、生まれた子どもの健康・将来のことに不安を抱いてきたこと」を双方ともに挙げ(いずれも挙げなかった人はわずか六%)、また、「大いに不安がある」が三分の二(六八%)に達している(「特に不安はない」「わからない」という人等は四%しかいなかった)。

〈不安〉は、〈心の傷〉がある人より、〈体の傷〉のある人のほうが大きいのだが、〈体の傷〉に〈心の傷〉が加わるとき、よりつよい〈不安〉感がもたらされていることが判る。

（2）　とりわけ、〈体の傷〉に加えて〈心の傷〉を測る三つの指

標のすべてに該当する者――「あの日の出来事が心の傷あとになって残った」だけでなく、「当時の死のありさまを思い出した」り、「原爆や核兵器のことを見聞きした」ときに〈死の恐怖〉を感じたことがある者(三六五人)――では、「大いに不安がある」はその八割(七九%)に達している。

4 〈生きる苦しみと不安に満ちた生〉

さて、被爆したがゆえの〈不安〉を背負わされて生きるとは、人間にとってどのようなことなのだろうか。〈不安〉は、すでにこれまで述べてきたところからもうかがい知れるように、ただ単にそのときどきの心身の状態から生じているのではない。〈不安〉は、〈原爆〉に被爆したことで生じたものであるだけでなく、被爆して以降、蒙ってきたさまざまな被害や苦しみが積み重なったものなのではないだろうか。ここではさらに、人が〈生きる〉ということとの関連において、〈不安〉の意味を深めてみることにしよう。

一 「大いに不安がある」人ほど「つらかったこと」を背負っている

(1) まず、〈不安〉の有無・程度によって、「つらかったこと」に違いがあるかどうかを測ってみよう。表3-11によれば、「大いに不安がある」人は、「すこし不安」という人、「特に不安はない」人より大きなつらさを背負ってきたことがわかる。「不安はない」という人の半数(四九%)は「つらかったことは特になかった」と答えたのに対し、「すこし不安がある」グループでは一人当た

表 3-11　不安の有無・程度別にみる,「つらかったこと」の違い

(問 18) つらかったこと	被爆者であるために不安は？(問 17) a. 大いに	b. 少し	c. ない	a-c	a-b	b-c
健康いつも不安に	82.8	59.4	13.1	69.7	23.4	46.3
子どものことに不安	43.9	28.2	8.9	35.0	15.7	19.3
隠して生きてきた	14.2	8.3	1.7	12.5	5.9	6.6
あの日の心の傷痕	44.1	28.5	12.9	31.2	15.6	15.6
病気がちになった	64.3	33.1	10.6	53.7	31.2	22.5
仕事が思うように	35.1	12.1	3.5	31.6	23.0	8.6
元に戻らぬ障害に	31.3	7.9	2.2	29.1	23.4	5.7
家事が思うように	16.8	4.5	1.8	15.0	12.3	2.7
家庭が思うように	13.5	3.8	1.0	12.5	9.7	2.8
就職が思うように	12.8	3.9	1.5	11.3	8.9	2.4
結婚が思うように	9.3	3.9	1.4	7.9	5.4	2.5
学業が思うように	10.4	5.7	3.1	7.3	4.7	2.6
ケロイドを負って	9.3	4.2	2.2	7.1	5.1	2.0
家財を失ったこと	32.7	19.4	13.3	19.4	13.3	6.1
家族を失ったこと	32.6	23.0	17.9	14.7	9.6	5.1
特になかった	1.4	10.9	48.8			
計	2297 (100.0)	2820 (100.0)	1256 (100.0)			

＊「つらかったこと」の一部を除いて作表．数値は縦計の人数を 100 とする %．

り平均して二・九個の、また「大いに不安がある」グループでは平均四・九個の「つらかったこと」が挙がっており、「大いに不安」と「すこし不安」では、「つらかったこと」が平均で二個もの差がある。

（2）　比率の差に着目してみよう。「大いに不安」と「不安はない」との間の差（表中の「a－c」）、「すこし不安」と「不安はない」との差（同じく「b－c」）が最も大きく開いているのは、やはり「健康がいつも不安になったこと」である。このように、「大いに不安」と「すこし不安」との間の差（「a－b」）より、「すこし不安」と「不安はない」との間の差のほうが大きい（つまり、不安がないという者より、ある者に多い）という傾向は、「子どもを産むこと、生まれてくる子どものことに不安を抱いてきたこと」を挙げた人にも見出すことができる。

一方、「病気がちになったこと」では、「大いに不安」と「すこし不安」の差のほうが、「すこし不安」と「不安はない」との間の差よりも大きい。「仕事が思うようにできなくなったこと」や「元に戻らない障害を負ったこと」なども同様の傾向を示していて、〈不安〉の大きい人は、なかった人はもとより「すこしあった」人に比べても、重い〈体の傷〉を抱えてきたことがわかる。

また、〈心の傷〉（「あの日の出来事が深く心の傷あとになって残った」）は、「大いに不安がある」人のほうが「すこし不安がある」人より、〈心の傷〉を抱えてきた者の比率が高い。（「大いに不安」と「すこし不安」、および「すこし不安」と「不安はない」との差は等しくなっている。）

（3） ところで、問一七で「大いに不安がある」と答えた人は、問一八「つらかったこと」においても、その八七％が「健康がいつも不安になったこと」もしくは「子どもを産むこと・生まれた子どものことに不安を抱いてきたこと」を挙げている（「すこし不安がある」人で、両者のいずれかを挙げた人は六七％）。二つの不安をともに挙げた人は、「すこし不安がある」人の二〇％、「大いに不安がある」人の四〇％であり、「大いに不安がある」という人の〈不安〉感の重さを物語っている。

※問一七で「いま、被爆者であるために不安がある」とは答えなかったのに、「被爆したためにつらかったこと」として「健康がいつも不安になったこと」もしくは「子どもを産むことに不安を抱いてきたこと」を挙げた人が、三八一人あった。この比率（五％弱）は極めて小さく、むしろ回答の一貫

性を物語るものである。

二　〈生きる苦悩〉にみる〈不安〉

表3-11は、同時に、〈不安〉がある人、とりわけ「大いに不安がある」人の場合、「仕事」・「家事」・「家庭生活」・「就職」・「結婚」・「学業」というような、人生の節目節目や局面ごとに、大きな困難に直面してきたことを物語っている。これらのことを直に尋ねた設問(問八〜問一二)の結果にもとづいて、そのことをさらに深めてみよう。

(1)　人は誰しも、〈学業―就職・仕事―結婚―家庭生活―子育て〉について悩むものである。しかし、〈不安〉を抱える被爆者たちは、そうした人生の節目や諸局面においてより多くの困難に直面せざるをえなかった。表3-12に着目してほしい。「大いに不安がある」とした人の、〈結婚〉の悩みあり四〇%、〈就職・仕事〉の悩みあり四八%、〈家庭生活〉の悩みあり五七%、〈子育て〉の悩みあり六一%という数値は、「被爆者であること」の過酷さを語ってあまりあるものがある。問一七の設問には「いま、特に不安はない」とした人でも、人世の節目節目で被爆したがゆえにの悩みにまったく直面しないわけではなかったのである。

(2)　そうした悩みについて補問でその詳細をみてみよう。まず、結婚のことで悩んだことがある人(一七八五人)で最も多かったのは、「子どもを産むことが不安で結婚することに悩んだ」(四四%)、「病気や健康が不安なため結婚することに悩んだ」(四〇%)であった。「被爆したことを隠して結婚した」(四九五例、二八%)、「被爆者だということで結婚に反対された」(三七二例、二一%)がそれに続く。少数とはいえ、「被爆者であるために結婚に踏み切れずあきらめた」という人が、現に八七例もあった。表3-13が示すように、「健康が不安で結婚に悩んだ」はやはり〈不安〉の大きさと密接に関連するが、「子を産む不安で結婚に悩んだ」や「被爆を隠して結婚」は、〈不安〉の有無・大小のちがいを越えた広がりを見せている。

（3）「子どもを産むこと、生まれてくる子どものこと」への不安は、〈子育て〉のことで悩んだことがある人(二八九六人)の最大の悩み(六八%)でもあった。少数ではあるが、「不安が強く子どもを産むことができなかった」という人が八五例あった。「戦後生まれの子ども(胎内被爆を除く)」に「障害があった」り(一九九例)、「死亡した」例も一九六例を数える。表3-14が示すように、「子どもを産むことが不安」は、問一七の回答のいかんにかかわらず多くの被爆者が直面させられた悩みである。一方、〈不安〉が大きかった者には、「早産や流産、不正常分娩、不妊、生理・精子の異常などがあった」り、「戦後生まれの子どもが病気がち」であったり、「被爆者の子(被爆二世)だということが結婚に当たって問題になった」事例が少なからずあったことがわかる。

（4）「病弱」であること、「病弱」になることは、家事や

の態様

問12：子育ての悩み		計
ある	ない	
60.9	26.3	2297(100.0)
42.7	45.0	2820(100.0)
16.1	76.4	1256(100.0)

には高低が現れるが，それは，
も影響している．数値は横計

悩んだこと〉

(問17)	
a–b	b–c
18.1	12.8
2.5	0.5
5.0	1.3
−2.3	6.7
2.6	0.4
4.2	−0.7

作表)

表 3-12　不安の有無・程度別にみる，〈生きる悩み〉

	問 8：学業の悩み		問 9：就職仕事の悩み		問 10：結婚の悩み		問 11：家庭生活の悩み	
	ある	ない	ある	ない	ある	ない	ある	ない
大いに不安がある	22.3	51.9	48.3	38.0	40.1	45.6	57.4	30.3
すこし不安がある	11.0	69.9	21.6	66.3	25.2	63.6	27.2	57.7
特に不安はない	4.1	85.0	6.4	88.4	8.6	85.1	8.6	84.4

※　この表が示すように，節目や局面によって悩んだことが「あった」者の比率
被爆当時の年齢(世代)によってその後実際に直面する課題に違いがあること
の人数を 100 とする %.

表3-13　不安の有無・程度別にみる，〈結婚のことで

(問 10) 結婚の悩み	被爆者であるために不安			
	a. 大いに	b. すこし	c. ない	a-c
健康が不安で結婚に悩む	50.9	32.8	20.0	30.9
子を産む不安で結婚に悩む	47.2	44.7	44.2	3.0
被爆者で結婚に反対された	24.2	19.2	17.9	6.3
被爆を隠して結婚した	27.6	29.9	23.2	4.4
被爆者のため結婚を諦めた	6.2	3.6	3.2	3.0
家族が被爆し婚期遅れ逃す	9.8	5.6	6.3	3.5
該当者数(無回答除く)	897(100.0)	693(100.0)	95(100.0)	

＊　数値は縦計を 100 とする %.（問17に「わからない」と答えた人も除いて

身の回りのことができなくなるばかりでなく、家族に「生計の苦労」をかけてしまう(総数六七四四人の二割弱がこれを挙げた)。とりわけ「大いに不安がある」人ではその三分の二(六七%)が「病弱なため家族に生計の苦労をかけた」を挙げている(**表3-15**)。一方、「病弱や不安」がもとで、少なからぬ被爆者(二六二人)が「不和・離別」を余儀なくされた。「被爆者であることを隠していたため」不和が起きたケースも一三九例にのぼる。

そして(5)就職のとき、「採用してもらえなかったり」など、実際に「差別をうけた」人が一

表 3-14　不安の有無・程度別にみる，〈子育てのことで悩んだこと〉

(問 12) 子育ての悩み	被爆者であるために不安(問 17)					
	a. 大いに	b. 少　し	c. な　い	a-c	a-b	b-c
子どもを産むことが不安	71.3	71.0	63.7	7.6	0.3	7.3
不安強く子どもを産めず	4.5	1.7	1.6	2.9	2.8	0.1
早産や流産，生理異常等	25.3	18.4	16.1	9.2	6.9	2.3
戦後生まれの子病気がち	22.5	11.3	4.7	17.8	11.2	6.6
戦後生まれの子に障害	8.1	6.1	7.3	0.8	2.0	−1.2
戦後生まれの子が死亡	7.3	6.9	5.7	1.6	0.4	1.2
被爆者の子結婚が問題に	16.3	9.9	9.3	7.0	6.4	0.6
該当者数(無回答除く)	1364 (100.0)	1163 (100.0)	193 (100.0)			

＊　数値は縦計を 100 とする %.（問 17 に「わからない」と答えた人も除いて作表）

表 3-15　不安の有無・程度別にみる，〈家庭生活のことで悩んだこと〉

(問 11) 家庭生活の悩み	被爆者であるために不安(問 17)					
	a. 大いに	b. 少　し	c. な　い	a-c	a-b	b-c
病弱で家族に生計の苦労	67.2	55.2	40.9	26.3	12.0	14.3
病弱なため家事ができず	27.0	14.2	15.9	11.1	12.8	− 1.7
子に親らしいことできず	37.5	31.3	27.3	10.2	6.2	4.0
病弱・不安で家庭に不和	15.7	8.2	8.0	7.7	7.5	0.2
被爆を隠して家庭に不和	6.7	6.6	8.0	− 1.3	0.1	− 1.4
該当者数(無回答除く)	1233 (100.0)	697 (100.0)	88 (100.0)			

＊　数値は縦計を 100 とする %.（問 17 に「わからない」と答えた人も除いて作表）

表 3-16 不安の有無・程度別にみる，〈就職・仕事のことで悩んだこと〉

(問 9) 就職や仕事の悩み	被爆者であるために不安(問 17)					
	a. 大いに	b. 少　し	c. な　い	a–c	a–b	b–c
病気で望んだ仕事就けず	39.6	24.2	19.4	20.2	15.4	4.8
人並みに仕事ができず	31.7	21.6	19.4	12.3	10.1	2.2
全く働けず仕事やめた	15.3	5.4	2.8	12.5	9.9	2.6
安定した職に就けず	22.4	17.8	16.7	5.7	4.6	1.1
無理して働き体悪くした	42.9	32.0	20.8	22.1	10.9	11.2
体が悪く仕事に就けず	25.0	15.0	19.4	5.6	10.0	− 4.4
就職のとき差別を受けた	13.3	7.4	8.3	5.0	5.9	− 0.9
被爆を隠して就職した	24.8	28.8	13.9	10.9	− 4.0	14.9
該当者数(無回答除く)	1071 (100.0)	579 (100.0)	72 (100.0)			

＊数値は縦計を 100 とする％．(問 17 に「わからない」と答えた人も除いて作表)

九四例あった。その恐れから逃れようと、「被爆したことを隠して就職した」人びとも四五一例あった。表3-16が示すように、「大いに不安がある」人ばかりか、「すこし不安がある」人も同様に、「隠して就職」している。他方、「病気や障害のために望んだ仕事に就けなかった」や「就職はしたが人並みに仕事ができなかった」人、あるいはまた「無理して働いたため体をいっそう悪く」したり「まったく働けなくなり仕事をやめた」という人は、やはり「大いに不安がある」人に多くなっている。

以上のごとく、〈不安〉は、生き残った者たちの暮らしというにとどまらず、人生の節目節目を拘束し、人間としての生き方までをも左右してきたのである。

三　〈苦悩〉の重さを測る

〈学業〉のことから、〈就職・仕事〉—〈結婚〉—〈家庭生活〉—〈子育て〉に至る五つの悩み。これらのいずれも悩むことなく被爆後の人生を送ることができた被爆者もあれば、それらのほとんどを、もしくはすべての苦悩に直面した人もある。そうした悩み・苦しみの、重たさ・深さを理解するには、苦しみの態様を類型化してとらえる必要があろう。

これら五つの悩みのうち、〈家庭生活〉の悩みは回答者本人のみならず、家族をも巻き込んで生じる苦しみである(〈生活苦〉も同様)。それゆえ、以下では、本人が直面する苦しみである〈学業〉、〈就職・仕事〉、〈結婚〉、〈子育て〉の四つの悩みに絞り、それらの有無の組み合わせにより〈苦悩〉をパターン化してとらえてみることにする。なお、これら四つの悩みには、被爆時の年齢によっては直面しないものがあることを考慮し、今回の集計では被爆時二四歳以下の人びとに限ってパターン化することにした。

表3-17　5つの苦悩層の構成(被爆時24歳以下の人々)

苦悩層	被爆したための悩み				
	問8 学業	問9 就職・仕事	問10 結婚	問12 子育て	
IV	○	○	○	○	298(　6.8)
III	いずれか3つに○				521(12.0)
II	いずれか2つに○				873(20.0)
I	いずれか1つに○				1125(25.8)
0	×	×	×	×	1538(35.3)
計					4355(100.0)

＊　○：あった，×：なかった他

(1)　表3-17にあるように、被爆時二四歳以下であった四三五五人のうち、四つの悩みのどれにも悩んだことがなかった者(「苦悩層0」)は三五%であり、残る六五%は、四つのうち少なくとも一つ以上の悩みに直面したことになる。

これを年齢別にみると、当時一〇～一四歳で被爆した者は、「苦悩層0」の者が少なく、Ⅲ～Ⅳ層の者が多い。三つ、もしくは四つの苦悩のすべてに直面した〔層Ⅲ+層Ⅳ〕の占める割合は、一〇

二〇%、二〇～二四歳被爆の一四%、四歳以下被爆の一二%という順であった。四つの悩みのうち半分(二つ)以上の悩みに直面した(Ⅱ～Ⅳの層)が占める割合でみると、一〇～一四歳被爆の四六%、一五～一九歳および五～九歳被爆の四〇%、二〇～二四歳被爆および四歳以下被爆の三四%となっている。全体として、思春期の頃に被爆した人たちの打撃の大きさを窺い知ることができる。

～一四歳被爆の二五%が最も多く、ついで、一五～一九歳被爆の二一%、五～九歳被爆の二〇%、二〇～二四歳被爆の一四%、四歳以下被爆の一二%という順であった。四つの悩みのうち半分(二つ)以上の悩みに直面した(いずれか二つに直面)はどの年齢層でもほぼ同率(一九～二二%)であった。層Ⅱ(いずれか二つに直面)

(2)　原爆のおよぼす傷害作用との関連でみてみると、急性放射線障害がなかった者は、その六割近く(五九%)が層0であるが、急性放射線障害があった者ではⅡ～Ⅳの層が過半数(五三%)を占めている。二つ以上の重い苦悩を背負った層の割合は、急性症状の数が多くなるにつれて増大し、「傷害類型」でみても、「けがもやけどもし急性症状のあった」G1のグループでは、層Ⅱ～Ⅳの合計が七一%(層ⅢとⅣで四七%)を占めている。

(3)　その後の健康状態による違いをみると、「病態」が思わしくなかった者ほど、〈苦悩〉が重なった者がふえており、「病態類型」がⅣの者の六割以上(六二%)は苦悩層Ⅱ～Ⅳで占めている。これを「病態類型」の指標ごとに測ってみると、苦悩層Ⅱ～Ⅳの者は、「ぶらぶら病」があった者でほぼ半数(四九%)、「被爆したために健康がすっかり変わった」者では七割近く(六七%)を占めている。

(4)　そして〈不安〉は、〈苦悩〉が重なる(層0→Ⅳ)につれて、「大いに不安がある」者が増大する(層Ⅲの六割、層Ⅳの四分の三)だけでなく、「健康にいつも不安」および「子供を産むことへの不安」を抱いている人の割合も、「苦悩層」に連動して増えていっている(表3-18)。

(5)「苦悩層Ⅳ」の者のなかで、問一八において「つらかったこと」が「特になかった」と答えた者は0であり、苦悩層Ⅳの全員がなんらかの「つらかったこと」を味わわされている。つらかったことがなかったという者は、苦悩層Ⅲの者でも四人、Ⅱの層の者でも三四人しか居なかった。

各苦悩層ごとの一人当たりの「つらかったこと」の平均数は、0の層は二・二個、Ⅰの層は三・一個、Ⅱの層は三・九個、Ⅲの層は五・三個、Ⅳの層の六・七個となっており、苦悩が深くなるにしたがって規則的に増大している。

※このことは、苦悩層を構成する三つの指標(「子育て」を除く)と直接重なり合う「つらかったこと」六項目(「学業が」「就職が」「仕事が」「結婚が」「家事が」「家庭生活が」思うようにならなかった)についてみても同様であり、苦悩層が重くなるに順って、これらの比率も増大している。

まことに、〝被爆者として生きる〟とは、「生きる苦しみと不安に満ちた」生を送ることにほかならなかったのである。

〈不安〉の態様

問18	苦悩層				
	IV	III	II	I	0
健康にいつも不安	85.9	79.8	69.3	59.6	33.1
子供を産むこと不安	71.5	58.5	52.6	35.5	6.3
計	(298)	(521)	(873)	(1125)	(1538)

以上のように、〈不安〉もまた、〈惨苦の生〉を構成する重要な要素である。〈原爆〉が被爆者の心身にきざみこんだ〈不安〉は、学業、就職や結婚、仕事や家事、家庭生活や子育てといった、人間として誰もが直面する人生の節目節目にとりわけ頭をもたげてくる。例えば、「生まれてくる子どものことが不

表3-18　「苦悩層」別にみる，

問17〈不安〉	苦悩層				
	IV	III	II	I	0
大いに不安がある	75.5	61.3	43.9	33.8	14.0
すこし不安がある	23.2	34.8	47.1	50.5	42.6
とくに不安はない	0.7	2.3	6.9	12.3	35.2
計	(298)	(517)	(867)	(1120)	(1534)

＊　数値は縦計の人数を100とする％.

安なために、子どもを産むことさえ断念した」としたら、それは〈原爆〉が、人間というものの自然性や連続性を侵したことになる。そうだとすれば〈不安〉は、被爆者の人間としての生き方や人生までも左右――拘束・呪縛――したのであり、原爆がもたらした〈苦悩〉(被害)の一つとしてとらえなくてはならない。

被爆者に対する差別や偏見、無理解は、このような被爆者の〈不安〉をよりつよめるものとして作用する。いいかえれば、〈差別・偏見・無理解〉というのは、被爆者を〈惨苦の生〉のなかに閉じこめてしまうのである。『原爆被害者調査』では、〈差別・偏見〉に触れる問題を独立の設問とはしなかった。というのは、被爆者にとってはそれ自身、生きていくうえでの苦悩の一つであり、〈不安〉の問題と密接にかかわって存在するからである。被差別経験の有無を直接たずねたとしても、そこでとらえられるのは、本人が差別としてうけとめた経験や事象だけに限られてしまう。少なくない被爆者がそうした差別がひきおこされる前に、「かくす」、あるいは「あきらめる」(身を引く)などの行為をとることによって、自分と家族を差別から守ろうとしてきた。そうした事実を踏まえるならば、〈差別・偏見・無理解〉の問題は、被爆者が生きていくうえで直面する苦悩と関連させながらとらえることこそ肝要であった。

第三部

生きる

2000.1.21
石　田　　忠

総　括　表

課　題

被爆者における原爆体験の思想化の営為の統計分析

基本仮説

原爆体験は被爆者の思想的営為を活性化し、それに方向を与える働きをするのではないか。被爆者の思想形成過程に人間的な必然性とも言うべきものが認められる所以ではないか。

検証の方法

原爆体験の重さと深さのちがいによる被爆者の層化を行う。

層別に見る思想化の営為に規則的なちがいが見られるならば、原爆体験によって思想化の方向が規定されると言うことができる。

総括表の構成

層
} 原爆体験：「原爆は人間に何をしたか」
生の喪失体験

「国の戦争責任を問う」 ― 思想化の主体の成立(注) } 「人間は原爆に何をなすべきか」
類　型 ― 思　想

(注) 漂流から抵抗への飛躍
(生の喪失)

第四章　〈原爆〉にあらがう

《原爆は、人間に、なにをもたらしたか》――ここまで、私たちは、〈心の傷〉、〈体の傷〉、そして〈不安〉、この三つの側面から、〈苦悩としての原爆体験〉の諸様相をとらえてきた。こうした苦しみに見舞われるとき、人はどのような状況へと追い込まれるのであろうか。また、そのような苦境に陥った人びとは、〈原爆〉とどう立ち向かいながら、これまでを生き抜いてきたのだろうか。

ここに、一つの表がある。「総括表」(**表4-1**)と題されたこの統計表は、「被爆者における原爆体験の思想化の営為」を統計的に解き明かすに当たっての枠組みを表出したものである。

表頭には、左端から右端へ向かって、まず、「つらかったこと」の一人当たり件数と、〈生きる意欲〉を喪失したことのある者という項目があり、真ん中に「国の責任を問うている者」、いちばん右端に〈生きる支え〉の回答選択パターンをしめす「類型」という項目が置かれている。一方、表側を見ると、「被害」という項目があり、表の上のほうから下に向かって、Ⅶ↓0まで、八つの層に分かれている(Ⅶ～Ⅳ、Ⅲ～0は、八つの層を二分したもの)。

長期にわたる分析過程を経て、石田忠がいたりついたこの表を、じっくりと眺めていただきたい。

表4-1　総　括　表

被害	総　数	「つらかったこと」1人当たり件数	生きる意欲の喪失体験のある者	国の責任を問うている者	類　型 A・B	類　型 E・F
Ⅶ	200(100.0)	11.7	141(70.5)	163(81.5)	174(87.0)	11(　5.5)
Ⅵ	502(100.0)	9.1	290(57.8)	352(70.1)	408(81.3)	50(10.0)
Ⅴ	832(100.0)	7.3	376(45.2)	484(58.2)	597(71.8)	129(15.5)
Ⅳ	1223(100.0)	5.6	428(35.0)	551(45.1)	749(61.2)	295(24.1)
Ⅲ	1304(100.0)	4.2	297(22.8)	482(37.0)	629(48.2)	449(34.4)
Ⅱ	1117(100.0)	2.8	190(17.0)	353(31.6)	451(40.4)	499(44.7)
Ⅰ	889(100.0)	1.7	100(11.2)	220(24.7)	238(26.8)	511(57.5)
0	677(100.0)	0.4	29(　4.3)	128(18.9)	143(21.1)	430(63.5)
Ⅶ〜Ⅳ	2757(100.0)	7.2	1235(44.8)	1550(56.2)	1928(69.9)	485(17.6)
Ⅲ〜0	3987(100.0)	2.6	616(15.5)	1183(29.7)	1461(36.6)	1889(47.4)
計	6774(100.0)	4.5	1851(27.4)	2733(40.5)	3389(50.3)	2374(35.2)

＊　石田忠『統計集〈原爆体験の思想化〉〜日本被団協「原爆被害者調査1985」分析〜』(一橋大学〈原爆と人間〉研究会編，2004年)より，第1巻，表1-2.

「被害層」の下から上、0からⅦに向かって、「つらかったこと」の平均数や〈生きる意欲の喪失〉率がどう変化していくか、また、「国の責任を問うている者」、並びに〈生きる支え〉の類型がそれぞれの被害層に占める割合は、順にどのように変化していっているであろうか。

1　〈生きる意欲〉・〈生きる意味〉の喪失

〈苦悩としての原爆体験〉——それを背負って生きることを余儀なくされるとき、人はどのような状況へと追い込まれるのであろうか。

一　「こんな苦しみを受けるくらいなら…、いっそあのとき…」

『原爆被害者調査』では、「つらかったこと」に続いて、【問一九．あなたは、被爆したために、「こんな苦しみを受けるくらいなら、死んだ方がましだ」とか、「いっそあのとき、死んでいた方がよかった」とか、思ったことがありますか】と尋ねた。この問いに対する回答結果は、つぎのようであった。

1　かつて、そう思ったことがあった	一一六三人(一七・二%)
2　かつても、今も、そう思うことがある	三一九人(　四・七%)
3　かつては思わなかったが、今、そう思っている	二〇九人(　三・一%)
※(時期は不明だが)そう思ったことがある	一六〇人(　二・四%)
小　計	一八五一人(二七・四%)
4　そういうことは考えたことがない	四六九九人(六九・七%)
5　その他	一九四人(　二・九%)

＊(　)内は、総数六七四四人に対する比率

このように、〈生きる意味〉・〈生きようとする意欲〉を失ったことがある者は、その時期が「かつて」のことか、それとも「今(も)」であるかにかかわらず、合わせて一八五一人、実に総数の四人に一人(二七%)にのぼった。

※設問一九の選択肢は、「思ったことがある」場合、〈喪失〉の時期(「1　かつて」「2　かつても今も」「3　今」)とセットで答えてもらう形式になっている。このような選択肢の作り方は結果的に回答者に混乱を招いてしまい、「1」と「2」の両方(論理的に後者は前者を含みうる)など複数の答えに○

を付けた方が一六〇人もあった。そうした回答は、時期を特定しがたいものの、設問のような思いになったことは確かであろうと判断し、「喪失経験あり(ただし、時期不明)」として扱うこととした。なお、この一六〇人を除いても、「四人に一人」という〈喪失〉率に変わりはない。

〈喪失〉の時期をみると、「かつて」思ったことがあるという者が多数(「1 かつて」と「2 かつても今も」とを合わせて〈喪失〉経験者の八〇%)になるが、「今」思っているという人(すなわち、「今」と「かつても今も」の合計)も、〈喪失〉経験者の二九%を占めていた。このように、「今」あるいは「今も」、「死んだ方がまし」あるいは「死んでいた方がよかった」と思う人が存在するという事実は、たとえそれが総数六七四四人のうちの八%弱であるにせよ、被爆から四〇年を経過した調査時点においてなお、〈原爆〉は人びとから〈生きる意欲〉を奪い続けていたことを物語っている。

※〈生きる意欲〉を喪失した経験がある人は、入市被爆より直接被爆した者に多い(一八%対三一%)。「かつて思った」者、および「かつても今もそう思うことがある」者の割合は、被爆距離が爆心に近づくにつれて規則的に増大し、二km以内被爆ではそのおよそ四割近く(三八%)が、さらに一km以内被爆者になると、そのちょうど半数(五〇%)の人が〈生きる意欲〉を喪失したことがあると答えている。

二　なぜ、〈生きる意欲〉を喪失したか?

では、どうして、これらの人びとは、そのような状況へと追い込まれたのであろうか。ひとまず、【問一九】の【補問A】に対する回答をもとに、「なぜ、そう思った(思う)のか」という事由につい

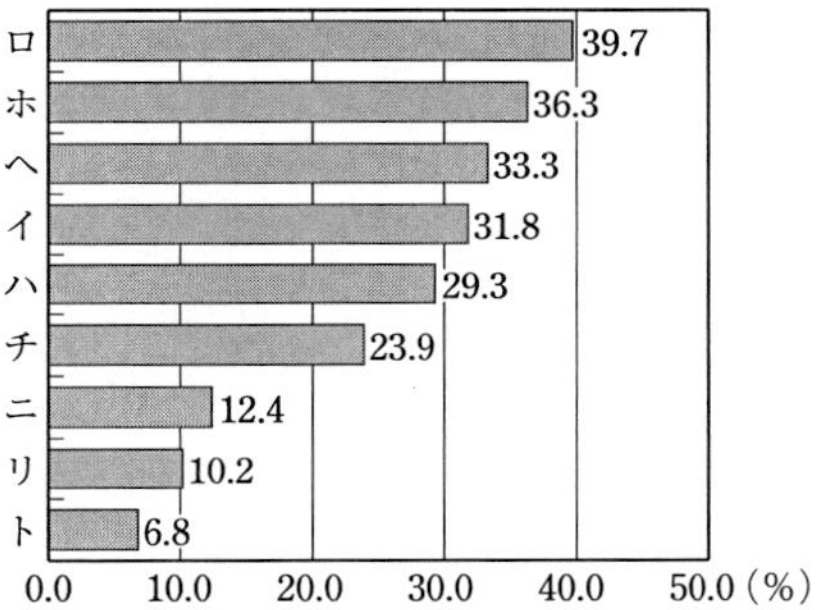

ロ. 毎日がずっと病気との闘いであったから　ホ. 被爆によって，自分の夢や人生の目標が断ち切られたから　ヘ. 病気がちで家族にたえず迷惑をかけるのが心苦しくて　イ. 家族を原爆で亡くし，心の支えを失ったから　ハ. 生涯，治る見込みがないから　チ. あの日の体験に，心をさいなまれて　ニ. 死を見つめて生きる苦しさに耐えられなくなって　リ. 被爆者だといわれたり，見られたりするのに耐えられなくて　ト. 家庭内の不和・離婚などにより，こころの支えを失ったから

図 4-1　〈生きる意欲〉を喪失した事由（回答の多いもの順）（複数選択可）
（＊〈生きる意欲〉の喪失経験のある者 1851 人に対する比率）

て、多いものから順に並べてみると、図4-1のようであった。

ご覧のように、「毎日がずっと病気との闘いであったから」、並びに「被爆によって夢や人生が断ち切られたから」が、上位を占めた。

「病気との闘い」

（1）　まず、「毎日がずっと病気との闘いであった」ということは、「治る見込み」(第五位)を生涯奪い、「病気がちで家族にたえず迷惑をかける」心苦しさ(第三位)のため負の自己評価をよりいっそう強めた。そればかりか、日々「死を見つめて生きる」苦しさ(第七位)ともなって、もはや逃れる望みすらない耐え難い絶望感をもたらす。

「病い」にかかわるこれら四つの事

みる，喪失事由

あり (時期不詳)	計	1+2. かつて	2+3. 今
66 (41.3)	588 (31.8)	492 (33.2)	111 (21.0)
100 (62.5)	734 (39.7)	568 (38.3)	215 (40.7)
95 (59.4)	543 (29.3)	376 (25.4)	205 (38.8)
35 (21.9)	230 (12.4)	176 (11.9)	78 (14.8)
74 (46.3)	672 (36.3)	559 (37.7)	171 (32.4)
78 (48.8)	616 (33.3)	439 (29.6)	231 (43.8)
18 (11.3)	126 (6.8)	103 (7.0)	36 (6.8)
62 (38.8)	443 (23.9)	336 (22.7)	140 (26.5)
23 (14.4)	188 (10.2)	144 (9.7)	57 (10.8)
9 (5.6)	103 (5.6)	81 (5.5)	25 (4.7)
560 (350.0)	4243 (229.2)	3274 (220.9)	1269 (240.3)
160 (100.0)	1851 (100.0)	1482 (100.0)	528 (100.0)

由(複数選択可能)についてその重複具合を整理してみると、一一九〇人、すなわち喪失体験者一八五一人の実に六割以上(六四%)が、病気に苦しんだがゆえに〈生きる意欲〉を失ったことになる。

これら四つの事由のうち、「かつても今もそう思うことがある」という人は、表4-2が示すように、その半数近く(四七%)が「毎日が病気との闘い」を、ついで「生涯治る見込みがなくて」「病気がちで家族に迷惑」を挙げた(四一〜四二%)のに対し、「今そう思っている」人のほぼ半数(四七%)は「病気がちで家族に迷惑」を第一位に挙げている(「毎日が病気との闘い」と「生涯治る見込みがなくて」は三二〜三四%)。

※〈生きる意欲〉を喪失させた事由のうち、病気と関連する四つの事由はいずれも、原爆がもたらした〈体の傷〉の有無に左右されている。すなわち、急性症状があり、かつその症状数が多かった者、被爆当時の「傷害類型」、ならびにその後の「病態類型」が重かった者ほど、「毎日が病気との闘いだった」を挙げる人の比率が規則的に増大している。「生涯治る見込みがない」や「病気がちで家族に迷惑をかけるのが心苦しくて」も、ほぼ同様の傾向をみてとる

表 4-2 〈生きる意欲〉の喪失の時期別に

	1 かつて思った	2 かつても今も	3 今そう思う
イ. 家族を原爆で亡くして	411(35.3)	81(25.4)	30(14.4)
ロ. 毎日が病気との闘いで	419(36.0)	149(46.7)	66(31.6)
ハ. 生涯治る見込みなくて	243(20.9)	133(41.7)	72(34.4)
ニ. 死見つめ生きる苦しさ	117(10.1)	59(18.5)	19(9.1)
ホ. 夢や目標断ち切られて	427(36.7)	132(41.4)	39(18.7)
ヘ. 病気がちで家族に迷惑	307(26.4)	132(41.4)	99(47.4)
ト. 家庭内の不和・離婚	72(6.2)	31(9.7)	5(2.4)
チ. あの日の体験苛まれて	241(20.7)	95(29.8)	45(21.5)
リ. 被爆者だといわれて	108(9.3)	36(11.3)	21(10.0)
その他	69(5.9)	12(3.8)	13(6.2)
回答・計	2414(207.5)	860(269.5)	409(195.6)
回答者実数	1163(100.0)	319(100.0)	209(100.0)

＊ ( )内は，回答者実数を 100 とする %.

ことができる。「死を見つめて生きる苦しさに耐えられなくて」は、その後の健康状態が最も重かった者(「病態類型Ⅳ」)に多く、病態類型がⅢ以下の二〜三倍になっている。

※被爆当時の傷害に、その後の健康の様態をつなげて、〈生きる意欲の喪失〉状況をみてみると、〈体の傷〉が当時もその後も重かった者(=傷害類型がG1「急性症状がありけがもやけども負った者」でその後の病態類型がⅣの者)の〈喪失〉率は七割を越える。傷害類型がG1で病態類型がⅢの者、および傷害類型がG2「急性症状ありで、けがかやけどのいずれかを負った者」で病態類型がⅣであった者も、その六割近い人が〈喪失〉体験を余儀なくされている。「毎日がずっと病気との闘い」および「生涯治る見込みがない」を喪失事由に挙げた人も、やはり「傷害類型がG1で病態類型がⅣ」である者に多くなっている。

被爆直後の傷害が重かった者、そしてその後の体調が思わしくなかった人ほど、「毎日がずっと病気との闘いであったから」や、「病気がちで家族に絶えず迷惑をかけるのが心苦しくて」「生涯治る見込みがないから」など、〈体の傷〉を原因とする〈喪失〉体験を余儀なくされてきた。

〈原爆〉が人間の身体に与えた〈傷〉が、いかに大きく重かったか。原爆がもたらした〈体の傷〉とは、人びとから〈生きる意欲〉を奪ってしまうほどに深かったということができる。

「家族をなくして」

(2) 一方、「かつても今も」や「今、そう思う」に比較すると、「かつて思ったことがある」人の喪失事由には、「毎日が病気との闘い」(三六%)とほぼ同率で、「家族を原爆で亡くして」(三五%)、あるいは「夢や目標が断ち切られて」(三七%)が並んで挙げられており、被爆直後にもたらされた断絶の激しさ・鋭さ・広がりをしめしている。

「家族をなくして」は、「かつて思ったことがある」という人に最も多く、次いで「かつても今も」の人の二五%、「今思っている」人の一四%へと順に比率が低下しており、〈家族の喪失〉による打撃は被爆直後においてより大きかったことを物語っている(表4-2)。

※「被爆したためにつらかったこと」のうち、〈家族の崩壊〉にかかわる三つの項目(「家族が散り散りになった」を除く、「家族を失った」「家や蓄えを失った」「支えになる人が居なくなった」)について、それらの選択パターン別にみてみると、〈生きる意欲〉を喪失した経験がある者の割合が最も高いのは、やはり三項目のすべてに該当した者であり、家族・家財・知人もろとも奪われた人(四三七人)の七割以上(七二%)が〈喪失〉経験を有している。また、家族崩壊の打撃がもっとも大きかったのは、

「かつて思ったことがある」人であり、〈家族〉もしくは〈支えになる人〉の喪失に〈家財の喪失〉が重なったとき、〈生きる意欲〉の喪失感が強く現れている。「家族を失ったこと」でつらい思いをしただけでなく、その家族の死によって「生活苦」に陥った者（問七の補問B）は、そうはならなかった者に比べて〈生きる意欲〉の喪失率はほぼ二倍になっている（特に「かつて思った」の場合、前者が四五％なのに対し、後者は二一％であった）。

※ところで、「家族を亡くして」という喪失事由は、傷害の重さと必ずしも連動せず、むしろそれに逆比例して現れる。というのは、〈家族の喪失〉は被爆当時の傷害の有無には関係なく起こりうるため、被爆当時の傷害が比較的軽かった人たちにとって〈家族の喪失〉のほうがより重くのしかかってくるからである。

「あの日の体験にさいなまれて」

（３）また、喪失体験者全体の四分の一（二四％）が、「あの日の体験にさいなまれて」を喪失事由に挙げている。あの日の〈地獄〉からかろうじて生き延びた人びとにとって生き残るとは、〈心の傷〉にさいなまれながら生き抜くことであった。そうした〈心の傷〉を喪失事由に挙げた人は、「かつても今も思うことがある」という人に多いが（三〇％）、「かつて思ったことがある」人だけでなく「今そう思っている」人も、そのおよそ二〇％がこれを喪失事由に挙げており、容易に癒されることのない〈心の傷〉の姿をみてとることができる（表４-２）。

※「あの日の体験に心をさいなまれて」は被爆直後の〈傷害〉の違いをこえて〈喪失〉事由に挙がっている。

「夢や目標が断ち切られて」

（4）「被爆によって夢や人生の目標が断ち切られたから」は、「かつて思ったことがある」人だけでなく、「かつても今もそう思うことがある」という人もその四割(四一%)が喪失事由に挙げている(「今思っている」人では一九%)。

「夢や目標が断ち切られて」を喪失事由に挙げた六七二人のうち、それのみを単独に喪失事由に挙げた人は七六人(一一%)にすぎず、残りの九割近くは、〈体の傷〉(「病気」に関連する四つの事由)や〈心の傷〉、〈家族の喪失〉のいずれか複数の喪失事由を挙げている。すなわち、「夢や目標が断ち切られたから」に加えて、

〈体の傷〉・〈心の傷〉・〈家族の喪失〉のうちいずれか一つを併せて挙げた者は　三〇六人
〈体の傷〉・〈心の傷〉・〈家族の喪失〉のうちいずれか二つを併せて挙げた者は　一九五人
〈体の傷〉・〈心の傷〉・〈家族の喪失〉のいずれも(三つとも)挙げた者は　六〇人

であった(このほかに「その他」の喪失事由を併せて挙げた者が三五人)。そこで、〈生きる意欲の喪失〉事由が複合する様をまとめてみると、

（ア）〈体の傷〉(「病気関連」)を喪失事由に挙げた一一九〇人のうち、「夢断絶」も挙げた人は四〇二人(三四%)

（イ）〈家族喪失〉を事由に挙げた五八八人のうち、「夢断絶」も挙げた人は二五六人(四四%)

（ウ） 〈心の傷〉を喪失事由に挙げた四四三人のうち、「夢断絶」も挙げた人は二一八人（四九％）
（エ） 〈体の傷〉と〈家族喪失〉を共に喪失事由に挙げた二五六人のうち、「夢断絶」も挙げた人は一三二人（五一％）
（オ） 〈体の傷〉と〈心の傷〉を共に喪失事由に挙げた二六八人のうち、「夢断絶」も挙げた人は一四四人（五四％）
（カ） 〈心の傷〉と〈家族喪失〉を共に喪失事由に挙げた一四一人のうち、「夢断絶」も挙げた人は一〇〇人（七一％）
（キ） 三つすべてを喪失事由に挙げた八二人のうち、「夢断絶」も挙げた人は六〇人（七三％）

という状況であった。

これをみると、「夢や目標が断ち切られたから」は、〈家族の喪失〉及び〈心の傷〉と併存して現れることが多いように思われる。これらに〈体の傷〉が加わるとき、〈生きる意欲の喪失〉感はいっそう深くなるようだ。

以上に加うるに、被爆者をみる世間のまなざしは、けっしてあたたかくはなかった（第八位）。このような目に遭えば、「夢や人生が原爆によって断ち切られた」という思いに人びとがとらわれるのも、けだし当然のことということができる。〈生きる意欲の喪失〉事由をまとめてみると、そんな原爆の姿が浮かび上がってくる。

「被爆によって自分の夢や人生の目標が断ち切られ」ることとは、〈体の傷〉を負わされたり〈家族〉を失ったというだけでなく、〈心の傷〉や〈不安〉にも苛まれる——終生、生きている限り——ことでもあったのである。

2 〝自　死〟——〈生きる意欲喪失〉の極限

〈生きる意味〉を奪われ、〈生きる意欲〉を失ってしまったとき、絶望のあまり人はやむなく、自殺・自死へと追い込まれることがある。この六七四四人の被爆者集団の身内にも、被爆から調査時点までの間に、二二人の自殺者があった(『原爆被害者調査』に応じた回答者の全体一三一六八人の中では、四七人になる)。かれらの〈自殺・自死〉には、どのような事情や背景があったのだろうか。日本被団協『「原爆被害者調査」第二次報告——原爆死没者に関する中間報告』(一九八八年)に掲載された資料「自殺の理由」をもとに、二二人の被爆者たちが〈自死〉を遂げるに至った所以(プロセス)を探ってみることにしよう。

【事例a】(広島、直爆一・七km、昭和二二年六月三日、三三歳)

「兄は医者として、一人息子が被爆後、毎日衰弱してゆくのをみて助からぬ事が分り、非常に苦しみ悲しんだ。息子が死んだあと九ヵ月後に、自らの命を絶った。原因は、軍医としてビルマ戦線で軍の命令で生体解剖をさせられたことだということを五年程前に知った。あの兄が、生体解剖をさせられた、した、ということ、これが戦争なのだ。しかし私には、原爆による一人息子の死も原因の一端であるとも思えてならない。」

この例に出てくる「一人息子」は、「頭と腹に大怪我をし、腸がとび出したのかと思った程の傷であった。被爆後、元気が無くなり、日増しに衰弱してゆき、蚊の刺したあともすぐ化膿してひどくなり治らなかった」。この子は、昭和二一(一九四六)年九月二日、わずか四歳で、「母親の腕の中に抱かれていて冷たくなった」。

【事例b】(長崎、直爆一・五km、昭和二五年四月三日、二〇歳)

「(弟は)仕事ができなくなって、体が弱くて、いつも青白い顔をして、仕事中に倒れることが何度もあった。『男のくせに鼻血を出して』と職場の人からも言われ、とうとう自殺した。」

【事例c】(長崎、直爆一・二km、昭和二七年五月一九日、六二歳)

「父は、戸の外に立っていて被爆。顔面、肩、腕、足等、体の右半分熱傷を負い、頸部裂傷で頸部の傷の悪化により骨髄炎となり、苦しみつづけ排膿をつづける。強度の頭痛に耐えられず、自殺した。」

【事例d】(広島、直爆一km、昭和三二年九月二日、三〇歳)

「(兄は)肉親を亡くしたことは言うまでもなく悲しみ、ヤケドは全身の半分で医師に見放されていたのが、思いがけなく生を取りとめていた。何時も恐怖におびえて生きており、お天気の悪い日はことさらヤケドが痛み苦しんでいた。結婚の話のあるごと身体の事があって苦しんでいた。このヤケドの身の苦しさに思い余り生きる希望を無くし自殺してしまった。」

事例dの妹は、兄の「ケロイドの苦しみは私の眼に余る痛みでどうしてやりようもなく共に苦しんだ」。「唯、原爆がにくい。いかなる対策があろうと、身に受けた苦しみは消えない」と記している。

【事例e】（長崎、直爆一㎞、昭和三五年八月四日、二九歳）

「親子三人がちょうど家に居て被爆した。家はめちゃめちゃにこわれたが、三人ともけがはなく、防空壕にのがれた。家はないし、食べるものはないし、親子三人が郷里に帰り、生きるための生活がはじまる。間もなく娘は自立し、息子も家の状態を考えたのか、学校をやめ、マグロ漁船員となり、昭和二九〜三二年まで、ビキニ、クリスマス島など南方の海上で水爆実験の放射能を受け、体調がわるくなり、二度の被爆にすっかり体に自信を失ったらしく、二度海中に身を投げたが、助けられる。体の不安に希望を失った息子は病院をぬけ出し、水死体で発見された。どんなに苦しく、どんなに口惜しかったことか。」

「金をかせいで母親に楽をさせたい」と親しい人によく話していた、と聞かされた事例eの母は、「被爆の体で、核実験場の海で働き、その水で体を洗い、魚を食べて生活するしかなかった息子」のことを、つらくて思うまいとしても、年をとるにつれてどうしようもなかった。息子は「長崎で被爆したことは隠し通していた」らしく、「今思えば、長崎の被爆と、実験による放射能を浴びながらの生活が、すっかりいやになっていたようで船にのるのを恐れていた」という。

【事例f】（長崎、直爆・距離は不明、昭和四五年一二月二四日、三〇歳）

「父母を早く亡くし、気がやさしい弟でしたので、苦しい事があっても相談する者がなく、両親が居たら自分で命を絶つこともなかっただろうにと思うと可哀想でなりません。」

この事例の両親も直爆。昭和二三（一九四八）年一一月に母を結核で、また、三四（一九五九）年二月に父を肝臓癌で失っている。

【事例g】（長崎、直爆一・二km、昭和四七年六月一四日、三五歳）

「弟は、自宅の防空壕内、右頭部を強く打撲して耳の骨が陥没した。音のする作業出来ず、職につけず、頭痛に苦しんで、昭和四六年上阪したが、苦しんだ末に自殺した。」

【事例h】（広島、直爆三km、昭和四八年五月二日、五六歳）

「（姉は）やけどの傷あとに苦しんで、絶えず死にたいと苦しんでいました。」

【事例i】（長崎、直爆一・五km、昭和四九年一一月一〇日、六九歳）

「（母は）乳ガン、肺結核、糖尿病、高血圧、白内障などで苦しんで、入院、退院をくりかえしていた。日頃から、早く死にたいと言っていた。」

【事例j】（長崎、胎内被爆、昭和五〇年一月一三日、二九歳）
「従妹は喉頭ガンと知り、誰にも言わず、淋しく自殺の道を選んだ。二人共、生まれたことが即、不幸への直行だった。」

「二人共」のもう一人は、事例jの母のことで、昭和三一年に病死。この従妹の自死を報告した被爆者は、「何の為の人生なのか、誰に訴えればいいのか」と書き添えている。つぎの事例の遺族も、「被爆者の治療において心身両面からのアプローチがもっと早くからなされてよかったのではないか」と記している。

【事例k】（広島、直爆三・五km、昭和五一年一月二日、推定四〇歳代）
「姉（長女）は［女学校］四年生で動員により、工場で作業に従事。八月七日以降も入市し、父の遺体を探し歩いた。結婚し、二児を出産したが、子どもの出産を機にホルモン系の代謝異常が進行し、最終的には心身症の症状を呈し、日常生活が困難となり、二〇歳代後半で離婚となる。以後、死ぬ（自殺）まで、入・退院を繰返す悲しい日々が続いた。」

【事例l】（広島、直爆〇・七km、昭和五一年二月二八日、三九歳）
「弟は末っ子で母が亡くなって、私達、親類の者も困りました。一日に何度か鼻血が出て、そばで見ているだけで何も出来ず、これが私には苦痛でした。体の調子が悪い関係か、気が短く仕事はてきぱきしている様に思いますが途中でさっと外に出て行くことが多かった。職場も一ヵ所で長続きせず転職が多かった。友人を大切にしていた様子で死亡の折二〇数名が来てくれました。私には苦しみを言っていましたが、日頃と変わらず突然自殺しました。」

【事例m】（広島、直爆一・八㎞、昭和五七年、推定五〇〜五一歳）

「（姉は）被爆によるやけどやけががひどく、体も弱く、結婚もできなかった。ずっと苦しんだり悩んだりしていたのだろう、口には出さなかったが。自殺された。」

前の晩、姉から、「おせわになりました」と電話があったという。調査票には「お姉さんの支えになってあげたかった」と記されている。

なぜ自殺したのか？――調査票には、二二人全員の死亡の詳細が記されているわけではない。身近にあった者でさえ、背景のようなものは推測することはできても、自ら死を選択した当人の、本当のところは、謎に包まれているものであろう。しかし、ここに紹介した事例のかぎりにおいても、「原爆で肉親を亡くした悲しみ」に生きる支えを失い、「けが・やけどの傷痕」に苦しみ、「被爆を境に体が弱く」なり、「病気との闘いの日々」を送らされ、「原爆症の不安・恐怖」におびえながら、「働くことも思うように」ならず、「夢や希望を奪われ」て、「隠そう、忘れよう、早く死にたい」と苦しんできた被爆者たちの、〈苦悩多き生〉を窺い知ることができる。

第二章〈体の傷〉で触れた、〈原爆死者〉たちの【亡くなるまでの苦しみ】を想い起こしてほしい。自殺者たち・自死した被爆者たちが抱え込んだ苦悩は、何千にのぼる原爆死者たちがたどらされた苦しみ(九九〜一〇〇頁)と重なりあっている。いっぽう私たちは、少なからず聞いて知っている——一度は自殺を考えたことがあり、実際に試みたことがある被爆者がいることを。この人たちは、なんらかの事情で思いとどまり、未遂に終わったのである。

これらのことを踏まえれば、被爆者を〈生きる意欲の喪失〉状況に追い込んだ力は、自死した人びとと個々の身の上を超えて、被爆した人たちすべてに作用しているものとみることができる。

3 苦しみが重なるとき

では、そのような、〈原爆〉が人間に作用する力とは、どのようにすれば、それをより一般的なかたちで検証することができるのだろうか。前章まで、わたしたちは、生存者たちが被爆直後から直面してきた被害の様相を三つの側面から探ってきた。ここから先に大切なことは、そうした要因群が重なり(絡まり)あうとき、人間はどのような状況に立たされることになるのか——原爆が人間にもたらしたさまざまな苦しみの重なり具合を把握し、それを通して、人びとが〈生きる意欲の喪失〉に追い込まれていく仕組み(蓋然性)を解き明かしていくことである。

一 「つらかったこと」が重なると……

まず最初に、「つらかったこと」と〈生きる意欲の喪失〉とのつながりぐあいを確かめておこう。

(1) 「被爆したためにつらかったことは?」という問いに、「特につらいことはなかった」と答えた人は、一〇六六人(総数の一六%弱)であり、残る五六七八人は、何らかの「つらかったこと」を味わわされながらそれをかかえて生きてきた。

前者の「特につらいことはなかった」と答えた人のなかにも、〈生きる意欲の喪失〉を経験した人が一二人あったが、その九七%(一〇三八人)は、「あのとき、死んでいた方がよかった」とか「死んだ方がましだ」というようなことは「考えたことがない」と答えている。一方、少なくとも一つ以上は「つらかった」ことがあった被爆者(五六七八人)では、その三二%(一八三九人)の人に〈生きる意欲の喪失〉がみられた。

このような回答結果は、この二つの質問に対する回答の整合性の高さをしめすものであると同時に、両者のあいだには極めて高い相関関係がある——すなわち、「つらかったこと」の有無が、〈生きる意欲の喪失〉の有無を左右している——ことを物語っている。

(2) もとより、「つらかったこと」があったからといって、人はただちに、〈生きる意欲〉を喪失するわけではない。少なくとも一つ以上「つらかった」ことがあった被爆者でも、そのおよそ六五%は、「いっそ死んでいればよかった」とか「死んだ方がましだ」というように「考えたことはなかった」のである。

しかるに、〈生きる意欲〉を喪失したことがある人と、「考えたことがない」人とを対比してみると、「つらかったこと」の一人当たり平均件数は、後者がおよそ二個強であるのに対し、前者は五個を上回っており、〈喪失〉経験のある者はそれだけ多くの「つらさ」を背負ってきたことがわかる。〈喪失〉を経験した時期別にみると、「つらかったこと」の一人当たり平均件数は、「かつて思ったことがある」人でおよそ五個、「かつても今も」という人が六個弱、「今そう思っている」人で四個となっていて、〈喪失〉が長期に及んだ人ほど、多くの「つらかったこと」を味わわされてきたことがわかる。

二　〈傷〉が重なると……

どのような苦しみが、生き残った人びとを、〈生きる意欲の喪失〉へ追い込んでいくのだろうか。ここでは、〈心の傷〉の有無、〈体の傷〉の有無、〈不安〉の有無・大小によって、〈生きる意欲の喪失〉状況が、どのように違うのか、データを詳しく調べてみることにしよう。

〈心の傷〉がある者は

まず最初に、第一章で紹介した三つの〈心の傷〉項目の選択パターン別に、〈生きる意欲〉の喪失状況をおさえてみる。

（1）〈心の傷〉の有無を測る三つの指標によって、〈喪失〉状況に違いがあるかどうかをみてみると、表4-3のごとく、「原爆や核兵器の報道を見聞きしたとき」を挙げた人より、「被爆当時の死を思いだしたとき」を挙げた人のほうが、また、「当時の死を思い出したとき」より、「あの日の出来事が深く心の傷あとになって残ったこと」を挙げた人のほうが、〈喪失〉率が高くなっている。

（2）また、「あの日の出来事が心の傷に」に、「原爆や核の報道を見聞きしたとき」、さらに

「被爆当時の死を思い出したとき」が重なるにつれて、〈喪失〉率が高まっていっており、とりわけ、それら三つすべてについて「ある」と答えた人では、その半数(五一%)が〈生きる意欲の喪失〉経験を持っていた。

〈不安〉を抱える者は

つぎに、第三章で述べた〈不安〉についても、それを測る三つの指標の選択パターンに着目して(**表4-4**)〈生きる意欲の喪失〉状況をおさえてみよう。

(3) 〈不安〉を測る三つの指標のうち、「子供を産むこと、生まれた子供の健康・将来のことに不安を抱いてきた」を挙げた人より、「健康にいつも不安を抱くようになったこと」を挙げた人のほうが、そしてその両者を共に挙げた人のほうが、〈喪失〉率が高くなっている。

(4) それらに加えて、「大いに不安がある」を挙げた人の〈喪失〉率はぐっと高まり、とりわけ、「健康の不安」・「子供のことで不安」・「大いに不安」を三つとも挙げた人では、その過半数(五五%)が〈生きる意欲〉を喪失した経験を持っている。

〈心の傷〉・〈不安〉に〈体の傷〉が重なったとき

さらに、第二章で詳細に検討した〈体の傷〉の有無を、〈心の傷〉や〈不安〉に重ねると、〈生きる意欲の喪失〉状況はどのようになるのだろうか。〈体の傷〉については、たくさんある関連項目のなかから、「病気がちになったこと」(二番目に多くの被爆者が「つらかったこと」として挙げたもの)を

の選択パターン別にみた，〈生きる意欲の喪失〉状況

〈生きる意欲の喪失〉経験				
1. かつて思った	2. かつても今も	3. 今そう思う	喪失したことある(全)	考えたことない
165(28.0)	61(10.3)	23(3.9)	302(51.2)	265(44.9)
167(28.8)	51(8.8)	23(4.0)	269(46.5)	293(50.6)
63(26.8)	16(6.8)	3(1.3)	90(38.3)	135(57.4)
141(22.4)	34(5.4)	25(4.0)	220(34.9)	386(61.3)
536(26.4)	162(8.0)	74(3.6)	881(43.3)	1079(53.0)
104(16.9)	25(4.1)	22(3.6)	175(28.4)	423(68.6)
153(14.9)	52(5.1)	38(3.7)	254(24.8)	752(73.4)
88(13.7)	21(3.3)	16(2.5)	130(20.2)	493(76.6)
282(11.6)	59(2.4)	59(2.4)	411(17.0)	1952(80.5)
627(13.3)	157(3.3)	135(2.9)	970(20.6)	3620(76.9)

なお，〈喪失経験〉の有無の項は「その他」を除いて作表．また，「喪失した

にみた，〈生きる意欲の喪失〉状況

〈生きる意欲の喪失〉経験				
1. かつて思った	2. かつても今も	3. 今そう思う	喪失したことある(全)	考えたことない
313(34.2)	97(10.6)	37(4.0)	502(54.9)	383(41.9)
247(24.9)	102(10.3)	69(6.9)	484(48.7)	482(48.5)
28(31.1)	7(7.8)	5(5.6)	44(48.9)	43(47.8)
66(22.0)	30(10.0)	13(4.3)	121(40.3)	171(57.0)
654(28.5)	236(10.3)	124(5.4)	1151(50.1)	1079(47.0)
106(18.4)	20(3.5)	13(2.3)	148(25.7)	408(70.8)
183(16.6)	26(2.4)	34(3.1)	248(22.5)	818(74.3)
30(13.7)	5(2.3)	1(0.5)	38(17.4)	174(79.5)
87(9.4)	21(2.3)	24(2.6)	133(14.4)	759(82.1)
406(14.4)	72(2.6)	72(2.6)	567(20.1)	2159(76.6)
14(21.9)	2(3.1)	1(1.6)	18(28.1)	45(70.3)
24(11.0)	2(0.9)	1(0.5)	32(14.6)	183(83.6)
11(11.3)	0	0	11(11.3)	82(84.5)
54(4.3)	7(0.6)	11(0.9)	72(5.8)	1151(92.3)
103(6.3)	11(0.7)	13(0.8)	133(8.2)	1461(89.8)

経験〉の有無の項は「その他」を除いて作表．また，「喪失したことある

表 4-3　〈心の傷〉

〈心の傷〉			該当者数
あの日が心の傷に	当時の死を思い出し	原爆・核報道聞いて	
○	○	○	590 (100.0)
○	○	×	579 (100.0)
○	×	○	235 (100.0)
○	×	×	630 (100.0)
小　計			2034 (100.0)
×	○	○	617 (100.0)
×	○	×	1025 (100.0)
×	×	○	644 (100.0)
×	×	×	2424 (100.0)
小　計			4710 (100.0)

＊（　）内はパターンごとの該当者数を100とする比率．ことある(全)」には，時期不詳の者を含んでいる．

表 4-4　〈不安〉の選択パターン別

〈不安〉				該当者数
大いに不安がある	すこし不安がある	健康いつも不安	出産／子供に不安	
○	×	○	○	914 (100.0)
○	×	○	×	993 (100.0)
○	×	×	○	90 (100.0)
○	×	×	×	300 (100.0)
小　計				2297 (100.0)
×	○	○	○	576 (100.0)
×	○	○	×	1101 (100.0)
×	○	×	○	219 (100.0)
×	○	×	×	924 (100.0)
小　計				2820 (100.0)
×	×	○	○	64 (100.0)
×	×	○	×	219 (100.0)
×	×	×	○	97 (100.0)
×	×	×	×	1247 (100.0)
小　計				1627 (100.0)

＊（　）内はパターンごとの該当者数を100とする比率．なお，〈喪失(全)」には，時期不詳の者を含んでいる．

指標として取り上げる。〈体の傷〉に関する指標が一つであることを考慮し、〈心の傷〉や〈不安〉についてもそれぞれ三つずつある指標のなかから、〈生きる意欲〉を喪失させる最も大きな要因にしぼってみた。

(5) 表4-5で、まず、〈心の傷〉、〈体の傷〉、〈不安〉について、それぞれが単独で出現したときの〈喪失〉状況をみてみると、「あの日の出来事が心の傷あとに」を挙げた人より、「病気がちになったこと」を挙げた人のほうが、また「病気がちになった」を挙げた人より「大いに不安」を挙げた人のほうが、〈喪失〉率が高い。

(6) 一方、二つもしくは三つの指標が重なったパターンをみていくと、「心の傷あと」に加えて「病気がちに」を挙げた人より「大いに不安」を挙げた人のほうが、それよりも、「病気がちに」と「大いに不安」を共に挙げた人のほうが、〈喪失〉率が高まっていき、とりわけ三つとも挙げた人では、〈生きる意欲の喪失〉経験はその三分の二(六七%)もの人に及んでいる。

パターン別にみた，〈生きる意欲の喪失〉状況

〈生きる意欲の喪失〉経験			
2. かつても今も	3. 今そう思う	喪失したことある(全)	考えたことない
107(14.7)	38(5.2)	489(67.2)	211(29.0)
79(10.5)	56(7.5)	379(50.6)	353(47.1)
22(7.7)	7(2.5)	124(43.5)	152(53.3)
17(4.9)	10(2.9)	142(40.6)	193(55.1)
28(5.2)	23(4.3)	159(29.7)	363(67.9)
29(3.6)	30(3.8)	191(24.0)	586(73.5)
16(2.4)	19(2.8)	126(18.8)	523(77.9)
21(0.8)	26(1.0)	241(9.2)	2318(88.2)
319(4.7)	209(3.1)	1851(27.4)	4699(69.7)

なお，〈喪失経験〉の有無の項は「その他」を除いて作表.
んでいる.

表4-5　〈心の傷〉〈体の傷〉〈不安〉の選択

あの日が心の傷に	病気がちになった	大いに不安がある	該当者数	
				1. かつて思った
○	○	○	728(100.0)	269(37.0)
×	○	○	749(100.0)	211(28.2)
○	×	○	285(100.0)	76(26.7)
○	○	×	350(100.0)	101(28.9)
×	×	○	535(100.0)	98(18.3)
×	○	×	797(100.0)	126(15.8)
○	×	×	671(100.0)	90(13.4)
×	×	×	2629(100.0)	192(　7.3)
小　計			6744(100.0)	1163(17.2)

＊（　）内はパターンごとの該当者数を100とする比率.
また，「喪失したことある(全)」には，時期不詳の者も含

三　〈苦悩〉が重なると……

もろもろの被害のこうした重層化について、前章で用いた〈苦悩層〉というカテゴリーを使って、別の角度から迫ってみよう。

（1）　生存者たちは、被爆後、〈学業〉や〈就職・仕事〉―〈結婚〉―〈子育て〉など、人生の節目節目において〈原爆〉に、そして自分が「被爆者である」という事実に直面させられた。それらの四つの〈苦悩〉の重なり具合を層化し、〈喪失〉経験の有無を調べてみたところ（前述のように、どの節目を生き抜いてくるかは被爆当時の年齢によって違いがあるため、ここでは被爆時二四歳以下であった者に限定）、表4-6がしめすように、〈苦悩〉がより多く重なるにつれて、〈生きる意欲の喪失〉経験がある者の割合は、極めて規則的に増大していっており、とりわけⅣの層（四つの節目にすべて被爆者であるがゆえにの苦悩に直面した人びと）ではその八割（七八％）が〈喪失〉を経験したことがある。

この表はまた、Ⅲの層でも五五％の人が、Ⅱの層でもその三三％が〈生きる意欲の喪失〉に追い込まれたことを示している。苦悩が三つ以下の層それぞれについて、四つの苦悩の組み合わせパター

表 4-6　〈苦悩層〉別，〈生きる意欲の喪失〉状況

問 19〈生きる意欲の喪失〉	苦悩層				
	Ⅳ	Ⅲ	Ⅱ	Ⅰ	0
かつて思ったことがあった	52.7	36.3	22.0	14.4	5.4
かつても今も思うことがある	13.1	9.2	5.7	3.4	0.9
今，そう思っている	3.0	4.0	3.2	4.3	1.4
思ったことがある(時期不詳)	9.4	5.4	2.1	0.9	0.1
喪失経験ある人の合計	78.2	54.9	33.0	22.9	7.8
考えたことがない	20.1	41.3	63.6	74.0	90.2
計	(298)	(521)	(873)	(1125)	(1538)

＊　〈生きる意欲の喪失〉が「その他」の者を除いて作表．％は縦計の人数を 100 として算出．

表 4-7　苦悩層別，〈不安〉，〈つらかったこと〉，〈喪失〉状況

苦悩層	大いに不安がある	つらかったこと(平均数)	生きる意欲の喪失	加重 A	加重 B	加重 A＋B
				被爆による生活苦	家庭生活の悩み	
Ⅳ	76 %	6.7 個	78 %	82 %	82 %	84 %
Ⅲ	61	5.3	55	63	62	69
Ⅱ	44	3.9	33	52	47	63
Ⅰ	34	3.1	23	40	38	54
0	14	2.2	8	22	29	40
全体	35	3.7	27	51	54	66

＊　この表は，6 つの統計を合成したもの．％や平均数は各苦悩層の横計を分母に算出してあるが，分母の値が上の欄の項目ごとにそれぞれ異なる(問いによって該当する人数が違う)ため，表が煩雑にならぬよう割愛した．

ンを細かく確認してみると、Ⅲ〜Ⅰ層ともに、「就職・仕事で悩んだ」を含むパターンの者に喪失率が高くなっていた。

（2） 表4-7を見てほしい。まず表の左半分に注目すれば、〈学業〉―〈就職〉―〈結婚〉―〈子育て〉などの面で苦悩が数多く重なるにつれて、〈不安〉や、そして「つらかったこと」の一人当たり平均数が、規則的に増大していっていることがわかる。このことは、人生の節目節目で〈原爆〉に直面する（させられる）ことの重みを示唆するものであり、それらの〈苦悩〉が重なるにつれて、〈喪失〉率が増大していくゆえんを間接的に裏付けている。

他方、この表の右半分はまた、〈苦悩層〉を構成する四つの項目にくわえて、被爆による「生活苦」もしくは「家庭生活の悩み」の有無を重ねてみたところ、「被爆による生活苦」や「家庭生活の悩み」がそれぞれ単独で、または両者ともにのしかかった者は、よりいっそう〈生きる意欲の喪失〉へと追い込まれたことを示している。〈生活苦〉および〈家庭生活の悩み〉は、〈学業〉―〈就職〉―〈結婚〉―〈子育て〉の悩みにぶつかることの少なかった人びと（Ⅱ以下の層）にとっても、それぞれ〈喪失〉要因の一つであったことがわかる。

以上のように、さまざまな苦悩が積み重なれば、それはもはや〈生〉そのものの崩壊にほかならず、被爆者たちが〈生きる意欲〉や〈生きる意味〉を剝奪されたと感じとるのも、けだし無理のないところであろう。

〈生きる意欲〉を喪失した事由について、〈喪失〉経験がある者全体では「毎日がずっと病気との闘いであったから」が第一位、「被爆によって夢や人生の目標が断ち切られたから」が第二位であったが、被爆時二四歳以下を対象とする「苦悩層」に限定してみると、「夢や人生の目標が断ち切られたから」(該当者一一八五人のうちの三八%)が、「毎日が病気との闘い」(三七%)をわずかだが上回った。なかでもⅣ層とⅢ層の場合、「被爆によって夢や人生が断ち切られたから」が〈喪失〉事由に占める比率は、それぞれ五四%、四六%となっている(Ⅳの層と0の層の比率差はこの事由が最も大きく、三四ポイントも開いている)。若い時期に被爆した人びとにとって、被爆とは、激しい「断絶」であったとみなすことができる。

4 〈生きる支え〉・〈生きる糧〉

一 〈生きる支え〉

では、〈心の傷〉、そして〈体の傷〉を負い、さらに〈不安〉を抱かされた被爆者たちは、そのような苦しみとどうたたかってきたのだろうか。〈原爆〉とどう立ち向かいながら、いまを生き抜いているのだろうか。

これをとらえるために、『原爆被害者調査』では、「つらかったこと」、〈生きる意欲の喪失〉の後につづけて、【問二〇　いま、あなたの生きる支えや、はりあいになっているのはどんなことですか】という設問を置いた。

※ 問二〇「生きる支え」の選択肢のうち、「安定した生活を築くこと」「家族に囲まれて暮らすこと」「仕事に生きること」「趣味に生きること」「宗教に生きること」「多くの人とふれあうこと」「地域や社会のために役立つこと」の七項目は、中国新聞『段原の七〇〇人』の調査事項、「高齢化のなかで必要なものは?」及び「安定した老後に必要なものは?」の選択肢を参考に作成されたが、「原爆で死んだ人たちの霊をなぐさめること」「原爆に負けないようにすること」「被爆の証人として語りつぐこと」「被爆者の仲間のために役立つこと」「援護法制定の日まで生きぬくこと」「核兵器をこの地球からなくすために生きること」は、この調査の目的に沿って独自に加えたものである。すなわち、《死者との対話》、《生存者との対話》、《非被爆者との対話》は被爆者の〈生きる支え〉とどうかかわっているのか、そして、被爆者のふたつの「基本要求」――「核廃絶」と「援護法の制定」――は、被爆者の生きる意味とどのようにつながっているのか。

〈生きる支え〉に関するこの問いへの回答を、多いものから順に並べてみると、図4-2のようであった。

(イ) 多くの被爆者が〈生きる支え〉に挙げたのは、「家族に囲まれて暮らすこと」(二六八一人、総数六七四四人の四〇%)並びに「安定した生活を築くこと」(二三三六人、同上三五%)であるが、それらに並ぶように、ほぼ三人に一人が「核兵器をこの地球からなくすために生きること」(二三六八人、同じく三五%)、そして「援護法制定の日まで生きぬくこと」(二二四六人、三三%)を挙げた。

(ロ) つぎに、「多くの人とふれあうこと」・「趣味に生きること」(二七%)、「地域や社会のために役立つこと」(二二%)が続き、それらとともに、「原爆で死んだ人たちの霊をなぐさめること」や

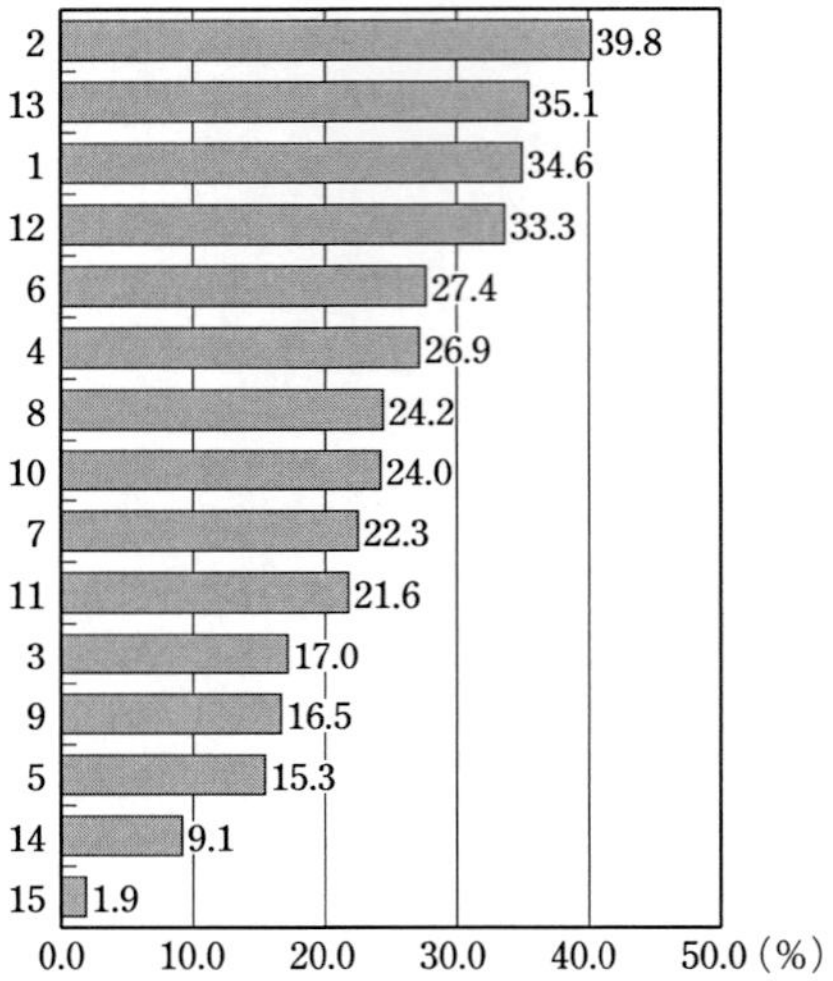

2. 家族に囲まれて暮らすこと　13. 核兵器をこの地球からなくすために生きること　1. 安定した生活を築くこと　12. 援護法制定の日まで生きぬくこと　6. 多くの人とふれあうこと　4. 趣味に生きること　8. 原爆で死んだ人たちの霊をなぐさめること　10. 被爆の証人として語りつぐこと　7. 地域や社会のために役立つこと　11. 被爆者の仲間のために役立つこと　3. 仕事に生きること　9. 原爆に負けないようにすること　5. 宗教に生きること　14. 特にない　15. その他

図 4-2　生きる支えやはりあいになっていること（回答の多いもの順）（複数選択可）（＊総数 6744 人に対する比率）

「被爆の証人として語りつぐこと」「被爆者の仲間のために役立つこと」(二四～二二%)が挙がっている。

（ハ） 被爆後四〇年が経ち、被爆者の高齢化も反映してか、「仕事に生きること」を挙げた者は一七%にとどまり、「原爆に負けないようにすること」(一七%)、「宗教に生きること」(一五%)がほぼ同率で挙がった。

（ニ） 一方、〈生きる支え〉について「特にない」と答えた人が一割弱(九%)あった。このなかには、〈生きる支え〉なぞ特に必要としないという人だけでなく、そのような〈支え〉が見出せないまま呻吟している被爆者も含まれているものと思われる。

※「生きる支えが特にない」とした六一六人とは、どのような被爆者なのか？ そのうち、二三%は「病気がちになったこと」を、二八%は「いつも不安に」を、一一%は「心の傷」を「つらかったこと」として挙げた。被爆後の健康状態を測る「病態類型」が0の者は二七%にすぎず、Ⅲ・Ⅳの者が三二%あった。また、九三人(一五%)は「被害層Ⅳ～Ⅶ」(後述)に属しており、八七人(一四%)は〈生きる意欲の喪失〉を経験したことがある。

以上のごとく、〈生きる支え〉は、挙げた人の割合で大まかに括ってみると、回答者の三分の一もしくはそれ以上の人びとが挙げたもの、四人に一人前後が挙げたもの、そして六人に一人程度が挙げたもの、の三つのグループからなるようだ。グループごとにそれぞれの内部をさらに観察すると、「安定した」、あるいは「充実した」日々を送りたい(過ごしたい)という姿があると同時に、〈原爆〉に抗いながら生きている(生き抜こうとしている)被爆者の姿をも窺うことができる。

二 〈生きる支え〉から思想化の型を探る

ところで、〈生きる支え〉は、一つとは限らない。「特にない」という人を除き、なんらかの支えを挙げた者一人当たりでみると、平均して三・七個の支えが挙がった。このような複数選択データの場合には、回答相互の選択パターン——どのような〈支え〉が相互に組み合わさって選ばれているのか——に着目して類型化するほうが、集計・分析がやりやすく、データの意味もとらえやすい。例えば、

◆「援護法制定の日まで生きぬくこと」もしくは「核兵器をこの地球からなくすために生きること」を支えに挙げた人は、同時に「原爆で死んだ人たちの霊をなぐさめること」や「原爆に負けないようにすること」「被爆の証人として語りつぐこと」を挙げている被爆者に多く(それぞれのおよそ六〜七割)、他方、

◆「安定した生活を築くこと」や「家族に囲まれて暮らすこと」「仕事に生きる」「趣味に生きる」を支えに挙げた被爆者で、「援護法の制定」もしくは「核兵器の廃絶」を支えに挙げた人はそれぞれの四割弱(三五〜三九%)にとどまっている。また、

◆「宗教に生きる」や「多くの人とふれあうこと」、そして「地域や社会のために役立つこと」を支えに挙げた被爆者で、「援護法制定」もしくは「核兵器の廃絶」を同時に支えに挙げた人はそれぞれの五割弱(四四〜四九%)になっている。このように、これら三つを〈生きる支え〉に挙げた人は、前二者のちょうど中間的な位置にあるが、「地域や社会に役立つ」を支えに挙げた人ではその

六割弱(五八%)が「核兵器の廃絶」を同時に生きる支えに挙げている。

このように、〈原爆〉とたたかい(抗い)ながら生き抜いてきた〈人間〉という視点から、〈生きる支え〉に対する回答の選択パターンを読み込んでいくと、そこにはいくつかの類型があることに気づかされる。石田忠は、周到な分析過程を経て、つぎに掲げる、六つの類型を探り当てた。

類型A 〈生きる支え〉のなかに次の三つのすべてを含めている者　九一五人(一三・六%)
「10 被爆の証人として語りつぐこと」(「証人」)
「12 援護法制定の日まで生きぬくこと」(「援護法」)
「13 核兵器をこの地球からなくすために生きること」(「核廃絶」)

類型B 上の三つのすべてではないが、そのいずれか一つもしくは二つを〈生きる支え〉のなかに含めている者　二四七四人(三六・七%)

類型C 上の三つはどれも挙げなかったが、次の三つのすべて、またはいずれかを、〈生きる支え〉に含めている者　六〇二人(八・九%)
「8 原爆で死んだ人たちの霊をなぐさめること」
「9 原爆に負けないようにすること」
「11 被爆者の仲間のために役立つこと」

類型D 以上8～13のいずれも〈生きる支え〉として挙げなかった者のうち、次の選択肢を含めている者　三七九人(五・六%)
「7 地域や社会のために役立つこと」

類型E　以上のいずれをも〈生きる支え〉のなかに含めず、次の項目のみを選択した者　一七五八人（二六・一％）
「1　安定した生活を築くこと」
「2　家族に囲まれて暮らすこと」
「3　仕事に生きること」
「4　趣味に生きること」
「5　宗教に生きること」
「6　多くの人とふれあうこと」
類型F　以上一三個の選択肢のいずれもあげることなく、〈生きる支え〉など「14　特にない」と答えているもの　六一六人　（九・一％）

このような六つの〈生きる支え〉をめぐる類型は、〈原爆〉がもたらした被害や苦しみと、どう関わっているのだろうか。生き残った者たちはどうして、それ(ら)を支えに生きている(きた)のか。そこに何を求め、見出しているのか。〈生きる支え〉の人間的意味について理解するためには、〈心の傷〉や〈体の傷〉、〈不安〉など〈原爆〉がもたらした被害との関連を確かめてみなくてはならない。

5　原爆被害者の層化——総括表が語りかけること

それをかなえるためには、もう一方の、〈原爆〉が人間にもたらした被害についても、〈生きる支え〉を類型化したのと同様に、数量的に把握するよう工夫しなくてはならない。ここでの数量化とは、被爆者一人ひとりを、その原爆体験の重さと深さによって、分類すること＝層化することである。

〈原爆体験〉の重さと深さを測る指標は、〈心の傷〉を測る調査項目から三つ、〈体の傷〉を測る調査項目から一つ、そして〈不安〉を測る調査項目から三つ、合わせて七つの被害に求めた。あまたある被害項目のなかから、どうしてそれらが取り出されたのか。このことはすでに、前章までの考察において順を追って明らかにしてきたところであり、ここにおいてそれらは、被爆者を層化する指標として統合されることになる。

七つの被害項目のすべてがある者を層Ⅶ、七つの被害項目のうちいずれか六つの被害がある者を層Ⅵとする、というように順に区分けしていき、七つの被害項目のいずれにも該当しない者を層0とする。そうすると、全部で八つの層に区分される。つまり、0の層からⅦの層にのぼるにつれて、被害が積み重なっていくのである。

※八つの層について、「傷害類型」別に対比してみると、被爆当時の傷害類型が重い者ほど(重くなるにつれて)、「被害層」Ⅳ～Ⅶの割合が上昇し、「つらかったこと」の一人当たり件数や、〈生きる意欲の喪失〉体験のある者の割合も、傷害類型が重いものになる(G5→G4→G3→G2→G1)につれて、規則的に増大している。同様に、「病態類型」別に対比してみると、その後の健康状態が思わしくなかった者ほど(類型が0からⅣへと悪化するにつれて)、被害層Ⅳ～Ⅶの層の者が上昇し、「つら

かったこと」の一人当たり件数や、〈生きる意欲の喪失〉体験のある者の割合も、病態類型が重いものになるにつれて規則的に増大している。

「総括表」(一六八頁)は、わたしたちに、どのようなことを語ってくれているのだろうか。

(1) まず、表の左半分に着目してみよう。被害層を0からⅦへ上に向かってのぼっていくと、「つらかったこと」の数(平均数)が順に上昇してゆき、〈生きる意欲の喪失〉を体験した人の割合も同様に増大している。すなわち、層がのぼるにつれて「つらかったこと」の数も増大して(一人当たり〇・四個から一一・七個に)〈原爆体験〉がより重くなり、また、〈原爆体験〉が重く累積すればするほど、〈生きる意欲〉を喪失する体験をもつ者が(四%から七一%へ)増えていく——〈苦悩としての原爆体験〉が深くなる——ことがわかる。

このように、複数の変数が共に——ここでは、被害層と「つらかったこと」の数とが、また、被害層と「つらかったこと」の数、および〈生きる意欲の喪失〉率とが——しかもきわめて明瞭かつ規則的に変動しあっているということは、〈原爆〉が、人の〈生きようとする意志〉を崩壊させるはたらきをすることを示している。

(2) つぎに、表の中央をみると、原爆被害に対する「国の責任※」を問うている者は、被害層が0からⅦへのぼるにつれて規則的に増大(一九%から八二%へ)している。

※問二七の「援護法を制定させるとして、どのような償いを求めるか?」において、「援護法の制定で

国の責任を明確に」を挙げた者をさす。さらにつづいて

(3)「総括表」の右側を眺めてみると、ここでも被害層をのぼるにつれて、すなわち〈原爆体験〉が重く深くなればなるほど、〈生きる支え〉の「類型」が「A・B」である者が規則的に増大していく(二一%から八七%へ)のがわかる。前述のごとく、「類型A・B」は、「被爆の証人として語りつぐこと」「援護法制定の日まで生きぬくこと」「核兵器をこの地球からなくすために生きること」を——すなわち、〈反原爆〉の思想を測る指標のすべて、もしくはそのいくつかを——〈生きる支え〉としている人たちである。

一方、それとは逆に、「類型A・B」にあたる指標を〈生きる支え〉に挙げなかった人びと、とりわけ「類型E・F」は、被害層がⅦから0へと下がるにつれて、その比率が規則的に増大(六%から六四%へ)していく。「類型E」とは、「安定した生活を築く」「家族に囲まれて暮らす」「仕事に生きる」「趣味に生きる」や、「宗教に生きる」「多くの人とふれあう」こと、これら六つの支えのみを〈生きる糧〉としている人たちであり、「類型F」とは、〈生きる支え〉は「特にない」と答えた人のことである。

このように、〈原爆体験〉の重さと深さによって、生きる上での〈支え〉には、型としての違いが現れている。一人ひとりの被爆者の〈原爆体験〉のありようが、被爆者としての生きようを規定しているということができる。

(4)〈原爆体験〉が重くなればなるほど、〈生きる意欲の喪失〉体験をもつ者が増大するだけでな

く、〈生きる支え〉を〈反原爆〉に求めている人びと（類型A・B）の割合もまた、それと並行するように増大していく。つまり、〈原爆体験〉がつらく重かった人、なかでも、〈生きる意欲〉を奪われるような体験をもった人ほど、〈反原爆〉に生きる支えを見出し、被爆者として〈生きる意味〉を確立できている。このことは、被爆者たちが、〈原爆体験〉――人間を〈生きる意志〉の崩壊へおしやる力――に抗ってたたかいながら生き抜いていることをしめすものにほかならない。

※〈生きる意欲〉の喪失体験のある者と、なかった者とを対比してみると、喪失体験のある者では「類型A・B」が六四％であるのに対し、喪失体験のない者の場合は四五％であった。とりわけ類型Aの比率は、二倍の開きがある（喪失体験がない者では類型Aが一〇％であるのに対し、ある者では二二％になる）。

※〈家族の喪失〉は被爆者を層化する指標には組み入れなかった。というのは、本書の冒頭にも記したように、〈被爆家族の死〉は必ずしもすべての被爆者に生じうる要因ではない、ということに加えて、「つらかったこと」として「家族を失ったこと」が挙げられた場合でも、それ自体は（単独では）〈生きる支え〉の選択類型に違いをもたらす要因とはならなかったからである［データの詳細は省略］。但しこのことは、〈家族の喪失〉は〈原爆体験の思想化〉の営みと関係がないということではない。その重みをそれとしておさえるには〈家族の喪失〉をとらえる指標の組み立て方について工夫が必要である。そこで、つぎの三つの指標の選択パターンに着目してみた。すなわち、

問18―1「家族を失ったことがつらかった」（一七〇一人）
問7―補問B―イ「原爆で家族を失ったため生活苦になった」（七八二人）
問19―補問A―1「家族を原爆で亡くしたから生きる意欲を失った」（五八八人）

この三つである。総じて、〈反原爆〉の姿勢は、三つとも○の者(もしくは問18及び問19の二つに○)に鮮明であった。三つとも○の者における「援護法制定」ならびに「死者の霊をなぐさめる」の比率は高く、〈生きる意欲〉を喪失させた〈家族の死〉の重さを物語る。類型Aは三つとも○の者に多く、〈家族の喪失〉が〈生きる意欲〉を喪失させるほどのものであった場合、〈生きる支え〉に大きな影響を与えている。そこに〈家族喪失による生活苦〉が加わると、より〈反原爆〉の姿勢が強まるようだ。

6　死者に思いを馳せ、仲間とともに歩む

以上のように、「総括表」は、〈原爆体験の思想化〉とも呼びうる営みが被爆者のなかに存在すること、そしてそれがどのような方向に向かって被爆者を突き動かしているのかを解き明かすものとなった。では、〈生きる支え〉にかかわる六つの類型(A〜F)は、相互にどのようにつながりあっているのだろうか。被爆者たちの〈生きる支え〉となっているもの、それらの積み重なり具合をおさえることができたら、〈反原爆〉思想が形づくられていく人間的な営みがより具体的な姿となって把握しうるように思われる。

一　〈生きる支え〉の四つの領域

〈生きる支え〉をどのように組み合わせて分類すれば、それが可能になるのだろうか。

〈反原爆〉の二つの類型にはちがいがある

類型Aと類型Bを合わせると、その割合は総数のほぼ半分(五〇%)を占めている。そこで、この二つの類型について、他にどのような〈支え〉が生きる糧として選ばれているのか、をみておく必要があろう。まず、〈反原爆〉思想の指標となった三つの〈支え〉について対比してみると、「核兵器の廃絶」や「援護法の制定」は、類型Aが類型Bの二倍弱(一・七〜一・九倍)であるのに対し、「被爆の証人」の場合は、類型Aは類型Bの三・六倍も多くの人が〈生きる支え〉に挙げている。両者の開きがそれに次いで大きいのは、「被爆者の仲間のために」三・三倍、「原爆に負けないように」二・七倍、「死者の霊をなぐさめる」の二・四倍であった。これに対し、「地域社会に役立つ」と「多くの人とふれあう」は二倍前後(一・九〜二・二倍)であり、また「安定した生活を築く」から「宗教に生きる」までは、類型Aの者とBの者の間にさほど大きな違いは見出せなかった。

※類型A・Bにおける、〈生きる支え〉それぞれの選択率を対比すると、以下のようであった。

	類型A：類型B	A／B
安定した生活を築く	四二：三三%	一・二七倍
家族に囲まれて暮らす	四九：三九%	一・二五倍
仕事に生きる	二四：一六%	一・五　倍
趣味に生きる	三八：二六%	一・四六倍
宗教に生きる	二四：一七%	一・四一倍

多くの人とふれあう	五五・二九％	一・八九倍
地域や社会のために役立つ	五二・二四％	二・一六倍
原爆死者の霊をなぐさめる	六八・二八％	二・四二倍
原爆に負けないように	四九・一八％	二・七二倍
被爆の証人として語りつぐ	一〇〇・二八％	三・五七倍
被爆者の仲間のために	七六・二三％	三・三〇倍
援護法制定の日まで	一〇〇・五四％	一・八五倍
核兵器をなくすために	一〇〇・五九％	一・六九倍

（＊類型Aは九一五人、Bは二四七四人を一〇〇とする比率。前掲、石田忠『統計集〈原爆体験の思想化〉』第六巻、表一二―二より作成）

こうしてみると、類型Aと類型Bは、単に三つの〈反原爆〉指標の数がちがうというだけでなく、類型Aには、「被爆の証人として生きる」に加えて、「被爆者の仲間のために役立つ」や、「原爆に負けないように生きる」「原爆で死んだ人たちの霊をなぐさめる」ことを〈生きる支え〉とする被爆者が、類型Bに比べてはるかに多い。いいかえれば、これらの支えが、両者の型のちがいを質的に弁別している、ということができよう。

そこで、「原爆死者の霊をなぐさめる」ならびに「被爆者の仲間のために役立つ」について、〈原爆体験〉の重さと関連させてとらえてみると、表4-8が示すように、被害層が0からⅦへとのぼる――〈原爆体験〉が重く深くなる――につれ、「死者たち」と「仲間たち」のいずれか、もしくはそ

被害層別，生きる支え(死者の慰霊・仲間役立つ)

被害層							
Ⅶ	Ⅵ	Ⅴ	Ⅳ	Ⅲ	Ⅱ	Ⅰ	0
50.0 21.0 8.0	32.5 19.1 13.1	19.0 19.8 13.0	13.0 14.4 12.8	8.2 12.5 10.6	6.6 8.4 7.0	2.9 6.9 5.8	2.8 4.7 5.5
79.0	64.7	51.8	40.1	31.3	22.0	15.6	13.0
21.0	35.3	48.2	59.9	68.7	78.0	84.4	87.0
(200)	(502)	(832)	(1223)	(1304)	(1117)	(889)	(677)

し」である．数値は(　)内の人数を 100 とする %. 前掲，石田忠『統計集
7 巻，表 13-140 より作成.

の二つを共に支えにしながら生きている被爆者の比率が規則的に増大していく(一三％から七九％へ)ことがわかる。

四つの領域

以上のことを踏まえると、〈生きる支え〉は、つぎの四つの領域に組み替えてみることも可能である。

第一領域《生の安定》……「安定した生活を築く」「家族に囲まれて暮らす」「仕事に生きる」

第二領域《生の充実》……「趣味に生きる」「宗教に生きる」「多くの人とふれあう」「地域や社会のために役立つ」

第三領域《死者と生者へ》…「原爆で死んだ人の霊をなぐさめる」「被爆者の仲間のために役立つ」「原爆に負けないようにする」

第四領域《反原爆》……「被爆の証人として語りつぐ」「援護法制定の日まで生きぬく」「核兵器をこの地球からなくすため

に生きる」

表4-8

生きる支え	
死者の慰霊	仲間役立つ
○	○
○	×
×	○
小計	
×	×
計	

＊　○は「ある」，×は「な
〈原爆体験の思想化〉』第

因みに、第一から第四まで、それぞれの領域を〈生きる支え〉とする（〈生きる支え〉のなかにその領域を含んでいる）人の数は、（a）のごとくであり、また、いずれの領域かは別として、〈生きる支え〉となっている領域の数ごとに区分してみると、（b）のごとき構成となった。

（a）
《生の安定》領域を〈支え〉とする人　四一九三人（六二・七％）
《生の充実》領域を〈支え〉とする人　三七五四人（五六・一％）
《死者と生者へ》領域を〈支え〉とする人　二六五六人（三九・七％）
《反原爆》領域を〈支え〉とする人　三三八九人（五〇・七％）

（b）
〈生きる支え〉領域数が1つの人　一六一五人（二四・一％）
〈生きる支え〉領域数が2つの人　二〇二一人（三〇・二％）
〈生きる支え〉領域数が3つの人　一四二一人（二一・二％）
〈生きる支え〉領域数が4つの人　一〇一八人（一五・二％）
〈生きる支え〉領域数が0の人（支えがない人）　六一六人（　九・二％）

※〈生きる支え〉（問二〇）について、「その他」のみを挙げた者が五三人あった。これらの人は、「領域別パターン」に基づいて〈生きる支え〉を考察するうえで特段の意味がある集団とは考えられないため、

このパターン集計の対象からは除外した。従って、右の（　）内は、六六九一人（六七四四―五三人）を一〇〇とする％である。

これをみると、〈生きる支え〉の領域数について、一つという人は四分の一にすぎず、二つの領域を支えとする人に加えて、三つもしくは四つすべてを支えにしている人が多数を占めている。また、《生の安定》を支えにしている人、《生の充実》を支えにしている人は過半数を超え、《反原爆》を支えにしている人を上回っていることがわかる。このように、多くの被爆者は、複数の、性格の異なる領域の糧を〈生きる支え〉としており、《反原爆》という支えもまた、他の領域の支えと相まって、（あるいは、それらに包み込まれて）被爆者の日々の〈生〉を支えているということが言えよう。

〈生きる支え〉を領域別に区分するのは、《生の安定》もしくは《生の充実》をベースに、《死者と生者へ》、そして《反原爆》がそこに折り重なりながら〈生きる支え〉が広がっていく、そのようなものとして、〈原爆体験の思想化〉の営み（プロセス）をとらえられないだろうかと思うからである。

すなわち、類型Eの指標となった〈生きる支え〉――「安定した生活を築く」「家族に囲まれて暮らす」や「仕事に」「趣味に」、そして「宗教に」生きること等――もまた、その一つひとつが〈原爆〉とのたたかいを表出しているのではないか。また、類型Cの指標である、「原爆で死んだ人たちの霊をなぐさめる」や「被爆者の仲間のために役立つ」は、死者とのつながり、生き残った者どうしのつながりが、被爆者の生を支えていることを示すものではないか。さらに、「証人として生きる」や「援護法の制定」、「核兵器の廃絶」という〈反原爆〉思想は、そうした生きるための闘いのなかから育まれてくるのではないか。もし、《生の安定》及び《生の充実》にかかわる支えもまた原爆とのたたかいを表出するものであるとすれば、類型A・Bの人にとって、そうした支えがもつ意味を見逃さないようにしなくてはならない。

※石田忠は、「総括表」作成後の検証作業において、〈原爆体験〉［被害層］→〈生きる支え〉［死者の霊をなぐさめる／仲間のために役立つ］→〈思想化の型〉［再び被爆者をつくらない証し／国の責任を明確に］という道筋から、〈原爆体験の思想化〉のプロセスにせまり、〈反原爆〉思想の人間的必然性を統計的に検証している。詳細は『統計集〈原爆体験の思想化〉』第七巻を参照。

二　累積していく〈生きる支え〉

(1)　〈生きる支え〉を領域別に分けてみたとき、まず、〈生きる支え〉領域が四つすべてに渡る人とは、どういう苦しみ(どれほどの被害)を背負わされた被爆者なのだろうか？

表4-9をみると、四つの領域がすべて〈生きる支え〉に挙がった「領域数4」の者の比率は、層が0からⅦへ上る(被害が重くなる)につれて増大していき、Ⅶの層では半数近く(四九％)を占めている。被害層Ⅵの者も領域数4が最も多く(三七％)、領域数3もそれに近い比率(三四％)になっている。また、被害層がⅤの者では「領域数3」が、被害層がⅣ・Ⅲの者では「領域数2」が、被害層Ⅱ～0の者では「領域数1」が最も多くなっている。

全体として、被害が重い層になるにつれて、〈生きる支え〉の領域数が三つもしくは四つの者が増大し、逆に、被害が比較的軽い層になると〈支え〉領域数も、一つまたは〇の者が増えていく。このように、支え領域数は、被害層によって明瞭な違いがあり、重い被害を背負っている人ほど、《生

表 4-9　被害層別にみる，〈生きる支え〉領域数

生の安定	生の充実	死者生者	反原爆	領域数	被害層 Ⅶ	Ⅵ	Ⅴ	Ⅳ	Ⅲ	Ⅱ	Ⅰ	0	計
○	○	○	○	4	48.5	37.1	26.1	19.4	11.7	6.2	4.6	3.6	15.2
いずれか3つ				3	28.5	33.5	30.0	26.1	22.2	16.5	10.8	9.8	21.2
いずれか2つ				2	14.5	19.0	28.2	32.4	34.4	32.8	31.5	27.8	30.2
いずれか1つ				1	8.0	8.0	13.0	17.4	24.9	33.2	35.5	35.7	24.1
×	×	×	×	0	0.5	2.4	2.8	4.7	6.8	11.3	17.6	23.2	9.2
計					(200)	(501)	(824)	(1213)	(1297)	(1107)	(876)	(673)	(6691)

＊　○は「ある」，×は「なし」である．比率は，各層ごとの人数(縦計)を100として算出．

の安定》、《生の充実》、《死者と生者へ》、《反原爆》の四つの領域のいずれか三つ、もしくはすべてに支えられながら生き抜いていることがわかる。

（2）　領域数が1〜3の者について、それぞれ、どのパターンが多いのかをみてみよう。まず、「領域数1」の者では、《生の安定》領域（のみ）を生きる支えとする人が過半数（五六％）であり、これに《生の充実》領域（のみ）を挙げた人（二五％）を加えると、この二つの支え領域で領域数1の八割を占める。「領域数2」の者で最も多い組み合わせは、《生の安定》と《生の充実》を挙げた人であり（三九％）、《生の安定》に加えて《反原爆》領域を支えに挙げた人がそれに次いでいる（一九％）。このように、「領域数2」の者では、《生の安定》領域を〈生きる支え〉に含むパターンがその六五％を占めるが、《生の充実》領域を支えに含むパターンも六〇％となり、両者の比重は接近してくる。また「領域数3」で最も多いのは、《生の安定》＋《生の充実》＋《反原爆》（三〇％）、並びに《生の充実》＋《死者と生者へ》＋《反原爆》（三三％）の組み合わせである。領域数が3になると、《生の充実》領域を支えに含むパターン(八〇%)が《生の安定》領域を支えに含むパターン(六七%)を上回る一方、《反原爆》領域を支えに含むパターン(八三%)が両者を超えていく。領域数1においてわずか四%にすぎなかった、《死者と生者へ》領域を支えに含むパターンは、領域数2で二九%となり、領域数3ではその七〇%を占めるようになった。

このように、生きる支えの領域数が1から3へと広がっていくにつれて、《生の安定》から次第に《生の充実》がその比重を増すようになり、さらにそのうえに《反原爆》並びに《死者と生者へ》がより大きな〈生きる支え〉として積み重なってくる、という姿をうかがうことができる。

《反原爆》と《死者と生者へ》が共に〈生きる支え〉になっている人が占める割合は、領域数2で一四%、領域数3で五三%に増大するが、この組み合わせパターンはほぼ、被害層に連動して増大している(ただし、《死者と生者へ》、《反原爆》が共に支えに挙がった場合でも、領域数が3の「〇×〇〇」のパターンは層Ⅵの者に最も多くなっている。**表4-10**参照)。

(3) つぎに、四つの領域について、それぞれの支え領域ごとに、被害層による違いがあるかどうかをみてみると(**表4-11**)、なかでも《死者と生者へ》を〈支え〉とするパターン(生きる支えのなかに《死者と生者へ》領域を含んでいる人びと)は、被害が重くなるのに応ずるようにそれこそ傾斜的に比率が大きくなっている(層0の一六%→層Ⅶの八三%)。この点は、《反原爆》領域を〈支え〉とするパターン(生きる支えのなかに《反原爆》領域を含んでいる人びと)もまたほぼ同様であり(層0の二一%→層Ⅶの八七%)、《死者と生者へ》ならびに《反原爆》という支え領域は、ともに、原爆被害の重さときわめて密接に連動していることがわかる。

表 4-10 《死者と生者へ》及び《反原爆》領域が共に〈生きる支え〉となっている人

生の安定	生の充実	死者生者	反原爆	領域数	被害層 Ⅶ	Ⅵ	Ⅴ	Ⅳ	Ⅲ	Ⅱ	Ⅰ	0	計
×	×	○	○	2	7.5	6.0	5.7	4.7	3.9	3.8	2.7	1.5	4.1
○	×	○	○	3	5.5	10.2	6.8	5.5	3.2	3.3	1.6	1.8	4.3
×	○	○	○	3	16.0	12.2	11.5	8.8	6.9	4.8	2.2	2.1	7.0
○	○	○	○	4	48.5	37.1	26.1	19.4	11.7	6.2	4.6	3.6	15.2
総数					(200)	(501)	(824)	(1213)	(1297)	(1107)	(876)	(673)	(6691)

＊ ○は「ある」，× は「なし」である．比率は，各層ごとの人数(縦計)を 100 として算出．

表 4-11 被害層別にみる，4 つの領域を〈生きる支え〉とする人びと

〈生きる支え〉に	被害層 Ⅶ (200)	Ⅵ (501)	Ⅴ (824)	Ⅳ (1213)	Ⅲ (1297)	Ⅱ (1107)	Ⅰ (876)	0 (673)
《生の安定》を含む者	68.5	70.5	64.9	65.0	63.7	58.4	61.2	55.1
《生の充実》を含む者	78.5	70.3	66.9	63.1	57.4	47.3	42.1	43.1
《死者と生者へ》含む者	82.5	72.9	59.3	48.2	37.5	26.7	18.8	15.5
《反原爆》を含む者	87.0	81.4	72.5	61.7	48.5	40.7	27.2	21.2

＊ 比率は，各層ごとの人数(上段の縦計)を 100 として算出．

他方、《生の充実》を〈支え〉とするパターン（生きる支えのなかに《生の充実》領域を含んでいる人びと）は、被害層による比率の差異は《死者と生者へ》および《反原爆》に比べれば狭まる（層０の四三％↓層Ⅶの七九％）ものの、《生の充実》を支えとする人びとの比率はやはり原爆被害の重さにほぼ連動して増大している。残るもう一つの、《生の安定》を〈生きる支え〉とするパターン（生きる支えのなかに《生の安定》領域を含んでいる人びと）は、被害層による差異は他と比べて小さく（被害層０の五五％↓被害層Ⅶの六九％）被害層Ⅲより重い層では比率の差はほんのわずかになっている。だがそれは、

表 4-12　〈生きる支え〉領域別，被害層の構成

順位	生の安定	生の充実	死者生者	反原爆	領域	該当者数	被害層 Ⅶ〜Ⅳ	被害層 Ⅲ〜0
1	×	×	×	×	0	616(100.0)	93(15.1)	523(84.9)
2	○	×	×	×	1	908(100.0)	173(19.1)	735(80.9)
3	×	○	×	×	1	397(100.0)	92(23.2)	305(76.8)
4	○	○	×	×	2	779(100.0)	210(27.0)	569(73.0)
5	×	×	○	×	1	61(100.0)	20(32.8)	41(67.2)
6	×	×	×	○	1	249(100.0)	89(35.7)	160(64.3)
7	×	○	○	×	2	145(100.0)	52(35.9)	93(64.1)
8	○	×	×	○	2	379(100.0)	142(37.5)	237(62.5)
9	○	×	○	×	2	158(100.0)	61(38.6)	97(61.4)
10	○	○	○	×	3	238(100.0)	109(45.8)	129(54.2)
11	○	○	×	○	3	423(100.0)	200(47.3)	223(52.7)
12	×	○	×	○	2	284(100.0)	135(47.5)	149(52.5)
13	×	×	○	○	2	276(100.0)	149(54.0)	127(46.0)
14	×	○	○	○	3	470(100.0)	295(62.8)	175(37.2)
15	○	×	○	○	3	290(100.0)	185(63.8)	105(36.2)
16	○	○	○	○	4	1018(100.0)	733(72.0)	285(28.0)
合　計						6691(100.0)	2738(40.9)	3953(59.1)

＊　○は「ある」，×は「なし」である．比率は，該当者数を 100 として算出．

被害の重い層にとっても《生の安定》が〈生きる支え〉である点において変わりがないことを示すものである。

（4）　以上のように，〈生きる支え〉は、原爆被害の重さに連動しながらその領域が累積していくということができる。この点を確認するため，〈生きる支え〉領域の組み合わせパターンごとに、被害層の構成比を整理しておくことにしよう。表4-12は、被害層をⅦ〜Ⅳの層、およびⅢ〜0の層の二つのグループに分けて、〈生きる支え〉の領域別パターンに占めるそれぞれの構成比を算出し、前者のグループ（被害が重い層）の比率が小さいものから順に並べてみたものである。

この表から特徴的に言えることは三つある。一つは、《生の安定》のみの人

（表の上から2番目）、《生の安定》に《生の充実》が支えに加わった人（同上4番目）、その二者にさらに《死者と生者へ》が加わった人（10番目）を対比してみると、〈生きる支え〉が「何もない」という状態（表の1番目）のうえに〈支え〉が一つずつ重なっていくにつれて、被害の重いⅦ〜Ⅳの層が占める比率が増大していくことである。第二には、《死者と生者へ》（表の5番目）に《生の充実》と《生の安定》が順に加わる（表の7、9、10番目）、同様に、《反原爆》（表の6番目）に《生の安定》と《生の充実》が重なる（表の8、11、12番目）にしたがって、被害の重い層の占める比率が漸増していくことである。

そして第三に、《死者と生者へ》及び《反原爆》にかかわる〈生きる支え〉領域を共に挙げた人（表の13番目）では、被害層Ⅶ〜Ⅳの者が過半数を占め、この二つに《生の安定》もしくは《生の充実》領域が〈生きる支え〉に加わった人（14&15番目）ではその六割以上（六三〜四%）を、また、《生の安定》も《生の充実》も支えに加わった人（表の一番下）ではその七割（七二%）を、被害の重い層で占めていることである。

《反原爆》と《死者と生者へ》という二つの領域を共に支えに生きている人びと、そして、それらに加えて《生の安定》や《生の充実》の領域をも支えに挙げた人ほど、重い被害を背負った層の割合が高いということは、《生の安定》や《生の充実》にかかわる支え領域もまた、《死者と生者へ》及び《反原爆》を示す支え領域と同様に、〈原爆〉とのたたかいを表出するものであるとみることができるのではないだろうか。

表 4-13　〈生きる意欲の喪失〉の態様別，〈生きる支え〉領域数

生の安定	生の充実	死者生者	反原爆	領域数	生きる意欲の喪失 かつて	かつても今も	いま	(時期不詳)	あり(全)	ない	計
○	○	○	○	4	21.3	19.7	20.2	36.9	22.3	12.3	15.2
いずれか 3 つが○				3	27.0	23.6	27.6	30.0	26.7	19.3	21.2
いずれか 2 つが○				2	29.1	28.3	27.1	18.8	27.8	31.1	30.2
いずれか 1 つに○				1	18.4	22.9	18.7	9.4	18.4	26.2	24.1
×	×	×	×	0	4.2	5.4	6.4	5.0	4.8	11.1	9.2
計					(1153)	(314)	(203)	(160)	(1830)	(4674)	(6691)

＊　○は「ある」，×は「なし」である．％は縦計の人数を 100 として算出．

(5)　ところで、こうした領域別にみる〈生きる支え〉は、〈生きる意欲〉を喪失させようとする力(〈原爆〉)とどのように切り結んでいるのだろうか。最後に、この点を確認して、本章を閉じることにしよう。

〈生きる意欲〉を喪失したことがある者一八三〇人※のうち、ほぼ半数(四九%)は、三つもしくは四つの領域にわたる〈支え〉を糧として、その苦悩多き〈生〉を生きている。領域数2の者も合わせれば、〈生きる意欲の喪失〉を経験した被爆者の四分の三(七七%)は二つ以上の領域に支えられながら(あるいは希求しながら)生き抜いていることになる(**表4-13**)。

※〈生きる支え〉に関する領域別パターン集計の総数は六六九一人であり、〈生きる意欲〉を喪失したことがある者も、それに応じて若干減少している。

一方、〈喪失〉経験のない者では、その一割は、いずれの〈支え〉領域も持たない(持てない)であり、領域数1もしくは2の者が多い(合計すると六割弱)。

四つの領域のうち、とりわけ、〈生きる意欲の喪失〉を余儀なくされた人びとの支えになっているのは、《死者と生者へ》

と《反原爆》である。すなわち、《死者と生者へ》もしくは《反原爆》の領域を〈生きる支え〉とする者は、〈喪失〉を経験したことがある者に比率が高く、なかった者に比べてそれぞれ二〇%も上回った(前者は五五%対三四%、後者では六五%対四五%)。また、《死者と生者へ》ならびに《反原爆》の領域を共に〈支え〉に挙げた人も、〈生きる意欲〉を喪失したことがある者に高率(四四%対二五%)であった。

※これに対し、《生の安定》領域を〈生きる支え〉とする者の比率は、〈生きる意欲の喪失〉経験がある者もなかった者も同率(六三%)であり、また《生の充実》領域を〈支え〉とする者の比率も、〈喪失〉経験の有無による差異はあまり認められなかった(六一%対五四%)。

〈原爆〉で死んだ人たちに思いを馳せ、生き残った仲間たちとともに歩むこと——〈生きる意欲〉の喪失を余儀なくされた人びとは、《反原爆》の領域のみならず、《死者と生者へ》の思いに支えられながら、〈原爆〉との苦悩多きたたかいを生き抜いているのである。

第五章　戦なき世を——むすびに代えて

さて、〈原爆体験〉に関する考察をしめくくるにあたり、つぎのような証言を紹介することから始めよう。

1　原爆被害の〈反人間性〉を問う

（一）一瞬にして倒壊した家屋の下敷になって焼死した母の姿が、今でも眼底に焼きついている。屋根瓦、屋根板、土壁を破って、腰のあたりまで上半身をやっともぐり込ませた私は、建物の下のわずかな空間に支えられて上向きに倒れている母を見つけた。大きな梁と家の土台のコンクリートのわずかなすき間からのぞき見た母は顔中血だらけで、横を向くこともできず、「肩のあたりをおさえつけている物をのけてくれ」と言っていた。三〇分前後で火がまわってきたため最後の別れの言葉をかわして私は逃げたが、後の方で「般若心経」を唱える母の声に後髪をひかれる断腸の思いであった。

目鼻の前におおいかぶさった建物におさえつけられたままで、じりじり迫ってくる火の手、そして死の瞬間を待つ気持といったら、どんなに苦しいことだったろうか。何故もっと頑張って救い出そうとしなかったのか、自分も一緒に死ぬ気になったらもっと何かできたのではないか、母の死に対する罪意識はつきない。（私は今でも自分の力なさで母を殺したと思っている。それだけに原爆・核兵器が憎い。戦争が憎い。戦争だからといってこんな残虐な被害は絶対に許せない。）

［中略］

隣の女の子（四歳）は首を半分切りさかれたようになって気管支がはみ出していた。その子を抱いて逃げたが、三日後には似島の収容所で亡くなったそうである。その他逃げる途中で、火に包まれて焼死する人を見たが、自分の火の粉をふりはらうのに懸命で助けることができなかった。母を救け出そうとしてちょうど通りかかった近所の人に援助を頼んだが、すげなく断られた。今でも心にわだかまりは残っているが、人間というものはいざとなると非情なものである。いや人間をそのような極限状況にまで追い込んだ原爆被害の非人間性をこそ問題にすべきである。

広島　一・二km　男　一六歳

問四のスペースいっぱいを使って小さな字でびっしり書き込まれたこの証言は、〈罪意識：助けず逃げた〉（「あの日」の証言に関するアフター・コード九）に該当する九五例の一つである。文中、［中略］の箇所には、「建物疎開の後片づけに動員され、死体すら発見されない」まま、「淋しく一人でこの世を去っていった」妹のことが書かれている。

〈原爆〉が現出した「極限状況」の下、人は人間でなくなった（「非情」）。火に追われて母を救い出すことができず断腸の思いで逃げた自分。「母の死」に対するつきることのない「罪意識」が、「自分」＝「人間」をそのような「極限状況にまで追い込んだ」ものを見つめさせる。罪の意識とひたと立ち向かうことで、原爆・核兵器の「残虐性」に対する批判的な問いかけ――「戦争だからといってこんな残虐な被害は許せない」――が生まれる。この証言はそのことを物語る。

だが、助けを求める人びとを置いて逃げた〈心の傷〉を抱えて生きるというのは、決して生やさしいことではない。つぎの証言がそれを物語る。

(2)　自分が逃げるのがいっぱいで、助けてくれと言う人を助けることが出来なかった。それが今も心に残り、助けてあげなかったバチで今苦しんでいるのだと思います。なんでこんなひどい事をするのかと今に腹立ちは消えません。助けてくれと言った人々のことが、頭からはなれません。現在の辛い毎日もあの人達のうらみが来ているのではないか、そんなことがいつも心の中にあってつらい毎日です。

広島　〇・九五km　女　三一歳

(3)　母をたすける気もしないで、自分だけ親類の家に逃げました。私は家の中でしたので、ヤケドはありませんでしたが、母が家の下にいるはずなのに、全く思い出さずにいました。あとでさがしにいきましたが、死体もみつかりませんでした。そのむくいで、無理やり結婚させられるはめになったのだと思って、一五年あきらめていました。むごい姿の人たちにかこまれていて、やけどをしていませんでしたので、はずかしいようでした。自分がその人たちに何をしてあげたのか、思い出せません。何もしないで、その人たちの死体をふみつけて、逃げたのだと思います。今でも、よく夢を見てノイローゼだと言われています。

広島　一・八km　女　二四歳

（4）一人の被爆者が口の内でなにやら言いながら私の行く方について来ました。私は恐しくなり、早足に逃げました。そのときは男女の区別はつきませんでしたが、体の線の細さからすると女性だったと後で思いました。私が現在足の悪いのも、その被爆者を放置した罪のせいではと、原爆投下の日には毎年のことながら一晩中寝られません。

広島　入市　女　三五歳

この被爆者たちは、「現在」の「つらい毎日」のありかを、「助けてあげなかったバチ」や「むくい」、あるいは「放置した罪のせい」ととらえている。〈原爆〉が残した〈心の傷〉は、「現在」につづく被爆後の苦しみ・つらさと相まって、生き残った者の心をいっそう苛むのである。このような呪縛から、どうしたら人は抜け出せるのだろうか。別の証言を読んでみよう。

（5）原爆投下直後、三歳くらいの女児が倒れて、そのお腹には腸がはみだし渦になっていました。目はパッチリあけて「お姉ちゃん」と言ったが、私はどうしていいかわからず、かかわっていれば私まで逃げられないような気がして、後髪をひかれる思いでそのまま逃げたけど、今でも銀色に光った腸の渦巻いた光景が脳裏に残って、残悔の思いで一パイだ。建物疎開に行った学徒が黒こげになっている姿をみて、罪のない人達が、なぜこんなひどい目にあわなければならないのだろうと、くやしくて泣いた。どうしてもこの仇はとってあげると敵がい心に燃えたけど、今では人間が悪いのではない、戦争が悪いのだから、絶対戦争はしてはならないと思う。

広島　一・五km　女　一六歳

(6)　一夜明けて故郷へ歩いて帰る道中、道の灰の中に子供らしい黒く焼けた死体につまずいた時は、足のすくむ思いでした。右も左も死体が見られました。実にこれがこの世の出来事か？　なぜつみもない人々がこんなむごい目にあわなければならないのか。どうしようもないいきどおりでいっぱいでした。いよいよ町はずれに出る頃には、焼け落ちた家の中から女の人が長い髪を振り乱し、手を上に上げ焼け死んでいました。さぞや助けを呼びながら苦しんで死んでいったことでしょう。また、兵隊が死体を集めたその中には、まだ死ぬことも、声も出すことも出来ず、道行く我々に何かもの言いたげなうつろな目だけを向けていましたが、何もしてやることも出来ず、逃げるようにして帰ってきた事を今でも思い出しては、ほんとうにすみませんでしたと心の中でわびています。戦争はしてはなりません、もういやです。

長崎　一・八km　男　一九歳

「助けないで逃げた」という行為を自覚する。その目線はここでは、おのれに内攻するのでなく、「懺悔」や「わび」となって、「助けてあげられなかった」人びとに向かっている。と同時にそこには、「罪もない人々」を「こんなひどい目」・「むごい目」に遭わせたものに対する「いきどおり」や「くやしさ」が語られている。「助けず逃げた」というおのれの行為もまた、そのような行動へと人間を追いこんだ状況のなかに位置づけられていくとき、「戦争はしてはならない」という戦争批判にいたりつく。この二つの証言は、そのことを物語っているのではないだろうか。

生き残った者たちは、「救出できなかった残念」を想いにこめて、「亡くなった方」の「冥福を祈る」。今なお人びとをかりたててやまない「自責の念」は、さらに「この地獄をくりかえさない自分の責務」にも転化する。

(7) 家屋が崩壊し、その下敷となった人がつぶれた屋根の下から助けを求めていた。助けるため棒ぎれで屋根をはがす努力をしたが、はがすことができなかった。周りからの延焼がすさまじく周りはたちまち火の海になった。「熱い、熱い、助けて……」という声を聞きながら合掌してその場から去った。救出できなかったことが残念でならない。亡くなった方の冥福を祈るのみである。

広島 二・〇km 男 一九歳

(8) 八月七日広島入市、爆心地を通り、焼土の広島を彷徨した。視覚的には地獄絵さながらの道の両側の累々たる死骸、皮膚のただれた、血をたらした負傷者の群れ。聴覚的には街の辻々に集められ救援を待っている、特に幼い子供たちの阿鼻叫喚。嗅覚的には夏の炎天下にさらされて街全体をおおった血と膿と屍体の異様な臭い。一昼夜食事をとることもできず、空腹であったのに胸がつまり、空腹を感ずる余裕すらなく、ただ先を急ぎ、恐怖で負傷者の救出も手伝わず、脱出してしまったことに、今尚自責の念にかられる。この地獄をくりかえさないために、この体験を多くの人に伝えるのが、自分の責務と感じている。

広島　入市　男　一九歳

「極限状況」下におかれた、自らを含む人間の姿を凝視しながら、そのような状況へと人間を追い込んだもの＝「原爆・核兵器」、そして「戦争」のありようを問う。〈苦悩としての原爆体験〉がまさに、被爆生存者における〈原爆〉批判、〈戦争〉批判を必至とするのである。

もとより、誰もが、〈罪意識〉を抱くわけでなく、そうした〈罪意識〉のみが、〈原爆体験の思想化〉の営みをおしすすめるのではない。だが、自分はどうしてあの時、ああなってしまったのか、なにがそうさせたのか？〈自責〉は、そのように、おのれと原爆との双方に問いかけていく面を有している。

2　「助けず逃げた」——罪の意識が物語るもの

第一章〈心の傷〉で示したように、〈罪意識〉ありとみなされる証言は全部（六つの形態の合計）で九四五名あった。「助けなかった」、とだけ記した者も七三八名あった。両者を合わせて、一六八三名になる。「助け」を求める声を聞きながら、「助け」が必要とされる状況を目の当たりにしながら、どうすることもできなかった。そうした事実を調査票に記すことは、けっしてたやすくはない。思い起こすだけで、苦痛をひきおこすからである。まして書きとめるとなると、筆は重い。にもかかわらず、目の前に起こった状況とそのなかで自分が取った行動をそれとして記した人びとが、総数六七四四人の二五％にも及んだこと、さらに、そのことが「心残りになっている」と告白した人が一四％もあること、を看過するわけにはいかない。

「あの日」の証言の内容から、〈罪意識あり〉と認められた被爆者九四五人について、〈生きる支え〉をみると、類型Aが一九％、類型Bが四一％(合計六〇％)であった。これと対照的に、〈無感動〉に陥ったという者では、類型Aが一六％あるものの、類型Bは二六％(合わせて四二％)に低下し、類型C(一六％)と類型E(二七％)の占める比率が高くなっている。一方、「忘れられない」という者と、「忘れてしまいたい」という者を対比してみると、前者は類型Aが一六％、Bが三八％(合計では五三％)で、後者は類型Aが一一％、Bが三二％(合計四三％)であった。

こうしてみると、「あの日」のできごとをどのように体験するか、どのような構え方で「あの日」の体験と向き合うか、それによって、〈反原爆〉思想の抱き方には違いがあることがわかる。このことは、「人間」という言葉を用いて「あの日のできごと」を証言した被爆者をとってみると、よりはっきりする。この人たちの場合、類型Aが二四％で最も比率が高かっただけでなく、類型Bを合わせると六割以上(六二％)が、〈反原爆〉思想を〈生きる支え〉に日々を生き抜いているのである。

六つの〈罪意識〉のなかでも、「助けず逃げた」に分類された九五人の証言は、「逃げた」と明記している点において、重いものがある。証言を読んでいくと、〈罪意識〉をめぐる語りは、主につぎのような五つの要素から構成されていることがわかる。すなわち、

① 証言者が、「助け」を求められた(「助けて！」という声を聞いた)のは、どのような状況の中

でのことだったのか？　［場面（シーン）］
②　そのとき、その人は、どのような行動をとったのか？　［行為］
③　どうして、そうした（そうせざるを得なかった）のか？　［理由・背景、等］
④　そのようにする（した）とき、どのような思いがしたのか？　［思い］　そして（あるいは）、
⑤　そうした行動をとったことで、後々、どのような思いが残されることになったのか？　［心残り］

そこで、以下は、〈助けず逃げた〉九五例の証言を要素ごとに分解することにより、〈罪意識〉という〈心の傷〉のありようを再構成し、その人間的意味をおさえてみようと思う。

一　状　況――場面と行動（対応）

まず、そもそも、「助けず逃げた」というのは、実際、どのような場面と行動をさすのだろうか？「場面（シーン）」は被爆した位置によって異なることが想定されるが、〈罪意識〉を抱かされるような出来事に遭遇した場所というのは、（隔離や移動、彷徨の途中など）証言者が被爆した場所と必ずしも同じではない。そのため、場所よりも、「助けず逃げる」という状況に陥った（立たされた）場面によっていくつかに分けてみることにした。

※以下に引用する各証言の末尾には、参考までに証言者の［被爆状況・距離］を付してある。その区分は以下の通り。
［一〇・五＝爆心から〇・五km以内直爆］、［一一・〇＝〇・五km超―一・〇km以内直爆］、［一一・五＝一km

超―一・五km以内直爆」、「―二・〇＝一・五km超―二・〇km以内直爆」、「―三・〇＝二km超―三・〇km以内直爆」、「三・〇―＝三km超で直爆」、「入市＝入市被爆」
これには、前掲の事例1〜8からも、該当する関連箇所を挿入した。なお、この九五例の証言はその大半が爆心から一・五km以内もしくは二・〇km以内で被爆した人によるものである。

下敷き

(9) 自分は親と子供を置き去りにした。引きかえして家に戻るべきだった「―一・〇」／一緒に遊んでいた従妹が校舎の下敷になったが、自分ひとりで逃げた「―一・〇」／下敷きになっていた姉と妹を、逃げることに夢中で「―一・五」／(下敷になった)叔母を、そのまま置きざりにした「―一・五」／おおいかぶさった建物におさえつけられた母。最期の別れの言葉をかわして逃げた「―一・五」／母をたすける気もしないで、自分だけ逃げた「―二・〇」

下敷きになったまま助け出せなかったのは、親やわが子、きょうだいやいとこ、おばやおじ、等、肉親や身内にとどまらない。級友や同僚の場合もあった。だが、その多くはむしろ、見ず知らずの人びとであり、とりわけ、子どもや母親、女性、老婆であった。

(10) 天井から手を出して助けてくれと言うが、われ先に逃げるのみ「―〇・五」／建物の下から助けを呼ぶ声があちらこちらから聞えたが、逃げた「―一・五」／倒れた家の下から「助けてくれー」という声を聞いたが、逃げることだけ考えて[一一・五]／潰れた家の中に出られない人がいるから助けてくれと声を掛けられたが、妻子の方に走った[一一・五]／近所の家から〝助けて〟と悲鳴があがる中をききながら逃げた[一一・五]／家屋の下敷きになり助けを求めていた人々。逃げる思いが強く、手助けできなかった[一二・〇]／くずれた家の中で助けを求める声を聞いたが、家路を急いだ[一二・〇]／家の下敷になって、火がせまって焼かれて来ているのに、逃げた[一三・〇]

(11)　若い女性が赤ちゃんを胸に抱き、倒れた家屋の隙間から「助けて、助けて」と私の兄を引っ張ったが、そのまま立ち去った[一一・〇]／周りが燃えている家の屋根に、母親が「この赤ん坊を投げるから、受けて下さーい！」と叫んでいた。わたしは「赤ん坊が死ぬ！一緒に降りて来てー！」と叫び、そのまま逃げ出した[一一・五]／子供が家の下敷きになっている。助けてくれとの父親の声に耳をかさず通り過ぎた[一一・五]

(12)　家屋倒壊の下敷きとなった老婆が助けを求めている声を身近に聞きながら、脱出した[一二・〇]／家の梁の下になった老婆から、両手を合せて助けてくれと言われたが、逃げた[三・〇一]

(13)　職場の先輩が、ガレキの中から「私は目が見えません。誰か助けて下さい」と叫んでいたのに、手をかさず逃げた[一一・〇]／家の下敷となりたすけてくれと方々で同僚の声は聞こえるが、そのままにして逃げなければならず[一一・五]

(14)　下敷となった人がつぶれた屋根の下から助けを求めていた。棒ぎれで屋根をはがすこ

とができなかった。「熱い、熱い、助けて…」という声を聞きながらその場から去った［一二・〇］

崩れた建物から、「うめく」声、「うなり」声も聞こえていた。

(15) 医院の辺りで看護婦さんたちのうめく声がしたが、逃げた［一一・〇］／そここに埋まったままの人々の声が聞こえたが、逃げ出してしまった［一一・〇］／両腿を木材に挟まれてうなっていたので、柱を下にこじ入れて引出そうと試みたが、その場を去った［一一・〇］／近所の娘さんが家の下敷きになってうなっておられるのを見ながら、逃げていった［一一・五］

助けを求め、水を求め

道路に、川の中に、橋の傍らに、防空壕や救護所にも、助けを求める人びとがいた。

(16) 助けてくれと言う人を助けることが出来なかった［一一・〇］／助けてくれとたのまれて手を貸すこと出来ず、見すてて逃げた［一一・五］／何人かが助けを求めて居られたけど、自分一人で逃げて行った［一二・〇］／「助けて下さい」とさけぶのを、逃げるようにその場を立去った［入市］／倒れている人や、助けを求める多くの人々を見ながらも、逃げるのに夢中で［入市］

(17)　川の中で助けを求めている人を見ながら、逃げた［一〇・五］／橋ゲタで足をハサマレ救いを求めている人を、見捨てて逃げ帰った［一二・〇］／家へ帰るのがいっぱいで、近りんの人達が苦しんでいても、手を貸してあげられず［一二・〇］／道路に出て救けを待つ人々、火災が迫り来るのを助けず逃れる様にして［一三・〇］

(18)　水を上げることが出来ずにげるように歩き続けた［一一・五］／水を下さい、助けて下さいの声を聞きながら、必死で逃げるばかり［一一・五］／水を求める人、助けを求める声を聞きながら、逃げる［一二・〇］／「水を下さい」と言っていた人の中に、もしや同級生がいたのでは。あの時帰ることだけの思いで［一二・〇］／防空壕から、女学生が服はぼろぼろに焼け、水をください、水を飲ませて下さい、助けて下さい、と這い出してきてた。自分が逃げるのに精一ぱいで［一三・〇］／「水をくれ！」「背負って行ってくれないか！」「治療所は？」次々に湧き上る声、血まみれの顔、体、「血なまぐさい」と言う文字通りの臭いの中で居たたまれず逃げて来た［一三・〇］／水を要求、あたえれば死するので診療所を教えて逃ぐるようにその場を離れた［入市］

負傷者たち

(19)　「兵隊さんこの子だけ助けて下さい」。見れば［倒れている婦人の］腹の下に小さな乳飲子がいたが、立ち去った［一一・〇］／赤ん坊をかかえてけがをしている母親に助けを求められるが、そのままひなんした［一一・五］／幼児をおんぶした子供が助けを求めているのをみのが

して逃《ママ》げた［一二・〇］

(20) 友達が煉瓦の下敷きになり、血が溢れ出て動かなかった。自宅の方へ逃げ出した［一二・〇］／目の前で爆風にとばされて死んだ(気絶かもしれない)級友を見すごして、逃げてしまった［一二・〇］／呼んでも答えがなかったので逃げたが、(弟は)ただ気を失っていただけではなかったか［一二・〇］

(21) 友人がけがをしてぼう然とつっ立っていた。連れて逃げなかった［一二・〇］／まだ死ぬことも、声も出すことも出来ず、道行く我々に何かもの言いたげなうつろな目だけを向けていたが、逃げるようにして帰ってきた［一二・〇］

(22) 手に釘を突き刺して助けを求めている人を見ながら…逃げた［一一・五］／ケガ人を残して頂上まで逃げのびた［一二・〇］／若い女性が左脚のつけ根から切断され、何とか止血してほしいと頼まれたが、見殺しのようになった［一二・〇］／腰がぬけて歩けんと大声で助けをもとめられても…［三・〇一］

(23) 全身焼けどして助けをもとめておられたのも見ぬふりをしてにげた［一一・五］／全身火傷で動けなくなって倒れ「助けてエー、水をくれー」と叫ぶ姿などがあちこちから目にはいってきたが、逃げることが精一ぱい［一二・〇］／体全身がやけどでくべつもつかず、水をくれとさけんで居た。逃げるのに一生懸命のため、通りすぎた［一二・〇］／やけどで目も見えずただ弱々しくかすかに手を上げて水を求めていた女学生を、見過ごした［一二・〇］／大やけどをしてうなっている人々のありさま等も横に見て、にげた［一二・〇］／ひどいやけどで助けをも

とめていた人。自分が家にかえるのがせいいっぱいで［三・〇―］

(24)　ひふはじゃが芋の皮の様にむげ、イタイヨ、イタイヨと児童。逃げて行くのがせいいっぱいで［一二・〇］／ボロになった人々が、七転八倒してモガキ苦しむのを見ながら、自分が助かることしか考えなかった［一二・〇］／全身の皮ふが垂れ下がり、顔も目と口だけ出して包帯した人が、水を下さいと何度も叫んでおり、一目散に走ってほかの場所へ行った［一三・〇］

「全身熱傷で倒れていて、通りすがりの人に『連れて行って』と助けをもとめ、相手の顔をみて、双方が『ギョッ』としてしまう」と記した人がいる。この女性自身［一一・五］、「頭髪がタレ下がる」し、血が「噴水の様にほとばしり」出て、「嘔吐」しながら「意識がだんだん」遠のいていく。「人様の事」は考えられなかった、という。

そのまま・先に・残して・見捨てて／手をはなして・はらいのけて・振り切って・早足に

(25)　三歳くらいの女児のお腹は腸がはみだし渦になっていた。目はパッチリあけて「お姉ちゃん」と言ったが、かかわっていれば私まで逃げられないような気がして、そのまま逃げた［一一・五］／同じ年代の学生らしき人が、一緒に連れて行ってと頼んだが、後から兵隊さんが助けに来るからと残して行った［一二・〇］／連れて行ってと泣きついて来た女の子。救急所に訳を話し先に行きました［一二・〇］／事務員が上半身ヤケドで黒い上着がこげハダカで立っていた。髪の毛はさか立っていた。救護班の人に頼んで山の方へにげた［一三・〇］／医者のところへ連れて行ってくれと頼んだ人がいたが、見捨てて去って行った［一三・〇］／負傷者の救出も手伝わず、脱出してしまった［入市］

他に、「小学校三年生くらいの男の子が死んだ赤ちゃんを抱いて泣いていたので、一緒に逃げようと誘った」女性がいた［一一・五］。けれども、その子は「お母ちゃんを待つと言って立ちつくしていた」。また、「片目が飛び出た女工員」から逃げ道を尋ねられた男性［一一・五］は、「私について来い」と言って途中振り返ったが、彼女は「反対の方向」――その方向は「行き詰まり」とわかっていた――に行っている。だが、「瓦礫の中を逃げまどう」彼には「引き返す心の余裕」がなかった。前者の女性も、「後髪ひかれる思いで」逃げた。

(26) 助けを求められましたが、無理に手をはなして逃げた［一一・〇］／右左と黒い手が私の足元にすがり付いて来て、水を呉れ、助けてぇーと、かぼそい声、それをはらいのけて逃げました［一一・〇］／水をもとめる人々をふりはらって逃げて来た［一一・五］／助けを求めてへばりついて来る人を振りはらい避難［一二・〇］／「水」を求めて足をひっぱる人々をふり切って逃げ、歩いていく［一三・〇］

(27) 持っていた救急袋の中の品物は、全て使い果たし、その上なおズボンをつかんではなさない負傷者をふり切って逃げ出した［入市］／やけどやけがの傷からうじがうじゃうじゃと出て、見るにしのびなかった。「何かください」と言われたが、「ごめんなさい」と言って走り去

った［入市］／一人の被爆者が口の内でなにやら言いながら私の行く方について来た。早足に逃げた［入市］

負傷者たちが求めたものは、「水」や「薬」、「食べ物」だけではなかった。ある人［一一・〇］は、「前後のわからぬ様、黒くなって焼けただれた」兵隊から川原で、「自分は山口県の出身で何々村と…」と言われたけれど、「書くものもなく、覚えることも出来ず、失礼してその場を離れた」ことに「苦しい思い」をしてきたという。

「あとで兵隊さんがきますから」とふりきったり、「水をいますぐもって来るから」といって通り過ぎた人もいた。それと同じ状況に、翌日以降に入市した人たちも遭遇する。焼け野原には、ゾッとさせられる光景がなお続いていた。

(28) 被爆の翌日、たくさん倒れて居る死体の中の一人が、突然私に水をくれと助けを求めた。そのまま立ちさった［三・〇一］／八月一五日、焼死体がごろごろしている中から、助けてくれ、水をくれと言って寄って来た人があったが、逃げた［一三・〇］

二　どうして、あんなになったのか？

「助けてくれ」とたのまれながら、「手を貸す」こと、「手をさしのべる」ことが出来ず、「見すてて逃げた」――あのとき、そうなった自分に気づくと「こわくて」、人びとは、「あのとき、どうして自分があんなになったのか」と自問し、その答えを尋ねあぐねてきた。なにが、そうさせたのか？　証言から、その事情を探りだしてみよう。以下は、複数の要因を挙げている証言である。傍線を引いた箇所に注目してほしい。

(29)　爆心から九〇〇mで直接被爆して家屋の下敷きとなり（その時左足骨折、胸部裂傷径七cm肋骨に達する）、風呂場にいた父が幸運にも這い出すことが出来て、私を素手で掘り出してくれた。這い出した時はすでに周囲一面火の手が上がり、そこここに埋まったままの人々の声が聞こえたが、ケガと精神的動てんのため何ら助け出すことも出来ず、火に追われて逃げ出してしまった［一一・〇］

(30)　上半身けがで出血がひどく自分自身が息をして出火している火の間をみつけて逃れるのが精一杯で、途中一時倒れて精神ももうろう気のついた時は担架で助け出された状態…。家の下敷となりたすけてくれと方々で同僚の声は聞こえるが、下敷からはい出てくる人も皆けがをして血だらけな上に家屋の材木がおり重なっているため、救いようもなく周囲が火になってくるためそのままにして火の間をぬって逃げなければならず…［一一・五］

(31)　上半身を「やけど」し、その場からにげ出すことがせいいっぱいで、水を求める人、助けを求める声を聞きながら、火に追われながら逃げることで、誰にも何もして上げることが出来なかった…。自分の目が見えなくなり、どうしてあげることも出来なかった。［一二・〇］

「火に追われる」――これについては、つぎのような証言がある。

「自分だけ助けられて、一度引き返した家は、まだ焼けていませんでした。家の下敷きから、助けてー。あの声は、今でも忘れることが出来なくて、自分をさいなむのです。あの時、後ろをふり返った時、ものすごいいきおいで炎が走って来たのです。」[一二・〇]

(32) 家屋倒壊の下敷きとなった老婆が助けを求めている声を身近に聞きながら、一人の力ではどうすることも出来ず、ためらいながら自分も負傷しているので脱出した[一二・〇]

(33) 自分が健康で歩いているものだから、医者のところへ連れて行ってくれと頼んだ人がいたが、あの破壊の中で気が動転していたし、医者がどこにいるかわかったものではなかったし、介抱をして上げもせず、見捨てて去って行った…。わが家へ向かう途中、「おかあさーん」という若い女の声を聞きながらも――今はそれがどういう状態だったのか、家の下敷となって助けを求めていたのか、けがで倒れて動けないでいたのか、そういう叫びを聞きながらも通り過ぎて行ったことを記憶しているが、早く家に帰りたい焦りで通り過ぎて行ったように思う。[一三・〇]

(34) 被爆後帰宅中、くずれた家の中で助けを求める声を聞いたがどうするすべもなく、家族の安否を気づかいながら家路を急いだ…。家の付近には、半死半生の被爆者が横たわり、助けを求めているのになすすべもなかった事。[一二・〇]

(35) 駅前の防空壕に入った時、若い女性の方が左脚のつけ根から切断されて出血が激しく、何とか止血してほしいと本人から頼まれたが、私ではどうにもしようがなく、見殺しのようなことになった。逃げる途中、橋上にタコのゆでたような顔をした人達がいっぱいに折りかさなるようにして、死んでいる人も、かすかに息がある人も、じっと空をみたまま身動きもせずに横たわっていました。胸に迫るものがありました、自分の命を守らなければという思いが先に立って、足早に立ち去りました。[一二・〇]

これら(29〜35)の七つの証言からわかることは、人びとは、第一に、「あの破壊」の中で「気が動転」(精神的動転)していたこと、第二に、「火に追われて」救い出すどころでなく、第三に、「一人の力では」どうすることも、なすすべもなかったこと(水も、消防も医者も、行政機関や社会の機能も、一切合切が破壊されていた)、第四に、「自分の命」を守らなければという思いが先に立ち、第五に、「自身もけが・やけどを負って」人のことどころではなかったこと、第六に、早く「家」に帰りたい焦りや「家族の安否」が気に掛かっていたこと、である。

このようなとき、人びとは、第七に、「わけのわからない恐怖」に支配され、立ちつくすか、逃げまどうか、さまよい歩くしかなかった。

(36) 八月六日は工場動員出勤中途で市内を南方面に歩いていた、強い光を背後から受けて熱く感じたが…その直後爆発音と強烈な爆風にウシロから押したおされた様な感じで、すぐ付近の防空ごうにはっていいって入った。その時は夢中であとから少し気がおちつくと同じに恐怖がまして来た。中央が火災なので市の南部をにげて帰る途中、御幸橋を渡る前後で、当時雲一つない炎天下に加えてヤケド、ケガの重傷なので「水、水、水」と言ってる人々や助けをもとめる人々が多く居られたが、自分も何もワケモワカラズ只夢中であったし、恐しかった。当時子供(一四歳)でもあるし、ひたすらに家族(母など)に連絡とらねばと、その事で頭が一杯なので、「水」を求めて足をひっぱる人々をふり切って逃げ…。自分も多くのはっている人に足をひっぱられたが、ただ恐しいだけでした。[一三・〇]

(37)　どうにかしてちょうだい、どうにかしてちょうだいと、焼けただれた弟に泣きつかれて、何もしてやれないまま、いとこに救いを求めた。(おそろしくなって逃げ出したのかも知れない)苦しんでいる人達。無惨に死んでころがっている人達。その人達に手を貸すどころか、さけて、さけて、走り逃げた私。電車の中のおびただしい白骨、焼け落ちた鉄骨の電車に、手も合わせなかった私。遠くから火が押しよせるような気がして、どこをさまよい歩いたのか。いとこ四人の死体はどれであったのか、思い出そうとすると気がくるいそうになる。八日の午前、やけただれて、水ぶくれになって、うじまでわかせた弟の死にやっと間にあったが、あれほどどうにかしてちょうだい、どうにかしてちょうだいと、頼まれながら、何一つしてやれなかった、それどころか逃げだしたこの兄…[一三・〇]

このほかの証言は、「助けず逃げた」事由を一つだけ挙げたものが多い。上記の「複数からなる事由」も個別に分解しながら、重ね合わせてみると、つぎのようであった。

（a）　どうすることも、どうしてやることも、どうしてあげることも、何もしてやることも出来ず

（b）　どうしていいか、どこをどうすればいいのかわからず

（c）　人手もなく、助ける手段もなく、水も食べる物もなく、素手の私には手の下しようもなく

（d）　火に追われて／ものすごいいきおいで炎が走って来たので／火の手は迫る／火災はすごい勢いで身に迫る／周りからの延焼がすさまじくたちまち火の海に

（e）　火に追いかけられているので我先に／自分の火の粉をふりはらうのに懸命で／附近から火の手があがりこわくなり／火のまわりが早くて逃げることに夢中で／火の手と熱さから逃げるのに夢中で

（f）　私自身もけがをしていて／頭や腕をガラスで切って血が流れていたので／頭髪がタレ下がるのをかき上げながら、噴水の様にほとばしり出る手首の血、嘔吐しながら意識がだんだん遠のくので／傷ついている私も逃げることが精一ぱいで

（g）　私自身火傷していたため／やっと路上に脱出、全身焼けどをして足の皮はむげさがり引きずり泣きさけびながら／顔面及び両手にひどいやけどを負い、目が見えないほど両まぶたが腫れ上がって、我が身のことしか考えられない状態／ひどいやけどを負い、無我夢中で家へ帰るのがいっぱいで

（h）　自分が逃げる・逃げて行くのが精一杯で／自分が大変なので逃げることだけを考えて／自分も逃げるのに一生懸命のため／我が身が精一杯で、お互いにどうにも出来ない立場だった

（i）　自分が助かりたいために／自分が助かることしか考えなかった／自分だけ生きのびることがせい一ぱいで／母が家の下にいるはずなのに、全く思い出さずにいました

（j）　家族のもとへ一刻も早く、ただその思いだけで

（k）　引き返す心の余裕がなく／くずれた建物の中に入る勇気がなく／かかわっていれば私まで逃げられないような気がして

（l）　恐ろしくて／恐怖で／何とも恐ろしく／唯おそろしさに／恐ろしいだけで夢中で／恐ろしくなり

（m）　「血なまぐさい」臭いの中で居たたまれず

（n）　任務にはかえられず／本来の職務遂行のため通信所を離れることは許されなかった／只軍の命令により偵察を／出張の任務についており、一時も早く部隊に帰営連絡が必要ではなかった。

まことに〈原爆〉とは、人が素手で立ち向かえるような、どうにかすれば何とかなるという代物ではなかった。こうして「助けず逃げた」事由を分類し整理していってみると、原爆が現出させた「極限状況」が人間にとっていかに過酷なものであったか、が浮かび上がってくる。

三　後ろ髪を引かれ、心を鬼にして

「助けず逃げた」、そのとき、人びとは、何を思っていたのだろう？　どんな思いが、「胸に迫って」いたのだろうか？　証言から拾い出してみた。

（ア）後髪(を)引かれる思いで／うしろ髪をひかれる私の思いを残し／後髪をひかれる断腸の思いで／済みませんと後ろ髪引かれながら、薄情に／ためらいながら
（イ）何もできないむなしさ／自分の無力さや言いようのないなさけなさ
（ウ）可哀想に思ったが／気の毒ではあったが／心残りだったが
（エ）辛い思いのまま／心苦しかった
（オ）心を鬼にして／鬼の思いで
（カ）「ごめんなさい」と言って／「ごめんなさい」と心で詫びて／ごめんなさい、ごめんなさいと手を合わせて／心に念仏を唱えながら

中には、「合掌して」その場を離れた人、心の中で「しっかりして、ガンバッテ」と声をかけながら、逃げた人もあった。

四　心のこり

このような心の葛藤は、そのときだけの一過性のものではすまなかった。その後長期にわたって、今もなおつづく〈傷痕〉(トラウマ)となって生き残った者の心に深く刻み込まれていった。そうした〈心の傷〉を、人びとは、多様な表現で語って(記して)くれている。

(あ)　心のこり／心のこりだ／心のこりです／心残りに思います／心残りになっています／心のこりに思っている／気に残ることでした／気掛りの一つである

(い)　心残り(心のこり・こころのこり)でならない

(う)　一番心残りである／非常に心残りです／とても心のこりです

「心のこり」という表現がもっとも多くみられた。質問文(前掲・問四)が、そうさせたのかもしれない。だが、この言葉は四〇年が経過した時点でけっして懐古的に書かれたわけではない。人びとは、「あの日」の出来事を忘れることができないまま、ずっと、「今なお」ひきずっていた。つぎの証言がそのことを物語る。

(え)　今なお心のこりとなっています／今もって心残りとなっている／今日まで心残りです／現在でも心残りです／心のこりが現在も胸に残っています／ひどく心に残って忘れる事は出来ません／今では、心残りに思って居ります長崎の「平和公園」に行った時、「水を飲ませて下さいと書いた石碑がありましたので精一ぱいかけて帰りました」という女性[一三・〇]がいる。「服はぼろぼろに焼け、水をください、水を飲ませて下さい、助けて下さい」と防空壕から這い出してきた女学生を、「自分が逃げるのに精一ぱいで助ける事ができなかった」心のこりが、その女性にそうさせるのであろう。「心残りなこと」がある場合、行動でそれを表す場合があることを示す事例である。

では、「心残り」とは、どのようなことなのだろうか？　それを確かめるべく、さらに証言を読みすすめよう。

（お）　今でもその声は忘れられない／今もまだ耳にこがり付き、むごい戦場でした／あの声は、今でも忘れることが出来なくて、自分をさいなむのです

（か）　今でもその様子が脳裏から離れない／今でも脳裏に焼付いています／いまだに瞼に焼きついて忘れられません。今思うと胸がつまる様です／今でも脳裏に残って、残悔の思いで一パイだ

（き）　今でも夢にうなされて、目が覚めることがある／今でも、よく夢を見てノイローゼだと言われています／あの時の話にふれると、落ちつかなくなるし、胸がしめつけられて息苦しくなる。無理に話そうとすると、精神状態が変になりそうで、とても話せない。五臓六腑がヒラヒラと動く

「あの声」が「耳にこがり付き」、あのときの「様子」が「瞼に焼きついて」「脳裏から離れず」、「夢にうなされ」、「胸がつまり」、「五臓六腑がヒラヒラと動き」、「自分をさいなむ」——「心に残る」とは、このように「強くやきついて苦しい思いをする」ということなのだ。

そんな〈心の傷〉が、「今でも」「今もまだ」「いまだに」つづいている。一方、つぎのような証言もある。

（く）　幾日も慚愧の想いで寝つかれぬ夜が続いたことを生々しく思い出す／その時の叫び等が思い出されて就寝中も寝覚めにも、暫く寝つかれなかった事数年に及んだ

（け）　今でも思い出す度に胸が痛みます／今も思い出すと涙が出ます／今でも脳裏をかすめて胸が痛くなる事があります／現在でも当時を思い出すと胸にせまります／今でもその人の事や囲りのその当時の光景を思い出すと、夜夢に見る事があります

（こ）　思い出すとつらい／思い出すと、みじめで、苦しくて、悲しくて、いまも誰にも言えない。頭にこびりついていて耐えられなくなる／今思い出しても身ぶるいする程です

これらの証言は、時期（「幾日も」「数年」）や、場合（「思い出す度に」「思い出すと」）が限定されて語られている。だが、そうであっても、そのことは「生々しく」思い出されるのであり、ひとたび思い出してしまえば、「身ぶるいする」程、「耐えられなくなる」程に、つらいのである。思い出すのは「時々」であったにしても、その時々は「今でも」つづくのである。

「助けず逃げた」にあたる証言の中に、「この事のみが悲しく思い出されます」と言う人があった。また、「今でも心にひっかかって忘れることができない」と記した人もあった。なぜ、このことのみが「悲しく思い出され」たり、「心に引っかかって」いたりするのだろうか。

(さ) 悔やまれる／くやまれます／悔やみとなっています／くやまれてなりません／今では悔やまれてなりません／後悔している

(し) 今でもすまない気持が残っています／今にすまなく思っています／今でも思い出しては、ほんとうにすみませんでしたと心の中でわびています／すまない事だと思い出すことしばしばで、四〇年後も少しも変わらない／今でも済まないと心が痛む

(す) 心から冥福を祈るのみです／残念でならない。冥福を祈るのみである

証言者の中には、「くやまれる」や「すまない」と語る人が少なくない。そうした「後悔」や「わび」にくわえて、「後ろめたさ」や「慚愧の至り」、「情けなく」など、やりきれない気持ちを表す人もある。

(せ) 今でも、慚愧の至りに堪えません／今でもざん気に耐えない／後ろめたいような気がしてなりません／今でも情けなく心に残る思いだ／心に今でものこってやりきれない気持にな

ります

「軍服を着ていることが、恥ずかしかった」と語る元兵士[一三・〇]もいる。「市民を守るべき立場」にありながら、「市民とともに逃げまどう」だけで「何もしてやれなかった」からだ。〈心の傷〉は、さらに深く、「心の重荷」「心の痛み」となってのしかかった。

(そ) 今でも心の重荷となって残り、人々の声が耳の底にこびりついている/思い出そうとすると気がくるいそうになる。一生忘れ去ることの出来ない重荷だ/生涯心の中に傷として残るだろう

(た) その時いだいた何もできないむなしさが痛切に今日まで心をいためる/エゴイストの自分が腹だたしいし、申し訳なく心が痛む

(ち) 助けてあげなかったバチで今苦しんでいる/被爆者を放置した罪のせいでは

(つ) 今も脳裏に残り、私の皮膚のぶら下がったあの小さな両手でも役立ったのでは?とあの日を思う時、責め苦を感じます/何故もっと頑張って救い出そうとしなかったのか、自分も一緒に死ぬ気になったらもっと何かできたのではないか、母の死に対する罪意識はつきない/あの日なすべきことをしなかった、見捨ててしまったという意識が、どうしてもとれない

(て) 今になっても良心の呵責に堪えられない気持ちが続いております。あの時全員即死しておられたなら、どんなに楽であったことか

（と）　自分の生きる限り、この私を許されない／あやまりようのない心です／現在でもその人々の怨念が襲いかかってくるような思いで、いたたまれない。それは私がまだ生きているから

（な）　今尚自責の念にかられる。この地獄をくりかえさないために、この体験を多くの人に伝えるのが、自分の責務と感じている

「責め苦」「罪意識」「良心の呵責」「自責の念」――これらは、「後になって時がたつ」とともに「被爆直後の情景を思い出す余裕」が出てくるにつれて自覚され深まってきた思念であり、「あの時全員即死して」いたなら、味わうことのなかった苦悩である。どんなに逃れよう、忘れようとしても、「自分の生きる限り」人間として「許されない」「あやまりようのない」ことであるとすれば、〝あの日、人が人間でなくなる〟ような〈極限状況〉に、何が、おのれを追い込んだのか、それを探究しつくしとめていく以外にない。

（に）　なんでこんなひどい事をするのかと今に腹立ちは消えません／ほんとうにもう戦争はしてはなりません、もういやです／戦争だからといってこんな残虐な被害は絶対に許せない

（ぬ）　人間というものはいざとなると非情なもの。いや人間をそのような極限状況にまで追い込んだ原爆被害の非人間性をこそ問題にすべきである

このような思想的営みのプロセスについて、石田忠は、〈人間の立場〉に触れつつ、つぎのような流れで表した。

「罪意識⟷人間的道徳的でありつづけることができなかった⟷原爆は極限状況をつくりだす⟷社会の崩壊⟷絶滅意志」

※石田忠「運動論のための基本図式」より（前掲『原爆被害者援護法』一六二―三頁）。

二つの矢印のうち、右側の流れは、「あのとき」自分が「人間的道徳的でありつづけることができなかった」、そのことに苦しむ（苦しみを自覚する）がゆえに、何がそのような状況に自分を追い込んだのか、それをつきとめていく過程である。人が「人間でありつづけることのできない」ような「極限状況」が現出したのは、原爆が〈社会＝人と人との絆や結びつき〉を崩壊させたからである。逆にたどれば、〈原爆〉とは、人間をその社会的基盤もろともに破壊しようとする「絶滅意志」が生み出した兵器なのであり、それが「人間性の極限をこえる」――「死をもってしなければ已れの人間性を保つことができず、生きようとすれば已れの人間性を保持しつづけることができない」――状況の中に人びとを追い込んだのである。被爆者にいまなお残る〈罪の意識〉が明証するのは、このことであった。

※石田忠「原爆と人間」より（前掲『原爆被害者援護法』三三―五〇頁を参照）。

このような極限状況の下、「助けず逃げた」人があったからといって、そのことを批判する資格は誰にもない。〈原爆〉は、人びとを「相互に他から切り離」し、「助け合うことさえできなくさせてしまう」。おのれを苦しめてやまないものを自らの罪として自覚する。それをとおして、「人が人間でなくなる」地獄をつくりだした〈原爆〉の、本質的な姿を批判的に認識していく。そのような人間性のありようもあるのだということを、私たちは、事実として知っておかなくてはならない。被爆者に残る〈心の傷〉——その深さ・重みを受け止めて、その意味を理解する。証言を聞き取り、その意味を探究しようとするわたしたち自身もまた、事実の前には素直になることが肝要である。

「あの日」の自らの行為を「見捨てて逃げた」として自覚するに至った人びとの〈心の傷〉は、誰にもまして重く、深い。

3 原爆体験の全体像を再構成する——データベース

前述したように、同様の状況・場面に遭遇したからといって、すべての人が〈罪意識〉を抱くわけではない。このことを裏返して言えば、人びとに〈罪意識〉をもたらすような状況や場面は、もっとずっと数多く現出していた、ということである。記述や語りの文中に、それにあたるような思いが認められていなかったとしても、少なくとも「助けを呼ぶ声」を聞いた状況が書き記されていたとしたら、そのできごとがその人の脳裏から消え去っていないことを物語っている。たとえば、つぎの証言をみてほしい。

(38) 中心地であった我が家に帰る途中、皮膚がぼろ布のようにぶら下がり気が狂ったようにへらへらと笑っていた若い女の人、荷車に何人も横たわった包帯のだるまのような若人たち、衣類はぼろぼろ、眞黒い顔、傷だらけの体、防火水槽の中の山のような死体、防空壕の入口の立ったままの死体、川の中の死体、大きな柱の下敷になって助けて！　助けて！　と言って手をさしのべていた老人、その人をどうする事も出来ず友人と手を合わせごめんなさいと言いながら何もしてあげられなかった事、今でも忘れる事は出来ません。

広島　三・〇km　女　一六歳

この人が「今でも忘れる事ができない」のは、「大きな柱の下敷になって助けて！」と老人が「手をさしのべていた」のに、どうすることもできず、「手を合わせごめんなさい」と言う以外、「何もしてあげられなかった」からである。このケースは、アフター・コード八の〈罪意識（助けられなかった）〉四五六人に分類された事例であるが、「逃げた」にあたるようなことが書かれていないだけで、目の前で遭遇した状況は、ほとんど同じである。

「地の底からのうめき声」「水を下さいとうめく人」は、「一人や二人」ではなかった。自分に何ができるだろう。「素通りする」しかなかった。「弟を一緒に防空壕へ連れていかなかったため」焼死させたという人、「子供をさがして」と頼まれたのに「そっけない返答」をしてしまった人、等々。

もとより、「がれきの間から二、三人掘り出して」やれた人や、「五〜六人助け出した」人びともあった。だがそれは、「せめてものすくい」というほかなく、そうしたからとて、「もえさかる炎の中に泣いていた赤ちゃんを助けに行けなかった」記憶をぬぐい去ることはできなかった。そのことは、「時がたつに従ってますますせんめいに」なり、「今でも自分をせめる」。「焼けた皮膚を黒い雨に打たれ」て痛がっている「小さな子供達」を自分の体でかばってやることは出来ても、「薬も何もなく世話のしようも」なかった。それほど大勢の人が「街中に倒れて死にかけて」いた。

圧倒的な驚愕、動転、恐怖が、いっさいの憐憫や、逡巡や、善意や抗いをすべて押しつぶしたのである。

いわゆる〈罪意識〉にかかわる苦悩は、多様な表現をとって(用いて)語られる。前述のように、思いは、ことばで表されるとは限らない。〝慰霊碑の前に立ち、その当時のおわびと安らかな安息を祈る〟というような行為で表されることもある。したがって、「罪意識」や「自責」「良心の呵責」等をそのまま検索語にしても、データベースから取り出せる事例は極めて限られたものにならざるをえない。このような場合には、むしろ、〈罪意識〉が生ずるような状況のほうに着目してアプローチすることも大切である。例えば、「助け」という行為語で検索してみると、「助けて」、もしくは「助けを求(もと)め」が高い頻度で現れる。ということは、「助けて」および「助けを求め」という言葉のある事例を検索すれば、前後の文脈の中に、「助け」を求められた(「助けて!」という声を聞いた)ときの状況だけでなく、その人がそれに対しどういう行動をとったのか、が書かれている事例を見出すことができるはずである。加えてさらに、どうしてそのような行動をしたのか、あるいはまた、そうした行動の結果、どのような思いが残されることになったのか(心残り)、が語られているならば、それらの証言をもとに、〈人が人間でなくなる〉という極限状況を復元・再構成することが可能になる。

※このことは、「解釈」によるコーディングとは別に、「状況」にアプローチしつつ〈極限状況（地獄）〉を再構成していける可能性をしめしている。

そのような作業を遂行することができたとしたら、「助けず逃げた」がゆえに残されることになった〈罪意識〉の一般性をよりひろい視野から確かめることができよう。

本書のもとになった『原爆被害者調査』の調査票は、どの設問にも自由記述欄がおかれている。だが、それらの膨大な自由記述回答を全文データベースとして資料化できているのは、いまだ、〈あの日〉に関する証言だけである。証言をもちいて、〈地獄〉を復元する。それだけでなく、〈原爆〉が人間にもたらした〈死〉の実像を再構成すること。〈体の傷〉や〈不安〉についても現に被爆者の心身に起こった具体的な事実で表現すること。さらに、〈惨苦の生〉並びに〈生きる支え〉に関する自由記述回答をデータベース化し、〈生きる意欲の喪失〉を余儀なくされた人びとの苦悩の深さと、それに必死にあらがいながら〈原爆〉に立ち向かっていった人びとのたたかい（〈生きる支え〉の意味）を「ことば」で再構成していく。そのような作業は、本書においてその一部にようやくとりかかったばかりであり、なお今後に残されている。

『原爆被害者調査』の全票を〝人間的・歴史的遺産〟として保存すること。それのみならず、多くの人びとが、また未来に生きる人びとが、アクセス可能なデータベースとして広く公開し活用できるようにすること。ひきつづき、このことに取り組んでいこうと思う。

一方、本書で直接、とりあげることのできた統計的データは、実際に作成された統計表のほんの一端にすぎない。

「後世に残るのは、記述ではなく、統計表である。」

石田忠は、こう言い切る。だが、それらにもっともっと語らせること、また、統計的な観察結果と、証言データベースとを組み合わせていくことも、欠かすことのできない基盤的な作業としてなお残されている。

4 「受忍」と「沈黙」を強いる社会をのりこえる

被爆者の〈不安と苦しみに満ちた人生〉は、同時に、〈生きる意欲〉を喪失させようとする原爆とのたたかいの過程であった。だが、わたしたちが暮らしている日本の社会はいま、被爆者たちの苦悩をうけとめかれらのたたかいを支えることができているだろうか。

「はじめに」のところで指摘したように、この日本という国は、国家が行った戦争による犠牲者の対策において、いまなお戦闘員と非戦闘員との間に明確な一線を引き、空襲による戦災者をはじめ一般国民に対しては、その生命・身体・財産等が戦争の犠牲になったとしても、「国をあげての戦争による『一般の犠牲』として、すべての国民がひとしく受忍しなければならない」と説く国家である。

このことは意外に知られていない。それとしてきづかないまま見過ごしてきたからなのだろうか、それとも、一般国民の側もまた、一部の人びとは除いて、「受忍」してきてしまったからなのだろうか。

原爆は、人間が密集する都市をまるごと壊滅させるための兵器として開発された。都市にたいする無差別爆撃は、「恐怖爆撃」、すなわち一般市民の戦意の崩壊をねらった、ゲルニカ攻撃(一九三七年)にはじまるといわれる。兵員や軍事施設ではなく人間そのものを標的とする、こうした戦略爆撃は、第二次世界大戦において、枢軸国・連合国双方によってはげしく展開され、ロンドン、重慶、ドレスデン、東京など、多数の都市とそこに居住する人びとの生活・生命を破壊した。また、この大戦では、敵国民や政治犯等を強制的に隔離・排除する収容所にくわえて、アウシュヴィッツに象徴されるような、特定の人種や民族をめぐる問題を「最終解決」するための「絶滅収容所」までもがシステムとして構築された。さらに、誰が敵兵かわからなくなる、あるいは民衆全体が敵になる戦況のもと、「殺しつくし、焼きつくし、奪いつくす」など作戦が無謀化し、戦争の大義も失われ戦闘力も補給路も絶たれた人びとは、兵隊も一般住民も、絶望のあまりの「玉砕」や「集団自決」へと追い込まれた。そうした大量殺戮事件が、沖縄や太平洋の島々、満州等のみならず、戦場となった各地で無数にひきおこされていたのである。

原子爆弾は、そうした戦争の残虐化の歴史のなかで生まれた。〈原爆〉は、無差別、かつ残虐の極致に達した戦争の行きついた姿を現している。と同時に、戦争の残虐化が生んだ科学・技術の成果は、もはや「総力戦」という戦争観をも崩壊(無意味に)させた。なぜなら、「人類絶滅」を現実に可能にしたからである。にもかかわらず、戦闘員と非戦闘員とをことさら区別しつづける日本という国の戦争犠牲者対策は、旧態依然たる戦争観のままなのである。「一般犠牲」の名のもと受忍を余儀なくされるのは、総力戦下においてもっとも犠牲となる一般国民、とりわけ〈子ども・女・年寄り〉たちの「生命・身体」にほかならない。

「戦争被害を国民に『受忍』させる、そのような日本の社会のしくみに内在して問題を立てる」こと、そして「日本の社会の底深く、戦争を否定し、原爆を必要としないしくみをつくりあげる」こと。それは、被爆者だけでなく、わたしたち国民の一人ひとりが——現在及び未来において——「平和に生きる権利」を享受(実現)するために欠かすことのできない課題である。

※拙稿「人間の苦しみから出発して」(『被団協』一九八三・八・六号、より)

被爆者たちは、人間としてとうてい「受忍」できないもの＝原爆を受忍するわけにはいかなかった。かれらは、再び被爆者をつくらない証として、国家補償の精神にもとづく「原爆被害者援護法」の制定を求めることにより、「戦争を開始・遂行した国の責任」(戦争責任)を追求してきた。このことは、日本の戦争犠牲者のなかでも、特筆に値する運動である。だが、そのこともまた、国民の多くに知られていないように思われる。

※一九九四(平成六年)年一二月九日、「原子爆弾被爆者に対する援護に関する法律」が成立した。だが、その直後に開かれた日本被団協の全国代表者会議には、まるで刀折れ矢尽きたかのごとく、暗く沈んだ雰囲気が重く漂っていた。というのも、この法律は、いわゆる原爆二法(「原子爆弾被爆者の医療等に関する法律」一九五七年制定、及び「原子爆弾被爆者に対する特別措置に関する法律」一九六八年制定)を一本化したものであり、基本的に二法の制度的な骨格を変えるものとはならなかったからである。新法もまた、「原爆投下の結果として生じた放射能に起因する健康被害」という他の戦

争損害とは異なる「特別の犠牲」に対策を限定した。「原爆症」の認定制度にはなんら改革の手が加えられることなく、「特別葬祭給付金」(いわば「葬祭料」を一九四五年八月六日の広島、八月九日の長崎まで遡って支給したもの)についても、国は「生存被爆者の精神的な苦悩を和らげる」生存被爆者対策の一環であるとする姿勢をかたくなにつらぬいた。こうして国は、被爆者が求めるような原爆死没者に対するつぐないを拒否し、国の責任に関しても「被爆者対策に関する事業の実施主体としての役割」に落とし込むことにより、「国の行為による戦争」の結果生じた損失に対する「補償責任」を巧妙に回避したのである。この法律のことをただその名称により安易に「被爆者援護法」と略称するのは慎重でなくてはならない。

原爆投下からおよそ一〇年の間、広島・長崎の被爆者たちは世の片隅に置かれてきた。ビキニ島での核実験による死の灰に被災した事件をきっかけに起こった署名運動のスローガンも最初は「水爆禁止」であり、原爆の文字は入っていなかった。一九五五年、原水爆禁止世界大会(第一回)において、被爆者の姿と声が歴史の表舞台に登場する。だが、「生きていてよかった」と思うつかの間、原爆の実相が伝えられるにつれて差別も生まれた。一面的な理解や偏見に苦しみながらも、原爆後の日々を生きぬくために、被爆者は、原水爆の禁止とともに、原爆被害に対する国家補償をもとめる運動をはじめた。

それから半世紀にわたる運動は、核廃絶をもとめる国民世論に支えられて、一定の実りをもたらした。けれども国が、空襲被災者をはじめ「一般の犠牲」は国民に受忍させ、侵略戦争によって苦しめた外国の人びとに対する個人補償を回避しつづけた結果、その実りは相対的に突出した印象を与えた。苦闘をかさねた努力も、そうなれば、被爆者だけが特別扱いされている、被爆者の運動は被害者意識にのっかっている、というまなざしでみられてしまうことになる。

近年、「ヒロシマとナガサキの原爆投下によって、日本人が戦後、自らをこの戦争の『被害者』『犠牲者』と見なすようになった」、「原爆のもたらした悲惨は言語に絶するが、そのために日本が被害者であるかのような錯覚が生まれる」といった言説がとみに強まっているように思われる。だが、日本人のなかに自分たちを先の戦争の「被害者」「犠牲者」であるとみなす(錯覚する)ようなことがあったとして、果たしてそれは、「ヒロシマとナガサキの原爆投下」あるいは、「原爆の悲惨」が生み出したものなのだろうか。この結びつき(結びつけ方)にはいかなる実証的な根拠があるのだろうか。

ものごとをそのように見る・とらえるということは、〈原爆地獄〉がもたらす〈心の傷〉にさいなまれ、〈体の傷〉と〈不安〉に苦しみおびえながら、語る苦痛をのりこえて、〈原爆・核兵器の反人間性〉を世界の人びとにつたえ、核兵器の廃絶と戦争のない社会の実現をうったえつづけてきた被爆者たちの営みを、無にするようなものではないだろうか。国が被爆者に原爆被害の「受忍」を強いるにとどまらず、言論人や学者たちをはじめ、国民世論が被爆者に「沈黙」を強い、戦争責任を追求してきた運動を封じ込める。右の言説は、誰に向かって語られることになるのか。そのことにもっと自覚的であるべきではないだろうか。

出る杭は打たれるという。苦痛を乗り越えて証言することに意味が感じ取れなくなれば、生存者たちは心を閉ざす。そうなれば、〈原爆体験〉は、その全体像が明るみに出ないまま、人びとの心身の奥深く閉じこめられてしまう。語ることに意味が生まれる。そのような社会を、わたしたちはつくっていかなくてはなるまい。

ノーモア・ヒロシマ・ナガサキは、戦争の歴史を平和の歩みへと転轍させる思想と行動の、グローバルな原点のひとつである。被爆者たちの〈原爆〉とのたたかいが、広島・長崎以後の人類の生存をかなえてくれている。核廃絶を実現して核兵器が頭上にぶら下がったまま生きる危険からぬけだし、原爆被害(戦争犠牲)の受忍政策をおしかえして民衆(国民)に対する国家の戦争責任を制度化する。そうなってはじめて、苦悩としての原爆体験に意味が与えられ、人類の歴史のうえに位置づけることができる。このことは、証言をうけとめるべき社会のなかに軍事化の波がおしよせ、「戦争の放棄」という目標の実現から遠ざかろうとするような今だからこそ、より切実さを増している。

一方、戦後五〇年、原爆投下から半世紀をすぎたころから、ヒロシマ・ナガサキは、戦争における加害と被害をめぐる論議のひとつの結節点ともなった。さきの「言説」もそのことを意識してのものであろう。だが、ことの重みを被爆者にのみ背負わせてはなるまい。「憎しみの連鎖」に陥らないようにするため、次の世代は、相互理解を妨げている壁を崩し、絡まり合っているものごとをひとつずつひもといていかなくてはならない。「戦争の真実」と向き合うため、〈原爆体験の全体像〉をめぐる世代と国境をこえた対話がいま求められている。

被爆者は、けっして遠い地にいるのではない。被爆生存者の多数(被爆者手帳所持者の七割)はいまも広島・長崎県内に居住するが、被爆者は、北海道から沖縄まで全国すべての都道府県に暮らしている。被爆者の運動は、全国各地に生きる被爆者たちが大きな役割を果たしてきた。

※二〇〇三(平成一五)年度末における全国被爆者健康手帳交付者数調べ(健康診断受診者証は除く)によれば、広島市・長崎市内に住んでいる人は一三万二四八一人であり、総数二七万三九一八人の半数を割っている(四八％)。これに広島県・長崎県内(広島市・長崎市以外)の居住者六万三八四九人をくわえると、総数の七二％になる。広島・長崎両県以外で被爆者手帳の所持者が最も多く住んでいるのは、福岡県の九七四一人、東京都の八七四八人、大阪府の八五九七人であり、最少は秋田県の五五人である。

本書において考察の対象とした「被爆四〇年」調査の当時、日本に居住する被爆者手帳所持者の数は、三六万人余りであった。それから二〇年、手帳所持者は総数で九万人近く減少したことになる。

日本国内だけではない。被爆者は、韓国・朝鮮にも、中国・台湾にも、東南アジアやオーストラリアにもいる。南北アメリカや、ヨーロッパにもいる。というのは、在日華僑など古くからの在住者に加えて、日本の侵略により故国での生活基盤を奪われ流民化して日本に移住したり、募集さらには徴用・徴発といった強制的手段で日本内地へ連行された、朝鮮および中国の人びとが多数被爆したからである。また、ドイツ・ポーランド・ロシア・モンゴル・ジャワ・スマトラ・ボルネオ・マラヤ・ビルマなど外国人の市民や聖職者・留学生たちが被爆している。さらに、アメリカ・イギリス・オーストラリア・オランダ(おもにジャワ島出身者)などの連合軍捕虜も被爆した。

戦争が終わって、故国に帰った被爆朝鮮人・韓国人・中国人や、帰米した日系アメリカ人被爆者のほか、アメリカ・カナダ・オーストラリア・ブラジル・アルゼンチン・ペルーその他海外に移住した日本人被爆者もいる。戦後も日本にとどまった韓国・朝鮮人被爆者をはじめ、「在日」の外国人被爆者がいる。

※詳しくは、広島市・長崎市原爆災害誌編集委員会編『広島・長崎の原爆災害』(岩波書店、一九七九年)の「§一二—九　外国人の被爆」を参照されたい。

このように、広島・長崎で原爆の惨禍に遭遇したのは日本人だけではない。国籍をみると、二〇ヵ国近くに及ぶ。人間の側からみると、「唯一の被爆国」という呼称(言説)は多分に誤りを含んでいることがわかる。

原爆は、国籍や人種・民族も、宗教や信条も、老若男女も、どのような地位や職業にある人であろうと、あらゆる諸属性をこえて人間を無差別に襲った。原爆被爆者を対象とする現行の法律には、いわゆる「国籍条項」がない。数多くの外国の人たちに被爆させてしまった責任を日本は国家として負わなければならない。日本政府は「国境」を超えるとそれを理由に法の適用を断ち切ってきたが、在韓被爆者や、在米・在ブラジルの被爆者たちの運動は、国境を理由にした差別を許さない判決を勝ち取っている。被爆者はどこにいようと被爆者であるという。わたしたちは、それぞれの人びとの境遇の違いを大切にしながら、彼・彼女ら一人ひとりから《原爆は何をしたか》を聞き、それを世界の人びとにとどけていかなくてはならない。

「抽象化は、記憶の最大の敵である。わたしたちは、ホロコーストが六〇〇万人ではなかったことを銘記しなければならない。それは、一人、また一人、もう一人が積み重なったものなのだ。」

(Judith Miller, *ONE, BY ONE, BY ONE*, New York, A Touchstone Book, 1990, p. 287)

「ジェノサイドのおそろしさは、一時に大量の人間が殺戮されることにあるのではない。そのなかに、ひとりひとりの死がないということが、私にはおそろしいのだ。人間が被害においてついに自立できず、ただ集団であるにすぎないときは、その死においても自立することなく、集団のままであるだろう。死においてただ数であるとき、それは絶望そのものである。」

(石原吉郎『絶望と海』ちくま学芸文庫、一九九七年、九頁)

一人ひとりの〈人間〉の視点。これを方法的立場として、このさきも全体像の探究をつづけていこうと思う。

おわりに

本書は、多くの方たちのご助力とご助言なくして、とうてい達成できなかった。

まず最初に、『原爆被害者調査』データに関する継続的な分析作業、ならびに本書へのデータの利用を快諾して下さった、日本原水爆被害者団体協議会（代表理事会）に対し、心より謝意を表する。

なかんずく、『原爆被害者調査』データの整理・集計・分析作業は、一橋大学〈原爆と人間〉研究会の存在とそのバックアップがあってはじめてなしえたことであった。この研究会のメンバーの多くは、一橋大学という職場でともに仕事をした共同研究室助手や事務職員の仲間たちであり、私どもの調査活動に対する良き理解者であった方たちである。例会を中心とする研究会の日常活動は、石田忠先生を中心に、栗原淑江さん、奥田妙子さん、沼﨑保宏さん、社会調査室助手の有冨由紀さんに私を加え、計六人によって遂行されてきた。例会にはときに、高橋眞司さん（現・長崎大学）や西崎文子さん（現・成蹊大学）が加わった。

沼﨑さんは、被爆者における〈原爆体験の思想化〉の営みを統計的に解明しようとする『石田忠統計集』の集計・作表作業を一身に担った。最初の一〇〇〇事例分析から、最終の六七四四事例によるデータ集計まで、沼﨑さんは、模索をともなう石田忠の探究のすべてのプロセスに携わった。

奥田さんは、膨大な「あの日」の証言（問四）の全文を幾たびも読み込んで、重要な証言の資料化にとりくみ、また、証言の中身を区分するアフター・コードを見つけ出すことにより、「ことば」の分類とその数量化を可能にした。

栗原さんは、「自分史つぅしんヒバクシャ」や「ワークショップ〈原爆被害と国家補償〉」のとりくみ等から〈原爆体験の全体像〉に関わる重要な情報を提供し、石田と濱谷が行う例会報告に対する批判者・問題提起者の役割を担った。

そして有冨さんは、原票・原データの管理を一手に担うとともに、「傷害類型」や「急性放射線障害の症状数」「病態類型」「苦悩層」等、〈それから〉の日々(本書の二章・三章)に関するデータづくりを手がけ、ひきつづき〈家族の喪失〉の位置づけを検証し、〈生きる支え〉を領域別に組み直す作業をはじめ、〈心の傷〉―〈体の傷〉―〈不安〉、そして〈喪失〉と〈支え〉のすべての領域にわたって、石田忠の「総括表」における枠組みと小生なりの分析視点とをつなぐデータの集計に当たった。『石田統計集』の完成に向けて統一的な整表化を担ったのも有冨さんである。

このように、『原爆被害者調査』の結果をまとめあげる作業は、一九八五年以来二〇年間、この六名の共同作業として続けられてきた。

実務的なデータ整理作業には、国立在住の市民や、濱谷ゼミナールの学生たちが手伝ってくれた。また、岩佐幹三教授(元・金沢大学)には、〈原爆体験〉をとらえる視角についてご自身の体験を踏まえた貴重な示唆をいただいた。松尾雅嗣教授(広島大学)には、「あの日の証言」のフルテクスト・データベース化についてご協力をいただいた。本書における〈心の傷〉に関する「証言分析」は、村上文氏の「漢字テクスト検索システムKR」を利用することによって可能になったものである。村上文司教授（釧路公立大学）には、『原爆被害者調査』データの集計や検定・解析の方法について懇篤なるご助言をいただいた。この研究には、「原爆がもたらした〈地獄〉と〈惨苦〉に関する実証的研究」という研究課題（課題番号〇四四五一〇三五／研究代表者・濱谷正晴）により、平成四～六年度科学研究費補助金・一般研究Ｂによる助成（三年間で総額五〇〇万円）を受けることができた。

さまざまな個人、および機関からのご支援に対し、ここに記して、敬意ならびに感謝の気持ちを表したいと思う。

なお、以下の二点について補足をしておきたい。本文中、死没者データにもとづいて記述している部分（第一章の3及び第二章の1～3）は、筆者が作成・分担執筆に当たった『「原爆被害者調査」第二次報告――原爆死没者に関する中間報告』（日本被団協編、一九八八年）の、本書における「分析対象集団」（死没者数七二五一人）版であること。また、第五章の4は部分的に、『核――知る・考える・調べる』（日本科学者会議編、一九八二年、合同出版）並びに『福祉社会事典』（藤村正之他編、一九九九年、弘文堂）中に筆者が執筆を担当した項目の一部がベースになっていることである。

本書をここまで漕ぎ着けるのは、並大抵のことではなかった。企画・構想からおおよそ一〇年。本書の完成まで、しんぼうづよく執筆を励ましてくださった、岩波書店編集部の大塚茂樹さんに厚くお礼を申し上げたい。

二〇〇五年　五月

濱谷正晴

■岩波オンデマンドブックス■

原爆体験──六七四四人・死と生の証言

2005年6月7日 第1刷発行
2005年7月25日 第2刷発行
2015年6月10日 オンデマンド版発行

著 者 濱谷正晴《はまたにまさはる》

発行者 岡本 厚

発行所 株式会社 岩波書店
〒101-8002 東京都千代田区一ツ橋2-5-5
電話案内 03-5210-4000
http://www.iwanami.co.jp/

印刷/製本・法令印刷

ISBN 978-4-00-730216-9 Printed in Japan